杨泓文集

美术考古

文物出版社

图书在版编目（CIP）数据

美术考古／杨泓著．—北京：文物出版社，2021.12
（杨泓文集）
ISBN 978 - 7 - 5010 - 7319 - 1

Ⅰ.①美…　Ⅱ.①杨…　Ⅲ.①美术考古 - 中国 - 文集
Ⅳ.①K879.04 - 53

中国版本图书馆 CIP 数据核字（2021）第 261587 号

杨泓文集 · 美术考古

著　　者：杨　泓

责任编辑：郑　彤
助理编辑：卢可可
封面设计：刘　远
责任印制：苏　林

出版发行：文物出版社
社　　址：北京市东城区东直门内北小街 2 号楼
邮政编码：100007
网　　址：http：//www.wenwu.com
经　　销：新华书店
印　　刷：宝蕾元仁浩（天津）印刷有限公司
开　　本：710mm×1000mm　1/16
印　　张：23.5
版　　次：2021 年 12 月第 1 版
印　　次：2021 年 12 月第 1 次印刷
书　　号：ISBN 978 - 7 - 5010 - 7319 - 1
定　　价：186.00 元

出版说明

一、文集收入作者自 1958 年至 2020 年发表的文稿。

二、文集所收文稿分为考古学、古代兵器（上、下册）、美术考古、艺术史、考古文物小品等，共编为五卷六册。

三、各卷所收文稿，均按原发表年份排序，以使读者阅读后，可以寻到作者 62 年来的治学轨迹。

四、60 多年来，考古事业蓬勃发展，考古新发现层出不穷，所以，作者早年刊发的文稿中多有需要修改、补充之处。由于多已在后来的文稿中进行论述，故本书采用刊出时的原貌，请读者依次阅读后面的文稿，即可查获更正后的新论述。

五、各卷文稿皆在文末用括号标注原发表时的书刊以及刊出年份，有些篇后还附有与该篇写作有关的情况说明，以供读者参阅。

六、书中引用人名，除作者业师称为"师"或"先生"，其余只书姓名。

七、文中较多地引用《二十四史》的史料，由于本文集均引用中华书局校点本（第一版），为了行文简洁，在注文中，不再逐条加注版本及出版年份，只标明页数。

目　　录

试论南北朝前期佛像服饰的主要变化

佛教早在汉代传入我国，最初依附在传统的神仙信仰之中①，所以，最早的佛教造像与神仙形象有一定的联系②。此后，这种新的外来的宗教偶像就在与中国固有的传统艺术相结合的基础上，逐渐成长起来。

南北朝时期，随着佛教的发展，出现了建寺造塔、开窟造像的风气。由于佛教是从外国传入的，所以佛教造像从题材到技法等各方面，都必然受到外来文化的影响。但是，由于佛教艺术要在中国生根繁殖，首先必须和传统的民族风格相适应。这样一来，佛教艺术在中国的发展，就不可能是外来艺术的简单移植，而是汲取了外来优秀文化艺术的精髓以后，在中国传统艺术基础上进行的再创造。南北朝前期造像的发展变化，正是反映了这样的再创造过程。

本文所涉及的时代范围，上溯十六国初期，下迄北魏太和改制以后（约当南朝的梁代）。根据造像特征的主要变化，这一时期可以分成三个阶段：第一阶段是十六国初期到北魏文成帝（拓跋濬）和平年间以前，即下限约当南朝宋文帝（刘义隆）元嘉年间；第二阶段从和平元年（460年）到北魏孝文帝（拓跋宏）太和中期（约490年前后），也就是从云冈石窟开始开窟造像到太和改制的一段；第三阶段是孝文帝太和改制以后。后两个阶段，分别相当于阎文儒先生在《考古学基础·石窟寺艺术》中所定的北朝一期和二期的前期。

---

① 汤用彤：《汉魏两晋南北朝佛教史》第一部分《汉代之佛教》，中华书局，1955年。
② 杨泓：《国内现存最古的几尊佛教造像实物》，《现代佛学》1962年第4期。

　　本文取材于石窟寺内的大型雕塑品、石造像、小型的鎏金造像以及墓葬中的有关明器。它们之间由于大小不同、质料各异，在雕塑手法和造型细部都有一定的差别，但是在服饰变化方面所表现出的时代特征，却是一致的。

一

　　十六国时期的造像流传极少，北魏和平年间以前的造像保留的也不多，尤其缺少大型造像，因此仅能由现存的几件纪年鎏金造像来了解。这一阶段的纪年造像有后赵石虎建武四年（即东晋咸康四年，338 年）造像、夏赫连定胜光二年（429 年）造像、宋文帝元嘉十四年（437 年）造像、宋文帝元嘉二十八年（451 年）造像、北魏太武帝太平真君四年（443 年）造像等。除太平真君四年造像为立像外，其余 4 件均为坐像。

　　我们先看一下 4 件坐像的服饰，在这 4 件铜造像中，年代较早的两件是北方的作品。建武四年造像高约 40 厘米，结跏趺坐于方座上，身躯微向前倾，双手置于胸前。身披广袖通肩大衣，衣纹自两肩向胸前下垂，然后平连过去，线条较硬，衣纹转折处的角度近于直角，看起来像是一重重向外扩展的垂鳞纹。两袖袖端拂展在膝上，袖上衣纹亦随势向外扩展。手以下衣袂的褶纹和胸部一样，也作一重重的垂鳞状（图一：2、二：1）。胜光二年造像的造型基本同于建武四年造像，也没有项光和背光，座下左右各刻一狮子，座下设一高足床。佛像亦披广袖通肩大衣，但衣纹线条更硬，胸前衣纹的转折处棱角分明（图一：1）。另外两件是南朝的造像，均属宋文帝元嘉年间铸造。其中以元嘉十四年韩谦造像最精致，该像为端方旧藏，在《陶斋吉金录》卷八曾经著录。像座为束腰方座，座下又设一高足床。像后有圆形项光及圭状背光，背光上饰火焰纹。通高 29.3 厘米，像高 21.9 厘米。佛祖结跏趺坐，披广袖通肩大衣，其衣纹与建武四年造像大致相同，只是较细密些，两肩自然下垂，两袖更为宽阔，向外展拂，把双膝遮住（图一：3、二：2）。元嘉二十八年刘国之造像与韩谦造像如出一辙，仅衣纹较简，手部以下的衣袂不作重重的垂鳞状，而是刻出几条斜斜的褶纹，在背光上除火焰纹外，还在上部及两侧各置一化佛（图二：3）。

图一　鎏金铜造像服饰示意图
1. 胜光二年造像　2. 建武四年造像　3. 元嘉十四年造像

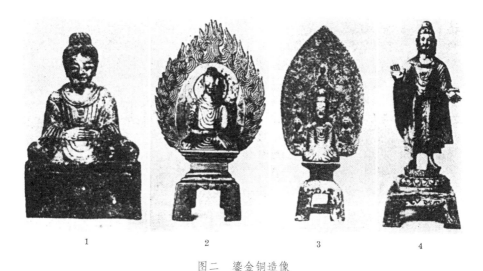

图二　鎏金铜造像
1. 建武四年造像　2. 元嘉十四年造像　3. 元嘉二十八年造像　4. 太平真君四年造像

以上 4 件纪年明确的标本，在服饰方面的特征是相同的，皆为广袖通肩大衣，衣纹处理亦大致相同。除了以上纪年造像外，一些没有纪年铭的早期鎏金造像也具有同样特征。例如，1955 年在石家庄市北宋村掘出过两件鎏金铜佛像，服饰的式样也是属于这一类型的，其中的一件与建武四年造像极为近似①。基于以上分析，可以认为，这一类型的通肩式服饰，是

① 河北省文物管理委员会：《石家庄市北宋村清理了两座汉墓》，《文物》1959 年第 1 期。

图三　犍陀罗艺术石佛像

南北朝前期第一阶段佛像的典型服饰。

我们都知道，在犍陀罗艺术的早期作品中，佛像常常披缠着通肩袈裟，柏林博物馆藏的一件塔夫拉伊培的出土品，可以作为代表（图三）。犍陀罗艺术传到恒河流域以后，与当地的传统艺术相结合，产生一种秣菟罗式的造像，其特征是披着的通肩袈裟轻薄缠体，衣纹细密，线条柔和①。在我国发现的早期造像披通肩大衣，受到了秣菟罗式造像的影响。但是在衣服的特征和衣纹的处理方面，两者却呈现出明显的分歧，这种分歧正是代表了两种截然不同的民族风格。秣菟罗式的造像，衣服轻薄而且紧紧缠在身上，使身躯轮廓的曲线极清楚，产生了近似裸体的效果。服饰是通肩斜裹着袈裟，它由左肩斜裹向右方，然后甩向背后，所以衣纹的垂褶多不在中央，而偏向右侧。并且衣纹的绉褶极密，线条柔缓，转折处圆润而无棱角，刻工十分细腻。我国的早期造像与之不同，衣服厚重而较宽博，并不紧缠在身上，是明显的广袖通肩大衣，衣纹中垂，纹褶稀疏，线条劲健，转折处有的甚至是棱角分明。我国造像的这些特征，必须到我国古代传统雕塑艺术中去探寻根源。

为了解决这一问题，应该联系我国汉代的佛教造像来考查。现在可以肯定为佛像的汉代雕塑品，有两个例子，均出自四川，一个是乐山崖墓内额枋上的浮雕（图四：1），另一个是 1941 年在彭山崖墓里出土的灰陶"摇钱树"座上的塑像（图四：2）。这两件标本的服饰，都是披通肩大衣，可以看到是受到了犍陀罗艺术的影响。但是其衣纹稀疏而居中下垂，开启南北朝前期第一阶段造像之先声。这两件造像的技法，显然是继承了汉代石刻或陶塑艺术的传统。而在造型方面，它们又和汉代传统的神仙形象有

①　关于秣菟罗式造像，在〔日〕关野贞《西游杂信》（下）中有论述。

关联。以彭山陶像为例，可以说明这一情况。一般的"摇钱树"座上，多在相同的位置塑神仙（如西王母等），其形象均是拱手端坐；而这一佛像塑在神仙的位置处，姿态也相近，衣纹手法也接近①。前面列举过的4件纪年鎏金铜像，都是把双手拱在胸腹间，手心向内叉合在一起，这样的手式过去认为是禅定印，并不正确。而一般神仙像都是作这样的手式，看来佛像的手式也是受这种影响，而成为别具风格的特点之一。由以上分析，我们可以说，南北朝前期造像所呈现出来的与犍陀罗艺术（或秣菟罗式）不同的特征，是继承了汉代传统艺术手法的结果。

上面所举两例都是石、陶艺术品，由于质地不同，其雕造手法与鎏金造像有很大差异。为了进一步探明鎏金造像衣纹技法的渊源，就需要与汉代的铜像作比较，遗憾的是，汉魏铜像罕见。幸而当时流行一种高浮雕的神兽纹铜镜，以镜背上浮雕的神仙与鎏金造像相比，衣纹较为近似。镜上的神仙像多是正面坐像，双手置胸前，广袖遮膝。从外轮廓上看，鎏金造像的样子与之极为近似，只不过神仙像的宽袖大衣都是交衽的，而且背后常伸张有双翼。由于一般镜上的神像较小，衣纹更为简单，但其袖部向外扩展的褶纹却相当清晰。因此，鎏金造像上那种线条劲健而简洁的衣纹，是继承了汉代铜雕艺术手法。

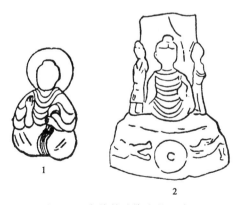

图四　汉代佛教造像衣纹示意图
1. 乐山崖墓石像　2. 彭山出土陶像

---

① 杨泓：《国内现存最古的几尊佛教造像实物》，《现代佛学》1962年第4期，第32～33页。

在对上述的 4 件鎏金造像进行分析时，还可以看到另一个值得注意的问题。这 4 件标本的纪年，分别属于后赵、赫连夏和刘宋，也就是说，它们是先后在中原、西北与江南等不同地区铸造的，但从形制方面看，却基本相同。当时在中国正处于割据时期，战争频繁，相当混乱。因此，这几件铸地不同而形制肖似的作品，为我们研究当时全国各地文化艺术的承继和联系，提供了重要的线索。也可以做出这样的推测，即当时中原地区、河西一带以及江南地区，虽然分别有不同的统治集团，但是在文化上有共同之处，都继承了魏晋文化的传统，表现在鎏金造像方面，其特征是一致的。

属于这一阶段的鎏金造像中，还有一件值得单独进行讨论，就是北魏太武帝太平真君四年（443 年）造像（图二：4）。这件造像的铸成时期，处在太武帝太平真君七年（446 年）灭佛前不久，代表了文成帝复法以前的造像形制。像高 40.3 厘米，立于莲座上，莲座下又设高足床。亦穿通肩大衣，衣纹自两肩向胸间下垂，但纹褶较细密，并且线条较圆润，也是在秣菟罗式造像影响下的一种新发展。可以看出，太平真君四年造像的这种衣纹，开启了第二阶段北魏造像衣纹作风之先河。

二

北魏和平年间（460～465 年），著名的云冈石窟开始凿建，从昙曜五窟的巨大工程开始，掀起了开窟造像的高潮。这一阶段的南朝造像没有遗留下什么标本，但遗留到今天的北魏造像数量极多，因此我们以北朝造像为主来进行服饰方面的考察。第二阶段佛像的服饰，基本上可以分为两类。

第一类继承了第一阶段的传统，披着通肩大衣。这一类服饰的造像，主要是太平真君四年鎏金造像衣纹作风的继续，衣纹由两肩向胸中下垂，纹褶较密，转折处不露棱角。例如云冈 20 窟大佛东侧的立佛，就是这样的服饰，其衣纹的刻法是凸起的棱条，并且较密。同时，在披通肩大衣的造像中，也有作近似垂鳞状衣纹的标本，与第一阶段的刘宋元嘉年间鎏金造像极为相似，正是继承了汉魏以来造像的传统手法。在传世的小型铜造像中，有一件太和二年（478年）李诚造像，在罗振玉《梦郭草堂吉金图》卷下曾经著录，其衣纹与元嘉造像完全一样（图五：1）。近年在山东惠民县沟盘河发现的太和二年铭铜造像①，也是同样的服饰。年代较晚的标本，有太和十三年（489年）的一件高25.3厘米的鎏金造像，从服饰、衣纹、带化佛的火焰纹背光、束腰方座及其下的高足床等方面，都与元嘉二十八年（451年）刘国之造像如出一辙（图五：2）。在石窟寺中也有作这种衣纹的造像，如云冈10窟前室中，西壁下层的结跏趺坐佛像和北壁门两侧龛中的两尊倚坐佛像，都是明显的例证，其雕造年代有可能在太和八年至十一年②。

第二类服饰是这一阶段新出现的式样。现以天安元年（466年）冯爱爱造像为例加以说明。这是一件高27.5厘米的小型砂岩雕像，高肉髻，斜披宽大的袈裟，袒露出右半身和右臂，在右肩上半披着偏衫。袈裟里面还露出内衬的络腋，也是自左肩上斜裹下来的。结跏趺坐，露足，衣裾摊平在方座上（图六：1）。斜披袈裟本是佛教徒的常服，犍陀罗艺术的造像里有这样服饰的造像，但是其右肩都是完全裸袒着。北魏造像则不同，具有自己的特点，是在右肩上披有偏衫，同时在衣领上刻成绉褶纹。这类斜披式服装开始出现的时期，应该就是在和平元年以前不久。纪年比冯爱爱造像更早的例子，有太安元年（455年）张永佛造像，也是一件小型的砂岩雕像，高约35.5厘米，但是刻工很粗，服制看不很清楚（图七）。在自5世纪中叶直到5世纪末的一段时期里，这类服饰的造像极为流行，我们熟知的云冈第20窟露天大佛，就是很突出的代表（图六：2），在大佛背光中的许多化佛，也是同样的服饰。又如云冈第19窟中间的大佛像，也是这样的服饰。在云冈第17窟明窗东侧，有太和十三年（489年）比丘尼惠定造释迦、多宝、弥勒造像铭记，铭记上龛中佛像的服饰是斜披式的，这可能是这类服饰在云冈造像中年代最迟的例子（图六：3）。总体来看，第二

①　山东省文物管理处等：《山东文物选集（普查部分）》，图版208，文物出版社，1959年，第180页。
②　宿白：《“大金西京武州山重修大石窟寺碑”校注》注〔八〕，《北京大学学报》1956年第1期，第75页。

阶段的造像中，这种服饰的造像在数量上占极大比重。

上面谈到的两类服饰的造像，在石窟中经常一起出现。例如，云冈第10窟前室北壁上层两龛的释迦多宝像服装为斜披式，而下层两龛的倚坐佛像作通肩式。在石窟造像中，往往以斜披式服装为主，以通肩式为辅，如云冈第20窟主尊大像服装是斜披式，两侧的立像则作通肩式（现仅东侧者尚存）。到太和年间服饰有了新的变化之前，这两类服饰在造像中始终是并行存在的。例如太和十三年（489年）鎏金铜释迦多宝并坐像，就是右边一佛的服饰作斜披式，左边一佛作通肩式（图五：3）。

图五　第一类北魏造像服饰示意图
1. 太和二年李诚造像　2. 太和十三年造像　3. 太和十三年释迦多宝造像

图六　第二类北魏造像服饰示意图
1. 天安元年冯爱爱造像　2. 云冈第20窟大佛　3. 云冈第17窟明窗西部太和十三年造像

以上对第二阶段造像服饰作了简要的概括。在当时各地北魏造像中，例如敦煌、麦积山等的石窟，这一阶段都有作斜披式服饰的造像（图八：4）。但是由于它们位于不同地区，故而呈现出不同的风格和特点。例如，敦煌处在中西交通的枢纽处，因此在接受外来影响方面，就有着与云冈等地不同的表现。在披通肩式服饰的塑像中，除了衣纹中垂的以外（图八：2），也有向右侧偏垂的，如第259窟的塑像（图八：1）。而在麦积山，由于当

时关陇地区和四川等地交往较密切，作通肩式
服装的塑像，从面型到衣纹等各方面，就与南
朝元嘉年间鎏金造像更为相似（图九：1）。
由于篇幅所限，关于地区不同的风格等问题，
准备将来另行讨论。

图七　太安元年张永佛造像

　　总体来看，第二阶段北魏造像服饰的演
变，反映了民族风格的进一步发展。垂鳞式
衣纹的通肩大衣的造像，是拓跋族进一步与
中原地区传统文化融合以后，在佛教艺术中
显示出的变化。在这一阶段中，继承第一阶
段的通肩式服装（以太平真君四年造像衣纹
为主要代表）逐渐退居次要地位，在吸收外来艺术精华的基础上，出现了
具有新的特征的斜披式服装，而且成为造像的主要服制。最初，佛教僧侣
都是袒裸右肩的，但是这种赤着一条臂膀的样子与我国古代的习俗不合，
所以从北魏起，中国僧侣的服装有了改进，在肩上半搭偏衫①，把裸露的
肩部遮住，再到后来逐渐改穿有袖的僧衣了。因此，这种斜披袈裟、肩上
半搭偏衫的服饰是有民族特征的。

三

　　从北魏孝文帝太和年间在云冈开凿的第5、6两窟，可以看到佛像服饰
又有了新的变化。在第5窟里，还可以看到第二阶段那种典型的斜披式服
饰，如在明窗两侧的释迦多宝二佛并坐龛，又如窟门东西两侧的树下佛
像，都是这样的服装。但是，窟中处于主要位置的许多佛像，已变成穿宽博
的大衣，两袖很肥大，由衣领可以看到里面的内衣。内衣缚有衣带，在腹前

---

① 关于偏衫的出现，大约是在北魏时。（宋）高承《事物纪原》卷三偏衫条："僧尼之上服也，
僧史略曰：后魏宫中见僧自恣偏袒右肩，乃施一边衣，号偏衫，全其两肩衿袖，失祇支之体，
此疑其始也。"

图八　敦煌塑像服饰示意图
1. 第259窟　2. 第248窟　3. 第432窟　4. 第257窟

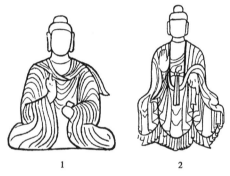

图九　麦积山造像服饰示意图
1. 麦察第69号摩崖龛　2. 麦察第127号窟

图一〇　第三阶段佛像以及南朝砖刻服饰示意图
1. 云冈第6窟南壁下层西龛佛像　2. 四川茂县出土永明元年造像　3. 南京西善桥南朝墓中砖刻荣启期像

打一结，结下双带下垂，也有的把衣带甩向左手的手腕上。衣纹绉褶由肩部向下垂展，两道褶纹间相距较宽，层层上叠，断面形成宽平的阶梯状。如果是坐像，多为结跏趺坐，露足，衣裾褶纹较密，垂于佛座上；如果是立像，则宽博的大衣下垂，衣裾向外撇扬，也就是通常所说的"褒衣博带"形式。至于通肩式服装，也还有些遗留（例如，前面提到的明窗两侧二佛并坐龛旁边，就有披通肩大衣的佛像）但是在整个造像数量中所占比例极少。

在比第5窟凿建时间略晚的第6窟中，可以更清楚地看出佛像服饰的这一变革。在这个洞窟里，几乎所有的佛像都是穿宽博大衣，内衣结带外甩到左手上，衣纹断面作平直阶梯形（图一〇：1）。如果说第5窟佛像的服饰正处在变革时期，那么到第6窟凿建时，这一变革已接近完成。

当然，第二阶段流行的斜披式服装，在太和末年也还有所遗留。在龙门古阳洞的一些小龛中，还有不少作这类服饰的造像，如太和二十二年（498年）比丘慧成造像龛①，但是总的来看，已是最后的残存。

北魏造像服饰的这一新的变革，应与孝文帝太和年间改服制一事有关。孝文帝锐意学习汉族文化，就必须向南朝学习，因为南朝不但承袭了汉、魏、西晋的礼乐刑政典等制度，而且自东晋到南齐又有所发展变迁②。因此，当时在造型艺术方面的变革，具体到佛像服饰的变革，也是和当时整个文化制度的变革一样，应该是摹自南朝。

南齐造像传世的极少，四川省博物馆现藏有茂县出土的永明元年（483年）石造像③一例。这件造像的一面是坐像，高肉髻，穿宽博的大衣，胸前垂出内衣结带，并左甩至腕上，肩部衣纹向两侧垂展，断面呈宽平阶梯状，结跏趺坐，胸下腹间衣纹中垂，遮住双足，下坐方形台座，由于衣裾下垂形成密褶，满遮座上（图一〇：2）。造像的另一面为立佛，亦作高肉髻，衣饰同前，衣纹断面亦作阶梯状。这种宽博的大衣是不是像以

① 龙门文物保管所：《龙门石窟》，图版25、26、28、36，文物出版社，1961年。
② 陈寅恪：《隋唐制度渊源略论稿》，生活·读书·新知三联书店，1954年。
③ 刘志远等：《成都万佛寺石刻艺术》，附图1、2，中国古典艺术出版社，1958年。铭文又见《文物参考资料》1955年第3期第80页。

前的通肩式或斜披式服装而为佛教造像所专有呢？现在提出一个可供探讨其渊源的例子。1959 年在南京西善桥发现的一座东晋晚期（一说南朝）的砖墓里，发现了两幅砖画①，题材是竹林七贤和荣启期的画像，在每一像旁都榜题人名，画中的人物都穿的是所谓"褒衣博带"式的宽博大衣。其中特别值得注意的是荣启期像，他披发端坐于树下鼓琴，穿一件宽博的大衣，双领下垂，由衣领可看到里面的内衣，并可清楚地看到内衣上的衣带结于胸前，结下双带下垂（图一〇：3），其服饰特征与上述南齐或北魏造像大致相同。因此，如果认为由僧人的裸袒右肩改为加披偏衫是根据中国传统礼俗的变革，那么佛像的服饰由斜披袈裟、肩搭偏衫改成士大夫所穿的褒衣博带式服装，应该是佛教造像进一步民族化的表现。过去有人认为，云冈第 6 窟佛像的宽博大衣是仿效了北魏改制后的帝王服饰，也还是可信的，因为佛的一切都要超过转轮圣王，而且在北魏时，僧人法果已有"能鸿道者人主也，我非拜天子，乃是礼佛耳"的说法，可见当时是将帝王与佛相比拟的。

　　齐永明元年（483 年）造像所代表的南朝风格，表明太和年间北魏佛像服饰的新变化，正是受了南朝的影响，应是学习了南朝造型艺术传统后创造出来的。在接受南朝影响方面，也因各个石窟所处的地区不同而有不同的表现。例如，在麦积山的北魏造像中，可以找到和永明造像风格完全相同的标本（图九：2），这说明，当时川陇一带交往十分密切。

　　总之，通过对这一阶段佛像服饰的分析，对南朝物质文化对北朝的影响问题，又提出了一个论据。

　　（原载《考古》1963 年第 6 期，后收入《汉唐美术考古和佛教艺术》，科学出版社，2000 年）

　　后记　本文发表于 1963 年，但选题酝酿很早。在北京大学学习时，阎

---

① 南京博物院等：《南京西善桥南朝墓及其砖刻壁画》，《文物》1960 年第 8、9 期合刊。

述祖师教授《石窟寺艺术》课。课余去述祖师家拜访时，他叮嘱在研讨佛教造像造型演变时，着重点要放在佛教艺术中国化，他当时已将南北朝时佛装变化用"褒衣博带"一词来形容。1958 年到中国科学院考古研究所（今中国社会科学院考古研究所）工作后，很快就有幸参与"十年考古"的编写，与宿季庚师和师兄徐苹芳组成小组，共同拟定"魏晋南北朝隋唐宋元考古"的写作提纲。因为缺乏 1949 年以来关于石窟寺调查等工作的文献目录，所以组内规定由我整理一份。完成文献目录的整理后，季庚师又与徐苹芳和我谈论有关佛教考古问题，顺便谈及中国佛装的演变与佛教中国化等问题，我给他们看了收集绘制的关于佛装变化的学习卡片，季庚师认为可以据此经过研究写成论文。所以本文就是在这样的基础上写成的，文中的线描附图，都由我学习卡片清绘而成。在《考古》刊出时，系由周永珍编辑。从《考古通讯》改刊《考古》开始，直到1966 年第 5 期因政治运动暂时停刊为止，一直由周永珍、大徐（徐元邦）和我三人负责编辑，我们在工作中是一个极为融洽的集体，因为三人中我年纪最小，他们两位帮助极大。现今他们两位已先后仙逝，但共同工作的情谊令我终生难忘。由于本篇是我撰写的第一篇关于美术考古学文稿，所以编为本集的第一篇，以为念记。

云冈第六窟的佛本行故事雕刻

　　云冈第 6 窟是北魏孝文帝太和年间开凿的大型洞窟。该窟平面接近方形，中间有中心方柱，在中心柱四面开龛造像，四壁和窟门外壁也有精美的雕刻。其中最值得注意的是关于佛本行故事的雕刻。

　　北魏时期，以佛本行故事为题材的佛教艺术品，在云冈除第 6 窟外，第 7、8、12、48、53 等窟中，都有以佛本行故事为题材的雕刻。此外，在敦煌千佛洞北魏窟里，有降魔和转法轮等佛本行题材的壁画。在新疆地区的石窟里，也有相当于这一时期的佛本行题材的壁画。如拜城克孜尔第一一〇窟（第三期）中，有连续的佛本行故事壁画；库马玛扎伯哈第一窟窟顶，也有以转法轮为题材的壁画。但是，其规模均无法与云冈的雕刻相比。而在云冈诸窟中，又以第 6 窟中佛本行故事雕刻最为典型，它可以代表当时佛本行故事题材雕刻的各种形式。

　　云冈第 6 窟中，以佛本行故事为题材的雕刻，概括起来约有 4 种不同的形式。

一　中心柱上的雕刻

　　中心柱四面的第二层，均开凿大型佛龛，左右两侧龛楣以下，各有一幅佛本行题材的浮雕，和它相连而折入龛内侧上部，左右各有一幅浮雕，使得中心柱每面有 4 幅，4 面合计 16 幅。每幅浮雕先刻成屋宇状，上复屋顶，刻出瓦垄、屋脊和鸱尾。其下浮雕佛本行故事。这一部分雕刻的内容是佛诞生前后的故事，由中心柱正面（南面）开始，依次转到中心柱西面，转北面，再转东面，有的一幅为一单元，也有的两幅为一单元。现将雕刻内容列成表（表一）介绍于下。

表一　云冈第 6 窟中心柱上的雕刻

编号	位置	雕刻形象	题材	经文出处
1	南面东侧外壁	三菩萨状人物合掌立像，均有项光，身后又有两个较小的人物	树神现身	佛语比丘，满十月已，菩萨临产之时，先现瑞应三十有二……三十二：一切树神半身人现，低首礼侍（《普曜经》卷二）
2	南面东侧龛内	一大树，树下坐一神王		
3	南面西侧龛内	二菩萨状人物跪状，合掌，身后又有二人	净饭王与摩耶夫人	
4	南面西侧外壁	国王夫妇坐像，其后有二侍者		
5	西面南侧外壁	一大树，摩耶夫人立树下，举右手握树枝，太子由右胁出生，下一人用帛承接，另一侧有二从者（图一）	摩耶夫人树下诞生太子	尔时夫人既入园已，诸根寂静，十月满足，于四月八日日初出时，夫人见彼园中有一大树，名曰无忧，花色香鲜，枝叶分布，极为茂盛，即举右手，欲牵摘之，菩萨渐渐从右胁出（《过去现在因果经》卷一）
6	西面南侧龛内	一佛立像，后有背光，上张宝盖，其右侧有二伎乐，一吹横笛，一弹琵琶		菩萨即便堕莲华上，无扶持者，自行七步，举其右手而狮子吼："我于一切天人之中最尊最胜，无量生死，于今尽矣，此生利益一切人天。"（同上）

续表

编号	位置	雕刻形象	题材	经文出处
7	西面北侧龛内	太子立床上，左右各有一跪状神王，合掌礼拜，太子身后有背光，其上蟠有八龙	九龙灌顶	天帝释梵忽然来下，杂名香水洗浴菩萨，九龙在上，而下香水，洗浴圣尊（《普曜经》卷一）
8	西面北侧外壁	王抱太子坐大象上，大象身上披装璎珞，象后一人持伞盖，象前有二伎乐，一吹横笛，一弹琵琶（图二）	骑象入城	尔时白净王叉手合掌，礼诸天神，前抱太子，置于七宝象舆之上，与诸群臣，后宫婇女，虚空诸天，作诸伎乐，随从入城（《过去现在因果经》卷一）
9	北面西侧外壁	右侧坐一老年仙人，一手捧太子，其左有二人跪状，合掌，有项光（图三）	阿私陀占相	阿私陀仙人……以神通力，腾虚而来……王及夫人白仙人言，"唯愿尊者为相太子"，仙人言善，即便占相（同上）
10	北面西侧龛内	国王坐于中间，其右一人合掌跪于国王前面，国王身后亦坐一人，长裙，双手合掌	姨母养育	时净饭王，即将太子，咐嘱姨母摩诃波阇波提，以是太子亲姨母故，而告之言，"善来夫人，如是童子，应当养育，善须护持，应令增长"（《佛本行集经》卷十）
11	北面东侧龛内	一宫殿，前有栏杆，一菩萨装人物立于门前	王建宫殿	时王即便于后园中，起一大殿，窗牖栏盾，七宝装饰（《过去现在因果经》卷一）
12	北面东侧外壁	一装饰华丽的大象，上坐一菩萨装人物，前有伎乐，后随二人，一手持花，一举伞盖（图四）	太子乘象	

续表

编号	位置	雕刻形象	题材	经文出处
13	东面北侧外壁	国王夫妻右侧坐，左侧一人跪拜合掌，背立一侍者	父子对话	
14	东面北侧龛内	一宫殿，前有栏杆，一人立于门前	建三时殿	尔时白净王……又复别为起三时殿，温凉寒暑，各自异处，其殿皆以七宝庄严，衣裳服饰，皆悉随时（同上）
15	东面南侧龛内	右侧立一菩萨装人物，中间雕摩尼宝珠和财宝，左侧有二人，其一手中持物	商人奉宝	又有诸大国商人，从海采宝，还迦毗罗旃兜国彼诸商人，各赍奇宝，而来献王（同上）
16	东面南侧外壁	国王夫妇坐于右侧，左侧立一比丘状人物，其上有二人作合掌供养状		

在大龛两侧浮雕佛本行故事的做法，匠心独到。它不但填补了在龛楣以下的空隙处，达到了对大龛两侧的装饰效果；又很自然地绕着中心柱，使画面接合在一起，使这一组佛本行故事雕刻连续地呈现在绕柱礼拜的人的眼前，形成完整的概念。这样处理关于佛本行故事题材的雕刻，是中国石窟艺术的独创。

与这种形式相同的佛本行雕刻，还可以在云冈第48窟中看到。它是在以佛为中心的大龛两侧，在龛楣以下，分别雕出两行佛本行题材的浮雕，大龛左侧第一幅是六牙象投胎，右侧第一幅是太子诞生后九龙灌顶，其余部分则不甚清楚。

图一　中心柱第五幅"太子树下诞生"

图二　中心柱第八幅"王抱太子乘象入城"

图三　中心柱第九幅"阿私陀仙人占像"

图四　中心柱第十二幅"太子乘象"

二 周绕窟壁的浮雕带

这组浮雕原在东、南、西各壁均有，可惜西壁已全风化，东壁和南壁也部分风化了。这组浮雕的画面均作长方形，上缘有忍冬纹边饰，两幅之间也立有间隔。故事内容是连续的，现存部分是从太子较艺射铁鼓至出家入山修行，共十余幅，系由东壁北端开始，依次向南排列；然后转至南壁东端，再向西排列。下面依次介绍雕刻的内容。

1. 东壁（自北向南）

第一、二幅：已风化；

第三幅：太子较艺射铁鼓；

第四幅：太子宫中观歌舞；

第五幅：已残毁；

第六幅：净饭王与太子对话（太子向王请求出游）；

第七幅：太子出游，出东门遇老人（图五）；

第八幅：太子出游，出南门遇病人；

第九幅：太子出游，出西门遇死人；

2. 南壁（自东向西）

第十幅：完全风化；

第十一幅：太子出游，出北门遇比丘；

第十二幅：耶输陀罗入梦（图六）；

第十三幅：太子逾城出家，四天神捧马足（图七）；

（以上在窟门东侧）

第十四幅：太子入山求道；

第十五幅：太子在山中问讯仙人；

第十六、十七幅：已风化。

（以上在窟门西侧）

以上十余幅画面所表示的故事互相衔接，形成连环画形式的艺术作品。

图五　周绕窟壁第七幅"太子出东门遇到老人"

　　这些浮雕中人物并不多，背景的衬托也很简单，作者却能够表达题材的中心内容；画面的布局也富有变化，人物塑造轮廓鲜明，线条简单劲健，显得古朴而又传神。以第十二幅"耶输陀罗入梦"为例（图六），画面上部刻一华帐，帐下设一床，耶输陀罗头向右侧卧床上，床下有四伎乐，手捧乐器，但均已入睡，姿态各异。旁立一鸟，太子右舒相坐床上，一手扶颊，作思惟状，身后跪一侍者。正是这些沉睡的伎乐和卧在床上的耶输陀罗，突出了画面中沉寂安静的气氛，更突出了主要表现的太子思惟，"视众使女，犹如木人，百节空中，譬如芭蕉中无有实，乱头倚鼓，委担伏琴，更相扶枕，臂脚委地……乐器纵横。……菩萨遍观，顾视其妻，具见形体，发爪脑髓……屎尿涕唾，外是革囊，中有臭处，无一可奇，强熏以香，饰以华婇，犹假借当还，亦不得久计"（《普曜经》卷四《出家品》第十二）。太子因此奋然出家。这幅雕刻真实地表示了太子思惟的情景。接着是第十三幅"太子逾城出家"（图七），太子出城的方向是

图六　周绕窟壁第十二幅"耶输陀罗入梦"

图七　周绕窟壁第十三幅"太子逾城，四天王捧马足"

向右，正与第十二幅背向，因此强化了他离家这一主题；如果让太子向左方逾城，则不会有如此强烈的效果。马下捧足的四天神，位置上下参差，加上太子马后的那个手执伞盖的飞天，使整个画面显得庄严而华美。

这种连环画形式的佛本行故事雕刻，我们还可以从云冈第53窟窟门两侧看到，其不同之处就是53窟中不是连续雕成带状，而是在门西侧雕成三层自上而下的连续图画，主要表现释迦诞生时的情景，包括摩耶夫人树下诞生释迦、释迦手指天地口唱唯我独尊、梵王供养、阿私陀占相等。在门的东侧，则是三层自下而上的连续图画，主要表现释迦出家成道的情景，包括逾城出家、白马犍陟辞别、树下苦修及一尊佛像。

新疆拜城克孜尔第一一〇窟中的佛本行故事壁画，也是这种形式，在该窟的东、西、北三壁上，画出上、中、下三层方格，格内画佛本行故事画，现存的画面有出游四门、宫中嬉戏、逾城出家、入山修道、涅槃等形象。

这种连环画形式的佛本行故事雕刻，是继承了汉代画像石的传统，刻法上也继承了画像石的浮雕手法，有了进一步的发展，但作风仍很质朴浑厚。在画面的布局上，把要表现的人物占满整个画面，不留空隙，遇有空白处，也要填充以飞天等形象，至于故事中人物的装饰、发式以及殿阁、城门，都具有浓厚的民族风格。可以看出，这是在中国传统艺术基础上发展形成的作品。

三　南壁明窗内东西两侧的造像龛

明窗东侧是一盝顶方格天幕龛，龛里雕左舒思惟菩萨像，菩萨头戴花鬘冠，颈围项圈，身披璎珞，座旁及龛下均刻山形，以说明是逾城后初至山中时思惟的形象。西侧一龛里也雕戴花鬘冠、披璎珞的菩萨像，但作右舒思惟状，白马犍陟伏在右侧，以嘴吻菩萨足，表现出恋恋不舍。这两龛佛本行故事造像，都可以各自独立，成为单独故事。

四　窟壁中层的大型佛本行故事造像龛

西壁有三大龛，但左右二龛已残缺或经后代改修，中间一龛保存尚完整，作尖拱形，龛中为一结跏趺坐的佛像，下部及手是后来改修的。在龛楣及两侧刻出群魔雕像，龛顶正中刻一夜叉，手托山作压下状。南侧自上而下是：一夜叉持弓作射状，又一猪首人，一夜叉作抱树欲击状，其下一个头竖怒发鬼作抱鼓欲投状，又有一牛首者，再下有二魔，一魔持斧作欲砍状，另一魔持物欲抛，再下又有一马首者和一持圆锤的夜叉，再下是魔女，但已有头无身，至此以下风化不辨。北侧自上而下是：一夜叉持鼓欲击，另一魔持矛欲戳，一马首者持锤欲击，还有虎首、象首者，再下又有二夜叉，所持物已风化不可辨认，自此以下全已风化。这一龛造像，表现了佛端坐毕波罗树下，魔王波旬派众魔来怖，以阻其成道的情景。南侧下部有魔女像，即是魔王三女，作妖媚状前来诱惑，可惜已风化，看不出形体。其余诸像皆是来怖释迦的众魔军。这一铺雕刻，生动地表现了在魔军充塞、围困万千层中，佛自端坐，巍然不动。通过艺术的手法，用纷纷骚扰、丑态百出的魔众，衬托出佛的庄严伟大，在艺术造型上是很成功的。

东壁也有两个大龛。南侧是一盝顶交角帐天幕龛，龛中是结跏趺坐的佛像，座下正中刻三法轮，左右各伏一鹿，这是释迦得道后在鹿野苑初转法轮，图中的法轮标志说法、野鹿标志说法处的故事（图八）。北侧是圆拱形龛，可惜大部分已风化残毁。龛中是佛坐像，下部已残，左手捧一钵。龛的四周刻成山形，龛南有四个梵志，下二人作合掌状，上二人持瓶，作向龛内倾水状。其上角又有一背水瓶而来的梵志。龛顶上也有三个梵志，两个持瓶作向龛内倾水状，另一个背负水瓶而来。北侧的雕刻已全风化，无法辨识。由这龛造像中佛手持钵、龛楣上作梵志倾水救火状，应是表现佛降伏火龙、教化迦叶的故事。

这种以坐佛为中心的大龛，在龛楣或龛周围雕刻表示佛本行题材的作品，在云冈第7、8、12窟中都可见到，其中以第8窟东壁的最为完整。它

图八　东壁大龛"鹿野苑初转法轮"，龛下为绕壁小幅像"太子出四门"

是上下两层、共四龛，除左下角一龛已有些残毁，不能肯定是否为佛本行题材外，其下层右侧一龛是降魔故事，上层右侧一龛是四天王奉钵，上层左侧一龛是二商主奉蜜，均是以佛成道前后的故事为题材。

将上述第6窟中四种形式的佛本行故事雕刻综合起来看，它完整地表现了从释迦诞生、出家直到成道的事迹。开窟时，为了能把这一题材完美地表现出来，并且适应和利用石窟内部的特点，雕刻者把整个佛本行故事分成了若干段落，然后采取了不同的表现形式。凡去礼佛的人，进窟以后一定先礼拜中心柱正面的佛像，然后围绕中心柱周匝礼拜。当时的雕刻家巧妙地把释迦诞生前后的事迹，利用大龛龛楣下的空隙雕造出来，形成绕中心柱周匝的连续画面，即第一种形式的佛本行故事雕刻。接着，礼拜的人就要礼拜四壁上的佛像，而第二种形式的佛本行故事雕刻，就雕在周壁下部，即释迦出家、成道前当太子时的种种事迹，用连环画的形式，给人以完整的故事。最后把佛本行中最主要的部分，即降魔成道、初转法轮等，分别雕成以佛为中心的大龛，放在四壁很主要的位置上，它们各自可以独立成为一铺造像。因此，当时人们在顶礼这些龛时，可以连续瞻礼下去，也可以单独礼拜。于是，第四种雕刻就达到了重点突出的效果。至于第三种形式的雕刻，实际上与第四种形式的大龛相同，只不过规模较小，又置在明窗洞内两侧，在这座窟中起了补充和陪衬的作用。由此看来，第6窟中几种形式的佛本行故事雕刻，分开来均可以各自形成完整的段落，各有特色；合起来又成为一个整体，是围绕同一主题的不同组合。它完全可以代表北魏石窟中关于佛本行题材雕刻的最高成就。

从第6窟的佛本行故事雕刻我们还可以看到，在印度犍陀罗的佛教美术作品里，也有不少关于佛本行题材的浮雕和造像，却找不到第6窟中第二种形式，即以连环画式的浅浮雕连续表现佛本行题材的例子。这种做法正是佛教传入我国以后，在我国传统艺术的基础上，主要是继承了汉代画像石艺术而发展形成的，具有明显的民族风格。至于第一和第四种形式的作品，能在犍陀罗艺术品中找到类似的形象。例如，英国马歇尔（John Marshall）所著《犍陀罗佛教艺术》（The Buddhist art of Gandhara）一书中，图 54～61、66～77 都是佛本行故事浮雕。也有以佛为中心的造像，即拉合尔博物馆藏的释迦苦行像（丁文光编《犍陀罗式雕刻艺术》附图九）。但是，出现在云冈的雕刻与之有极大的不同。无论从布局、风格、雕刻手法，都在中国民族传统的基础上进行了改造，尤其是佛的面相、衣服、宠饰等方面，都摆脱了早期佛教美术品中较浓的外来影响。如转法轮宠中，佛的面相方圆适中，双颔下垂，所穿的大衣很宽博，有褒身博带之感。再如大衣内着僧祇支，从衣内引出下垂的双带，这种服饰是只有在中国石窟艺术中才能找到的形象。因此，由第 6 窟的佛本行故事雕刻可以看出，中国的石窟寺艺术是在承继汉代以来的民族艺术传统的基础上，汲取了外来影响的优秀部分，经过融合而形成，因此它具有自己的特点，有浓厚的民族风格和感人的艺术魅力。

本文是在阎文儒老师的督促和指导下写成的，并且引用了中国佛教协会的各种资料，一并书此致谢。

（原载《现代佛学》1963 年第 2 期，后收入《汉唐美术考古和佛教艺术》，科学出版社，2000 年）

后记 本文和下面收录的《南朝的佛本行故事雕刻》，均发表于《现代佛学》杂志。关于那些文章撰写和发表的情况，我在追忆阎文儒（述祖）先生的《我认识的阎述祖先生》一文（发表于《文物天地》1995 年第 3 期）中曾作追忆，现转录于下：

我自北大毕业以后，就分配到中国科学院考古研究所工作。述祖先生一直很关心我，我也常去看望先生和师母。当中华人民共和国成立十周年之际，中国历史博物馆筹备建馆时，述祖先生被请去筹备隋唐部分陈列，他想让我去帮他筹备，但因所内工作紧张，未被同意。20 世纪 60 年代初，述祖先生应中国佛教学会之约，准备编中国佛教石窟寺专著，常住在广济寺内，又想让我去帮他，但夏作铭先生没有同意，只是告诉我业余可多去看他,如有急需再另考虑。所以那时晚上,我常去广济寺看望述祖先生,也有幸得以聆听巨赞法师和佛协领导人的许多有益的谈论。那时在述祖先生催促下,我曾给《现代佛学》杂志写过几篇关于中国早期佛教造像及石窟寺艺术的文章。

当时在《现代佛学》先后发表的有《国内现存最古的几尊佛教造像实物》《云冈第六窟的佛本行故事雕刻》《南朝的佛本行故事雕刻》等文,现选录两篇编入本集,以纪念阎先生的教诲。

南朝的佛本行故事雕刻

　　南北朝时，南朝佛教盛行，塔寺繁多，也曾开窟造像，但是恰与北朝相反，保留下来的佛教艺术遗物极少，仅有少数石刻或青铜造像传世。在四川成都西门外万佛寺废址曾陆续出土过不少南朝的石刻造像，有几件刻有宋、梁纪年，这是研究南朝造像极为珍贵的一批资料①。其中年代最早的一件是刘宋元嘉二年（425年）的，这件石刻传于清光绪八年（1882年）出土。王廉生《天壤阁笔记》云："乡人掘土，出残石佛像，大者如屋，小者卷石，皆无首或有首无身，无一完者。……乃拣得有字像三，一元嘉，一开皇，一无纪元。"可惜元嘉造像原石下落不明，仅在《成都万佛寺石刻艺术》一书中图版第三一转载一拓本②（图一）。

　　根据拓本可知，该石中间刻有经变故事，两侧刻有佛本行故事。因原石残毁过甚，上下及左侧均已缺失，因此，所刻佛本行故事仅存右侧的五幅，左侧的一幅也没能保存下来。就仅存部分来看，这一组佛本行故事雕刻极值得注意，系采取连环画的方式，自上而下排列，最下一幅（第五幅）也已残缺不全。现将仅存的几幅分述于下。

　　第一幅：上部微残，画面右侧刻一株树。佛母摩耶夫人立于树左，她以右手摘引树枝，释迦太子从其右胁诞生，刻于摩耶夫人右手广袖之右。佛母身后侍立一双髻长裙的妃嫔。求那跋陀罗（刘宋时从天竺来南京）译

---

① 关于成都万佛寺废址出土的南朝造像，可参看冯汉骥《成都万佛寺石刻造像》，《文物参考资料》1954年第9期；宿白《展览会中的一部分美术史料》第二节，《文物参考资料》1954年第9期；刘志远等《成都万佛寺石刻艺术》，中国古典艺术出版社，1958年。

② 该拓本曾见于广仓学窘刊印的《艺术丛编》第20期中。

图一　元嘉石刻造像拓本

《过去现在因果经》卷一云："尔时夫人既入园已，诸根寂静，十月满足，于四月八日日初出时，夫人见彼园中有一大树，名曰无忧，花色香鲜，枝叶分布，极为茂盛，即举右手，欲牵摘之，菩萨渐渐从右胁出。"这幅雕刻，正表达了这一情景。

第二幅：画面左右及后部均雕树木，树木形象简拙，颇富图案意味。在正中天空中，雕一轮圆日，下有云纹相衬托。左侧跪一人，高髻，头有项光，着宽博大衣，衣带飘拂。右侧刻太子像，足下踏大莲花，头有项光。他左手下垂，右手上指，这正是太子步步生莲花作狮子吼。孙吴支谦译《太子瑞应本起经》卷上："（太子）堕地即行七步，举右手住而言曰：'天上地下，唯我独尊。'"又见《过去现在因果经》卷一："于时树下亦生七宝七茎莲华，大如车轮，菩萨即便堕莲华上，无扶侍者，自行七步，举其右手而狮子吼：'我于一切天人之中最尊最胜，无量生死，于今尽矣，此生利益一切人天。'"

第三幅：画面后部亦为树林，并雕有山石，前立一牝马及一小驹，表现了当释迦诞生时马生白驹等的故事。《太子瑞应本起经》卷上云："太子生日，王家……厩生白驹"。《过去现在因果经》卷一："当尔之时，诸释种姓亦同一日生五百男。时王厩中，象生白子，马生白驹，牛羊亦生五色羔犊，如是等类，数各五百。"

第四幅：左侧微残，仅剩一株大树之顶部。画面正中雕长方形几案，其足系曲足，形制与晋顾恺之《女史箴图卷》中所绘几案相同。太子立于几上，一手指天。几右侧立一人，衣带飘飞。右侧上空中雕一龙神，似向太子作喷水状。这幅雕刻表现了太子被神王放在宝几上供养、龙王为其洗浴之状。《太子瑞应本起经》卷上："四天王接置金机上，以天香汤浴太子身。"《过去现在因果经》卷一："时四天王即以天缯接太子身，置宝机上，释提桓因手执宝盖，大梵天王又持白拂，侍立左右；难陀龙王、优波难陀龙王于虚空中吐清静水，一温一凉，灌太子身。"

第五幅：下部及右侧残毁过甚，已难窥知全貌。由残存部分看，似为一大象，身上有宝舆，装饰华丽，其后随行二侍者，有可能是太子乘象入城之图。《过去现在因果经》卷一："尔时白净王又手合掌，礼诸天神，前抱太子，置于七宝象舆之上，与诸群臣，后宫婇女，虚空诸天，作诸伎乐，随从入城。"

这一组佛本行故事雕刻，刻工较细腻，构图富于变化。人物的轮廓优美，面相清秀，但不像南北朝后期造像那样过分削瘦。如果所传石刻上的纪年无误的话，它是刘宋元嘉二年（425 年）的作品，也是现存南朝石造像中年代较早的作品，比云冈石窟开始凿建的北魏文成帝和平年间（460～465 年）还要早几十年。因此，这件石刻是我国南北朝早期佛教雕刻中较为重要的遗物。同时，这组以佛本行故事为题材的雕刻，又是同一题材雕刻作品中年代最早的一件，对研究我国佛本行题材的佛教艺术品提出了一些值得注意的问题。

首先，这组雕刻的连环画式的结构、浮雕手法以及树、石、人、物的造型，显然继承了汉画像的传统。其次，北魏的佛本行题材的作品，尤其是以云冈第 6 窟的雕刻为代表的作品，已经摆脱了早期佛教美术品中较浓的外来影响，而是在继承汉魏以来民族艺术传统的基础上，汲取了外来影响的优秀部分，相互融合而形成的，具有独特的民族风格①。看到元嘉时的佛本行雕刻以后，可以看出，南、北方的基本特点是共同的，虽然也有由于地域不同而产生的不同风格。其中南方的作品一般是细腻而清秀的，北方的作品则一般是浑厚而朴拙的，但是，共同的方面是主要的。南北朝时，在文化制度方面，北朝仿效南朝，因为南朝直接承继了魏晋的传统，在宋、齐两代还有了一定的补充和发展，而北朝当时在文化上较为落后。造型艺术方面，南方也是影响北方的，尤其是北魏孝文帝时更为显著。因此，对元嘉年间佛本行故事雕刻的研究，为我们了解当时南方和北方造型艺术的关系，也就是南朝佛教艺术对北朝的影响，提供了重要的线索②。

在比元嘉造像时代较晚的一些南朝造像的背面和背光上面，也往往有佛本行故事题材的浮雕。例如，在成都万佛寺废址出土的梁中大通五年（533 年）上官□光造释迦立像龛背面和中大同三年（实为太清二年，公元 548 年）观音立像龛背光（图二）③，以及上海博物馆藏中大同元年

① 杨泓：《云冈第六窟的佛本行故事雕刻》，《现代佛学》1963 年第 2 期。
② 陈寅恪：《隋唐制度渊源略论稿》，中华书局，1963 年。
③ 刘志远等：《成都万佛寺石刻艺术》，图版 4～6，中国古典艺术出版社，1958 年。

图二　四川成都万佛寺出土梁中大同三年石观音立龛像

（546 年）比丘释慧影造释迦像背光上的雕刻①，均为佛本行故事。其中又
以佛说法（转法轮）图最常见。多是佛结跏趺坐于正中，或坐宝床，或坐
莲座，背面及两侧为群集听法的菩萨和声闻弟子，前后衬以山石树木。可
见，在造像背面及背光上雕佛本行题材的做法，在南朝造像中是相当普
遍的。

（原载《现代佛学》1964 年第 4 期，后收入《汉唐美术考古和佛教艺
术》，科学出版社，2000 年）

---

① 丁文光：《梁中大同元年造释迦石像》，《文物》1961 年第 12 期。此像现藏上海博物馆，传世
已久，早经著录，见《八琼室金石补正》卷十一。

关于我国石窟寺研究的几个问题

1949 年以前，帝国主义列强疯狂地掠夺我国的古代艺术宝藏，著名的石窟寺多遭劫掠和破坏。在云冈和龙门，随处可见劫后的遗痕。被劫到美国去的洛阳龙门宾阳中洞《帝后礼佛图》浮雕，是最令人愤恨的实例。走遍河北邯郸南北响堂山的所有的窟龛，现在竟找不到一颗完整的佛头。太原天龙山北齐和唐代的主要洞窟，已被破坏成废墟。至于敦煌莫高窟和新疆境内许多石窟所遭到的盗劫破坏，更是令人发指。除了这些明目张胆的抢劫，对中国石窟寺的研究工作也垄断在外国学者手中。中国的石窟寺艺术被随意解释成印度佛教艺术的翻版，把它和我们祖国伟大的艺术传统割裂开来，说成是纯粹的舶来品。

中华人民共和国成立以后，党和政府十分重视这项工作。敦煌艺术研究所改组为敦煌文物研究所，积极开展了工作。1951 年 4 月，在北京举办了首次敦煌文物展览，开始把敦煌石窟的艺术成就介绍给广大人民群众。继敦煌以后，在云冈、龙门、响堂等著名石窟都建立了专门的文物保护机构。1961 年国务院公布的第一批全国重点文物保护单位名单中，就列有云冈石窟、莫高窟、榆林窟、龙门石窟等共 14 处石窟寺。对敦煌、云冈和龙门都进行过勘察，拟定了保护和修缮的计划，大力进行修缮工程。此外，对全国各地石窟寺也进行了调查。如 1952 年，文化部组织了"炳灵寺石窟勘察团"，揭开了调查全国石窟工作的序幕。在调查工作中，许多早已被遗忘的石窟寺又被重新发现，其中重要的有甘肃永靖炳灵寺、武威天梯山、庆阳寺沟北石窟寺等处的石窟群。对于过去曾做过简略调查的重要石窟寺，也重新进行了调查，包括甘肃天水麦积山、安西榆林窟、酒泉文殊山以及河北邯郸响堂山、四川大足、云南剑川等石窟。此外，对散布在新疆、甘肃、宁夏、陕西、河南、内蒙古、山西、山东、四川等地的许多石窟和摩崖造像，都进行了多次调查，发现了丰富的有科学研究价值的造像和壁画材料。其中比较重要的是 1963 年对炳灵寺做第二次全面调查时，在 169 号洞（原编 119 号，俗称"天桥南洞"）发现有西秦建弘元年（420年）的题记，这是目前我国境内各石窟寺中已发现的年代最早的题记，这座洞内的造像和壁画绝大部分都是西秦时的作品。在一系列调查工作的基础上，对石窟寺的分期工作也开始进行，对西北地区重要的石窟寺（如甘肃的莫高窟、麦积山、炳灵寺和新疆天山南路的一些石窟寺等），都作了初步的分期。

20 世纪 50 年代后，出土了几批重要的纪年造像，这些都是和石窟寺研究有密切关系的资料。成都万佛寺废址和曲阳修德寺废址发现的两批石造像，是研究南朝和北朝造像的珍贵资料。在山西沁县发现的一批北朝造像，也是值得注意的资料。

20 世纪 50 年代以前，几乎找不到我国出版的有关石窟寺的专著。中华人民共和国成立以来的十几年里，随着对石窟寺调查研究工作的开展，有关石窟寺的专题研究、调查报告和各种图录已达几十种之多。此外，还有很多普及读物和画片。

回顾这十几年来的工作，确实取得了一定的成绩。但是，在石窟寺研究领域中存在的问题也很多，现在把我所认识到的几个问题提出来，供同志们讨论，希望起到抛砖引玉的作用。

一

进行中国石窟寺研究的目的。

在世界流传的三大宗教（基督教、伊斯兰教和佛教）中，在我国古代历史上影响最大的是佛教。它自传入中国时起，一直按照中国当时封建地主阶级的解释和需要来传播它的宗教学说，成为历代封建统治集团不可缺少的统治工具。佛教思想长期成为我国封建社会上层建筑中重要的宗教观念形态，是封建统治阶级用作压迫人民的精神武器，起了麻醉人民的鸦片烟的作用。佛教本身宗派的兴衰变化，也完全反映了封建统治的需要①。1949 年以前，神权还是紧紧地束缚着中国人民，而神权鬼神系统的内容，很多是和佛教分不开的。形形色色的封建迷信思想，往往与佛教有千丝万缕的联系。至于从属于佛教的艺术形式之一的石窟寺艺术，它正是南北朝、隋唐乃至宋代佛教艺术中极为主要的内容，它同样反映了当时封建统治阶级的利益，为其统治服务，麻醉广大人民，转移和磨灭人民反对阶级压迫的斗争。在今天，我们应该以怎样的观点来研究这些古代遗迹？研究中国石窟寺的目的和意义是什么？这是必须明确回答的。

列宁同志教导我们说："宗教是麻醉人民的鸦片，——马克思的这一句名言是马克思主义在宗教问题上的全部世界观的基石。"② 这是我们对石窟寺的研究的基本观点。今天研究佛教思想史和佛教艺术史的根本目的，就是要为我们的当前的社会主义革命斗争和建设服务。今天在我国的社会中，佛教这种宗教迷信仍保留有一定的影响，研究形象化的佛教思想——石窟寺，同样有助于破除封建迷信，宣传唯物主义无神论，克服人们思想中的宗教偏见。

所以我们研究和掌握石窟寺艺术本身产生、发展、流传、演变、衰落的规律，首先是为了揭示它作为我国封建社会上层建筑中重要宗教观念形态的艺术形式的反动性和阶级性，研究它在阶级斗争中作为统治阶级重要统治工具的作用。同时，石窟寺的大规模开凿修建，是和当时的生产力水平和工程技术水平分不开的，它们不仅仅是些宗教艺术品，还集中表现出古代劳动者、匠师的智慧，这些巨大的修建工程和精雕细琢的造像，无不浸透了古代劳动群众的血汗。因此，它们也是了解当时工程技术历史及其他有关历史的重要资料。而作为艺术品的本身价值来说，它继承了中国古

① 孔繁：《佛教思想与中国哲学思想》，《红旗》1964 年第 16 期。
② 列宁：《论工人政党对宗教的态度》，《列宁全集》第 15 卷，人民出版社，1959 年，第 376 页。

代的伟大艺术传统，又汲取、融合了外来艺术的精髓，是中国古代艺术发展史中一个重要组成部分。

佛教一直按照封建统治阶级的意愿和需要来传播它的学说，反映了不同历史时期社会经济基础的变化，因此，各个历史时期有所不同。而石窟寺的修造，正是随着这些不同而改变着它的面貌。为了掌握中国石窟寺艺术发展的规律，就需要弄清楚不同阶段的石窟寺分别代表了哪些佛教思想，属于哪一种佛教流派，又与当时的社会现实有什么联系。为了达到这个目的，必须进行有关石窟寺艺术题材内容的研究。对石窟寺题材内容方面的考证，1949 年以后也曾进行过一些工作，但做得还很不够。

我们要弄清楚石窟寺艺术的题材，找出它所代表的宗派和据以造像的佛教经典，这是进一步理论研究的基础，但这只是一种手段，绝不是研究的最终目的。在这方面，我们必须反对那种资产阶级的繁琐考证，他们既不从石窟的整体出发，也不注意对一个石窟的全面分析，只是将对一尊或一组造像、一铺壁画的题材考证孤立起来。我们考证题材问题时，不能只简单地局限在佛教本身，只去翻检佛教经典，而不结合当时的社会现实。佛教艺术尤其是石窟寺艺术，还不同于深奥的佛教哲理，是面对广大群众的，带有更为鲜明的阶级内容。大型石窟的凿建者多半是帝王、贵族或大官僚，至于小龛或小型造像，则较为广泛，扩大到一般中小地主，也还有极少数一般人民，这从遗留下来的为数众多的造像题记可以清楚地看出来。所有这些窟、龛、像都应该是按照不同阶层的要求、以他们喜闻乐见的形式雕造的，因此，决不能忽视这些宗教艺术品的阶级内容。要想真正弄清这些问题，只有从当时社会的政治生活和经济生活中去寻求答案。另外，我们既要弄清石窟寺艺术如何反映了封建统治阶级的要求和如何为他们服务，也要研究这些封建统治者又如何受到宗教的制约。

二

中国的石窟寺艺术到底继承了什么传统？对这个问题有两个完全不同

的答案。资产阶级学者过去总是抛弃了祖国的伟大艺术传统，而到外国去找根源，认为是犍陀罗艺术的翻版，企图把石窟寺艺术从我国的艺术传统中割裂出来。1949 年以后，我国学术界开始运用马克思列宁主义观点研究中国佛教思想，从中国哲学史上唯物主义和唯心主义的斗争来考察中国佛教思想的发展①。在研究汉唐时期佛教哲学思想在中国的传播和发展时，以下几点结论值得我们重视。（1）佛教起源于印度，但其发展是在中国，佛教的许多理论、学派是结合中国社会具体情况提出的，它是中国封建社会上层建筑的一部分，也是中国哲学史中古时期的主要思潮。（2）从佛教的输入和传播可以看到，光靠外来的佛教思想本身，不会对当时中国社会产生重大的影响，只有当这些思想和当时社会历史具体情况结合，才能带来深刻而广泛的影响。佛教虽有自己的思想体系，但它传入中国以后，一直是按照中国当时封建地主阶级的解释和需要来传播其宗教学说的。在印度佛教学说中很少有根据的一些宗派，如天台、华严，特别是禅宗，与中国社会条件相适应，就得到发展，而生搬硬套外来学说的法相宗，即使一度得到统治者大力支持，仍旧生不了根，终归枯萎。

和运用马克思列宁主义观点研究佛教思想相同，1949 年以后，在研究佛教艺术尤其是石窟寺艺术方面，也做了同样的尝试。在研究我国石窟寺艺术的源流和发展时，批判了它是外国艺术的简单翻版、是西方艺术东来的说法，认为石窟寺艺术虽然是随着佛教传入的一种佛教艺术，但当它在中国生根发展以后，便与外国的不同了。

毛主席教导我们："各国人民之间的互相影响是时常存在的。……但是这种变化是通过了各国内部和中国内部自己的规律性而起的。"② 对于事物的发展变化，"唯物辩证法认为外因是变化的条件，内因是变化的根据，

---

① 任继愈：《汉——唐中国佛教思想论集》，生活·读书·新知三联书店，1963 年；孔繁：《佛教思想与中国哲学思想》，《红旗》1964 年第 16 期；方立天：《对中国佛教思想的研究和批判》，《人民日报》1964 年 4 月 29 日。
② 毛泽东：《矛盾论》，《毛主席的四篇哲学论文》，人民出版社，1964 年，第 28 页。

外因通过内因而起作用"①。对于中国石窟艺术的渊源问题，只有把石窟寺艺术作为一个整体，研究其本身的特点和发展规律，把它作为祖国伟大艺术传统中不可分割的组成部分，才能正确解决。这是一个原则问题，必须彻底批判资产阶级唯心主义的外因论或被动论，清除关于中国石窟艺术渊源和发展的谬论，才能认识祖国文化的悠久、丰富、伟大。如何找出石窟艺术在中国的发展规律，细致地研究这一问题，得出科学的结论，目前这一工作还没有认真进行。往往只是泛谈一下石窟寺流行以前，我国从新石器时代到汉魏的艺术传统，然后说石窟寺艺术继承了这些传统。但是，石窟寺艺术到底是怎样继承了祖国悠久的艺术传统的？它又是如何在接受外来影响下发展起来的？具体表现在哪些方面？它的发展规律是怎样的？这些仍然是有待我们今后努力的一些课题。

　　和上面的问题紧密联系在一起的，还有另一个尚待讨论的问题。过去资产阶级学者因为肯定了中国石窟艺术由西方移植的前提，因此试图寻求出一条自西向东的传播路线，认为，越是位于祖国西部的石窟时代越早，越是位于中原地区的石窟就必须去向西去探索它的来源，因为它们所具有的特点只能是简单地从西方移植过来。在这种思想的影响下，在中国石窟艺术发展史中，往往把敦煌艺术摆在不够正确的位置，理由是敦煌正位于中西交通线上的枢纽，所以，西方艺术先传到这里，再从这个"转运站"传到麦积山等处，然后再原原本本地输送到中原地区，到了当时的首都平城（大同）的云冈，后来又传到洛阳龙门、巩县石窟寺乃至响堂、天龙，等等。但当我们观察了敦煌的魏窟以后，就会发现，早期的石窟带有和云冈相同的因素，迟一些的则又有和龙门相似的地方，而这些特点全是西方的石窟艺术中无法找到的。正确的答案只能是，这里受到了当时的政治、经济、文化中心——平城或洛阳的影响，时代越晚，这种影响看得越清楚。也可以说，这是中华民族的石窟寺艺术由东向西的发展。同样的情况，在甘肃境内的其他石窟（如天水麦积山、永靖炳灵寺、庆阳寺沟等石

---

① 毛泽东：《矛盾论》，《毛主席的四篇哲学论文》，人民出版社，1964 年，第 27～28 页。

窟），也很容易寻找出来。以寺沟北石窟寺为例，尤其是第 165 窟（俗称"佛洞"）的造像风格特点，更看出是受到中原地区的影响很大，而很难看出受"西域"的影响。因此，为了更清楚地掌握我国石窟寺艺术的发展规律，必须重新研究各个石窟寺和当时全国中心的首都——平城、洛阳、邺、长安等的关系，也就是与当时首都附近的石窟寺造像中心的关系，进而阐明中国石窟艺术民族风格的形成，以及如何继承了历史上的伟大艺术传统的问题。

此外，还应当正确评价外来艺术如何通过中国社会内部的因素而起作用。因为石窟寺艺术形式毕竟是随着外来的佛教而进入中国的。在研究这一问题时，主要是仔细分析我国古代是如何汲取外来文化艺术，经过消化，从中取得养分，在民族传统的基础上融合而有所创造，发展成为民族风格的新艺术。经过研究，可以探索出历史上中外文化交流的发展规律，以起到借鉴作用。

三

毛主席教导我们，一切艺术都是有阶级性的，超阶级的艺术是没有的。"无产阶级对于过去时代的文学艺术作品，也必须首先检查它们对待人民的态度如何，在历史上有无进步意义，而分别采取不同态度。有些政治上根本反动的东西，也可能有某种艺术性。内容愈反动的作品而又愈带艺术性，就愈能毒害人民，就愈应该排斥。"[1] 石窟寺艺术是为了宣扬佛教思想，它本身是为封建统治阶级服务的，在当时是起着反动的作用。对于一般人来说，宣讲深奥的佛教哲理，接受起来相当困难，但是对于以艺术形式表现出来的诱惑，却易于接受。石窟寺艺术（也可扩大为所有的佛教艺术品）所创造的主要题材——佛、菩萨、罗汉、神王等，都是佛教徒礼

---

[1] 毛泽东：《在延安文艺座谈会上的讲话》，《毛泽东选集》第 3 卷，人民出版社，1958 年，第 871 页。

拜的对象。因此，这些造像的艺术造诣越高，越是感动人，也就越能麻醉、毒害人。因此，这些艺术品在当时是极具毒素的。今天看来，其政治性、思想性乃至表现形式，都是必须坚决批判的封建文化的糟粕。但是，"中国历来只是地主有文化，农民没有文化。可是地主的文化是由农民造成的，因为造成地主文化的东西，不是别的，正是从农民身上掠取的血汗"①。这些遗留至今的古代石窟寺艺术作品，正是当时劳动人民在残酷的阶级压迫下血汗的结晶。这些无名的雕塑家或画师，很多本身就是虔诚的佛教信徒，他们将毕生心血和全部艺术才能都倾注在这些作品上了，因此，作品的艺术水平很高；同时，这些艺术品又是在继承祖国伟大艺术传统的基础上，汲取外来艺术精华的伟大艺术创作。从这个角度来说，我们必须在批判其反动本质、剔除其封建糟粕的同时，从石窟寺艺术里吸收有益的养分。

1949 年以后，很多同志探索石窟寺艺术，尤其是敦煌艺术的人民性。但是，人民性问题是脱离不了阶级性的，我们必须用阶级分析的方法去研究这一问题。例如在讲到敦煌壁画中的"历代人民生活画"时，泛泛地把这些生活画都称为"人民的"是不确切的，我们必须注意到，这些画到底是反映了当时哪一阶级或阶层的生活。例如，敦煌第 217 号唐窟的那幅《得医图》，应该是一幅贵族或官僚豪富之家生活的写照，绝不是当时一般劳苦群众生活的写照，因此，把这幅画说成"生活的气氛，浓厚到使我们冲破了历史时间的隔膜，而与画中人呼吸在同一个空间里"就十分不恰当了。同时，我们还必须分析某些反映生活的绘画对劳动者所持的态度。例如，在封建社会，从事屠宰行业的劳动者是最被人鄙视的，第 85 号唐窟中那幅所谓《屠房》图，正是从鄙视和歪曲的角度，根据佛教教义创造出来的作品，因此把这样一个劳动者描绘成"两眼直视的凶狠的形态"，再用满摆在案桌上的肉块、"紧缚四肢待宰的羔羊"、守候着的"饿狗"、挂满内屋的"鲜血淋淋的羊腿"，衬托出了一幅"杀生害命"的屠房形象。在

---

① 毛泽东：《湖南农民运动考察报告》，《毛泽东选集》第 1 卷，人民出版社，1951 年，第 41 页。

这里，我们就不能只强调其生动，有艺术价值，因为它反映了宗教的偏见和阶级的偏见。若把这个当时地位卑下的劳动者的"凶残"形象，与那些靠残酷剥削劳动人民的封建统治者道貌岸然的供养人的"慈祥"形象作一对比，这些艺术品是为谁服务就昭然若揭了。对于这种作品，我们能不加批判，"使我们的感情不知不觉地也走进了画家在创造故事画时的空间与时间中"吗？同样，有的关于敦煌服饰的画册，也是选择了一些人像罗列一堂，如果按不同阶级、阶层，把反映人们服饰的画像分别排列，作一对照，是不是更说明问题呢？

同时，我们也决不应该忽略这些艺术品是为宗教目的服务的，并不能真实无误地反映现实。因此，利用这些资料时必须仔细分析。例如，敦煌壁画中的弥勒下生经变里，常常有关于耕种或收获的画面，这当然是研究当时农业生产的有用的参考资料，但是如仅仅根据它们作为研究的基础，那一定会和实际情况有出入的。

对于石窟寺艺术等古代艺术品的评价，除了阶级性的方面，还有艺术性的方面。这些艺术品确实是我国伟大艺术宝库中光彩夺目的作品，但是我们也反对那种无根据的夸张。例如，有人说，"在云冈石窟和龙门石窟的雕刻上，首先给人以伟大而可惊的印象，云冈的昙曜五洞，大佛巍峨庄严，在世界的古代雕像中，无与伦比"，看来，这种夸张是失实的。我们称誉祖国古代的艺术品，但也要客观看待别的民族、别的国家的古代艺术创作。再如把麦积山第 133 号窟中第 10 号造像碑上的涅槃画面，说成与达·芬奇的名作《最后的晚餐》有异曲同工之妙，这种比喻有什么意义呢？总之，评价古代艺术作品，应该有严肃的态度，毫无根据地去和时代不同、技法不同的外国名作相比，这种做法本身就是不科学的。另外，我们更反对那种唯艺术、唯美主义的评价，把一些宗教艺术品（包括道教）说得完美无缺。例如，有人看过晋祠的宋塑侍女像，就佩服地说："晋祠圣母殿里的每一个侍女，我都能够写出她的小传。"甚至认为圣母殿"是一个令人忘返的地方，在这里久住，也是一种乐趣。"对一个社会主义时代的人民艺术家来说，这样发思古之幽情是极不健康的。还有的同志完全抛弃这些作品的宗教内容和阶级内容，对造像作出极不恰当的形容，如认为龙门奉先寺的唐代卢舍那佛"完全像个温柔美丽的少女"，而潜溪寺的三尊佛像又"使人感到十分亲切"，就"像具有深厚感情的中年慈母"，等等。总之，我们对石窟寺艺术（也可以说是所有的古代宗教艺术品）进行艺术价值评价时，决不能忘记毛主席教导的政治第一的标准，既要肯定这些艺术品在中国美术史上应有的地位，也要认真看待它的时代局限性，更要注意清除它可能会带给今天的消极因素。

四

为了展开对石窟寺艺术的科学研究，首先要掌握实物资料，可以分为两个阶段。第一步是要对各个石窟寺进行实地调查，并对重要的石窟群进行详细的记录和勘测。第二步就是根据调查勘测的资料，进行全面分析，也就是去粗取精、消化材料，最后完成编年、分期工作，初步找出石窟寺发生、发展、衰落的规律，这是开展研究的基础工作。

如前文所述，20世纪50年代以来，在石窟寺调查工作方面有了不少的收获。但是，总观这十几年来的工作，严格说来还处于初步积累资料的阶段。已发表的大部分调查材料，多只有简略的报道，材料不够全面，往往缺乏必要的图表（如总平面图、重要洞窟的实测图、石窟内容总表等），有时所附照片不少，但又往往不成组，甚至缺少最具有代表性的材料。读者无法根据这些材料作进一步的分析研究。此外，在一些石窟寺的调查简报中，对断代、分期的推测，也只是依据所谓"风格"，而缺乏科学的基础。

进行石窟寺的调查时，怎样才能抓住典型资料，这是我们在今后工作中要逐步解决的课题。石窟寺艺术可以从各种角度去研究，但是对于调查勘测和编年分期工作，我认为，这应该是由石窟寺考古学解决的项目，也就是说，需要利用考古学的方法来进行工作。近年来，已经有了利用考古学方法全面记录石窟的初步探索。全面记录石窟寺，我想至少应包括以下内容，首先要记录整个石窟寺的全貌（包括测绘总平面图和立面图），然后分区分组进行记录，最后对典型洞窟进行更细致的记录。这些记录应包括文字记录、准确的实测图（平面图，纵、横剖面图，必要的断面图）和必要的照相记录，应特别注意有关洞窟开凿、补修等各种有关迹象。因限于篇幅和本文的主题，在这里，对具体的调查记录的技术性工作不再多讲。重要的是，当我们进行全面记录时，必须时刻考虑到这些记录主要是为了揭示石窟寺的发生、发展的规律，是为科学研究准备条件。

我们提出，进行石窟寺调查时要全面记录，但是反对主观片面和繁琐主义。进行石窟寺的调查工作，必须按照毛主席关于调查研究的指示进行，本着实事求是的态度。"'实事'就是客观存在着的一切事物，'是'就是客观事物的内部联系，即规律性，'求'就是我们去研究。"① 必须从实际情况出发，从中引出固有的而不是臆造的规律性。要详细占有材料，才能从中引出正确的结论。否则，光凭自己主观看法有所取舍，定会忽略应该注意的重要现象。

关于烦琐主义，这是指导思想的问题。资产阶级的考古学家常常卖弄"科学"来和马克思主义对立，在形而上学的方法论指导下，只在个别的具体事实中兜圈子，搞一些烦琐的标型排比，似乎玄妙，实际上毫无意义。这并不是说简略的报告就不烦琐了，如果目的不明确，虽然内容简略，仍可能忽略主要内容，在一些次要的方面兜圈子。例如，在论述石窟分期时，并没有提出这样分期所根据的标准，只是讲"手法极其概括简练，艺术造诣之完美，神态之生动……（雕像）都丰满秀丽，生动活泼，优美而温静，含蓄而大方。……娓婉多姿，栩栩如生……云髻峨峨，面如满月，修眉联娟，柔情绰态，充分地体现了慈祥、高尚、典雅的性格"，等等。这些空洞的描绘，对分期没有说明，使读者无法检查作者的分期是否可靠。我们之所以要进行排队、比较，要掌握详尽的资料，目的是要知道这一事物本身的发展规律，以解释有关的社会历史问题。因此，石窟寺

---

① 毛泽东：《改造我们的学习》，《毛泽东选集》第 3 卷，人民出版社，1958 年，第 801 页。

的记录和分期，只是掌握和分析材料的手段和进行科学研究的基础，决不能以之作为目的，更不能因此陷入烦琐主义的泥淖中。

（原载《文物》1965 年第 3 期，后收入《汉唐美术考古和佛教艺术》，科学出版社，2000 年）

后记 在《试论南北朝前期佛像服饰的主要变化》的"后记"中，曾提及在参与"十年考古"的撰著时，曾负责收集整理自中华人民共和国成立以来书刊报纸刊载的关于石窟寺工作的资料，编成文献目录。编成后复写了五份，编写组中宿季庚师、徐苹芳和我每人一份。还有两份，一份送夏作铭师，另一份经《文物》编辑部庄敏转送文物局。到 1965 年，庄敏代表文物局来找我，说明局里要在文物月刊发起关于石窟寺工作的讨论，要有一篇领头的文章，因为我曾整理过关于石窟寺的文献资料，所以委托我执笔，考古所方面，他已向夏作铭师汇报过，得到同意。因此我答应接受这一任务。后来文物局局长王冶秋还约我去红楼，指示文中须谈的要点。文章写好后，除文物局方面审稿外，庄敏还送请夏作铭师审稿。在《夏鼐日记》1965 年 3 月 1 日记"将杨泓稿退还给《文物》编辑部"，是关于这次审稿的纪录。该稿通过审查发排后，出现一个小插曲。因为原稿我是按考古论文规范撰写的，所以附有大量的资料注，排成校样后，几占该期《文物》月刊页数一半以上。因此必须压缩页数，文章内容已经审定，不能再更动，庄敏想出的办法是删除所有的资料注，只将几处引用经典著作的注保留下来，这样大大缩减所占页数，得以按期刊出。文章发表后，投石入水，未见澜漪，并未如预期那样引起讨论。因为在编写"十年考古"工作任务结束后，我在考古所内不再承担关于石窟寺研究任务，因此这篇文章也是我标志着我对石窟寺考古任务的终结。

汉代的壁画墓

自 1952 年在河北望都发现了东汉晚期的壁画墓以来，又在河北、山东、辽宁、内蒙古等省区发现了一些东汉时期的壁画墓，并且在河南洛阳和山西平陆发现了西汉时期的壁画墓。

属于西汉早期的壁画墓，迄今没有发现过。洛阳地区发现的壁画墓都是西汉晚期的空心砖墓，资料已正式发表的有 1957 年在烧沟墓区以东发掘的壁画墓（图一）①和 1976 年在烧沟墓区以西发掘的壁画墓，后者曾出土了一枚印文为"卜千秋印"的铜印章，据此可以断定墓主人的姓名②。这两座墓的方向都是坐西朝东，平面布局相同。主室长方形，用空心砖构筑，室内有的设有隔墙，分为前、后两室，顶部由左右两块特制的斜坡砖，其中间承托一块短脊砖，前后联砌成梯形墓顶。在主室前室的南北两侧，各连有一个用小砖砌筑的券顶耳室，在两耳室的东壁又各延伸出一间更小的"副耳室"。根据墓室结构和出土遗物，对照烧沟墓区的西汉墓分期，可以断定，它们大约都是西汉晚期元帝到成帝时期的墓葬，时间约当公元前 1 世纪。墓内绘制壁画的位置，一是在墓门的门额上，二是在主室脊顶上，三是在主室中间的隔墙上，四是在主室后室的后壁上。耳室及副耳室用以放置随葬器物，没有绘制壁画。这些壁画都是先在砖上平涂一层白粉，然后再施彩绘。壁画的题材，主要是继承了西汉早期墓内棺上覆盖的帛画和漆棺画的传统，为墓主人死后升天的内容。例如长沙马王堆汉墓

---

① 河南省文化局文物工作队：《洛阳西汉壁画墓发掘报告》，《考古学报》1964 年第 2 期。
② 洛阳博物馆：《洛阳西汉卜千秋壁画墓发掘简报》，《文物》1977 年第 6 期。

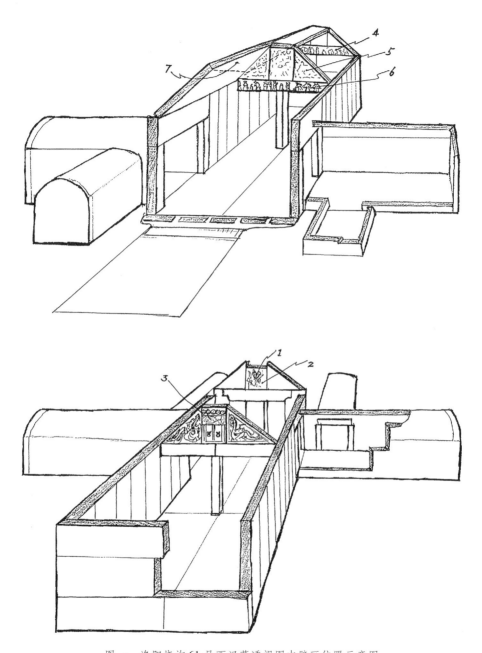

图一　洛阳烧沟 61 号西汉墓透视图内壁画位置示意图

1. 泥塑羊首　2. 神虎食女魃　3. 门扉龙虎　4. 傩神食烤肉　5. 神兽　6. 二桃杀三士、孔子见老
子　7. 屋脊内绘天象

和临沂金雀山汉墓的帛画，都绘出象征死者升天的画面；马王堆一号墓漆
棺画，除升天外又有驱邪的内容①。卜千秋墓的全部壁画也都是这样的题
材。墓中门额上绘人首神鸟；主室墓脊顶上自前壁至后壁满绘壁画（图二），
东西两端分绘伏羲和日象、女娲和月象，其间则是在持节仙人引导下，随
在双龙、白虎、朱雀、枭羊等仙禽神兽之后，绘出墓主人夫妇乘龙、凤升
天的图像；主室后壁则绘一"方相氏"，目的是为了驱邪。猪首大耳，双
目前视，其下绘青龙和白虎②。

图二　洛阳西汉卜千秋墓脊顶壁画线描示意图

　　1957 年发现的壁画墓则与卜千秋墓壁画有所不同，壁画题材中虽然仍
保留有升仙驱邪的内容，但是出现了新的布局和新的题材。与卜千秋墓题
材相同的驱邪的画面，包括墓门额上所画神虎吃女魃图，其上还有象征吉
祥的羊头影塑。隔墙上方绘有以虎状红衣巨兽为中心的"傩戏"图，两侧
三角形画面上的是各种神兽。后壁以一个熊首人身着衣的怪兽为中心，包
括八个人像的饮酒食肉场面，居中持角饮酒的怪兽似为方相，也与驱邪有
关。除此以外，值得注意的有以下两部分壁画。一是在壁画中出现了宣传
智勇忠义的历史故事画，主要是在隔墙的横梁右侧，绘有"二桃杀三士"

① 孙作云：《马王堆一号汉墓漆棺画考释》，《考古》1973 年第 4 期。
② 孙作云：《洛阳西汉卜千秋墓壁画考释》，《文物》1977 年第 6 期。

故事（图三），人物形象极为生动。二是这座墓的主室用隔墙区分为前后二室，而在前室的脊顶上绘日月星象。看来，这部分前室象征着住宅中的露天庭院。关于这幅天象壁画，和卜千秋墓不同的是，在脊顶连续的12幅图中，除了内绘金乌和蟾蜍的日、月形象的两幅以外，其余10幅满绘星象，均以粉白涂地，用墨朱二色绘流云，用朱色圆点标出星辰（图四）。据研究，这些星辰图，是从汉代天官家所区分的"五宫"中，每"宫"选取几个星宿以代表天体①。虽然尚属示意性质，但由此可以了解当时人们

图三　洛阳烧沟61号西汉墓的"二桃杀三士"壁画

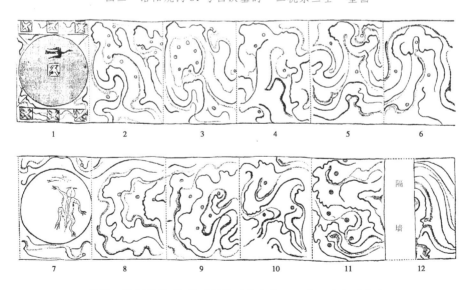

图四　洛阳烧沟61号西汉壁画墓中的日、月、星象图摹本

---

① 夏鼐：《洛阳西汉壁画墓中的星象图》，《考古学和科技史》，科学出版社，1979年，第51～62页。

对星宫的认识，为研究我国天文学史提供了重要资料。对于这座墓内一些壁画题材的解释，存在着不同的看法。有人认为，墓门额画表现的是"苛政猛于虎"的画意，又把后壁壁画中央所绘怪兽误认为是画内的屏风画，进而认为题材是"鸿门宴"，等等①。

1959 年在山西平陆枣园村发现的壁画墓，时代更晚些，大约是王莽时期的墓葬②。这是一座规模较小的券顶砖室墓，南侧附一耳室，墓内四壁及顶部均彩绘壁画，但四壁脱落严重，仅墓顶壁画保存尚好。墓顶绘有云气中的龙、虎和玄武，其间流云中用红色绘出星宿，共有 100 余颗；同时，东侧有内绘墨乌的红日，西侧有内绘蟾蜍的圆月。在天象以下绘有山林房屋和车马人物，可以看清的有坞壁的形象，还有农耕图，有驾牛犁田和驾牛耧播的画面，这些似乎表现的是墓主人生前领有的坞壁和田宅等情况。

东汉时期的壁画墓，也缺乏早期的资料，目前只有山东梁山县银山发现的一座，看来时代稍早③。这座墓是 1953 年发现的，墓葬规模不大，在平面呈横长方形的盝顶的前室后面，并列着三个券顶的棺室。前室绘有壁画，是在壁上先涂白灰，然后彩绘壁画。墓室顶部绘天象图，在流云纹中绘日、月图像。室内前壁和左右两壁都有壁画，似以墓主人生前事迹为题材。每壁分上下两栏，前壁上栏绘有榜题"都亭"的重楼，楼上三间内各坐有白衣老人，楼下有人作开门状，楼右又有一人，其旁题"曲成侯驿"。下栏绘一榜题"怒太"的执戟立像。右壁绘大树，上有鸟，树下列有榜题"子元"等的 9 个人像。左壁绘车马出行，前导一骑榜题"游徼"，次一车榜题"功曹"，中间主车榜题"淳于谒卿车马"，后随一车榜题"主簿"，最后又有一人执版躬送。从这座墓壁画的内容可知，西汉时流行的主要题材（即墓主人死后升仙的画面）已不见了，开始转向表现生前的官位和威仪的画面，并绘出有关墓主的事迹，这些题材成为以后东汉晚期墓室壁画的主要内容。

---

① 郭沫若：《洛阳汉墓壁画试探》，《考古学报》1964 年第 2 期。
② 山西省文物管理委员会：《山西平陆枣园村壁画汉墓》，《考古》1959 年第 9 期。
③ 关天相、冀刚：《梁山汉墓》，《文物参考资料》1955 年第 5 期。

　　东汉晚期的壁画墓,目前都发现于华北地区,主要在河北和内蒙古,墓葬的规模一般都相当大,常常在中轴线上筑有三进至四进墓室,其旁还连有耳室,全长在 20 米以上,最大的望都二号墓达 32.18 米。壁画的主要题材,是描绘表现墓主人生前地位的属吏及出行车马仪卫,有的还分幅连续绘出墓主人自任职以来在官场中升迁的经历。同时开始出现墓主人端坐帐中的形象,以及表现家居宴饮、舞乐杂技的豪华场面。西汉壁画和帛画中那种企望死后成仙升天的主题,已不再流行了。想象中的各种神兽等图像,常被表现祥瑞的画面所取代。反映当时宗教信仰的画像中,除了传统的神仙题材以外,开始含有新传入的宗教——佛教造型艺术的因素。表现历史故事题材的壁画,仍然继续流行。属于这一阶段的壁画墓,主要有河北望都一号墓①、二号墓②和安平逯家庄壁画墓③,内蒙古和林格尔新店子壁画墓④和托克托县古城壁画墓⑤。这 5 座墓的时代相差不远。其中安平逯家庄墓中有"惟熹平五年"(176 年)的纪年榜题,望都二号墓中出土了"[光]和五年"(182 年)砖买地券,而望都一号墓与二号墓的形制、壁画均相近,时代也相差不远,因此,它们都是东汉末年灵帝时期的墓葬。至于和林格尔壁画墓,由于墓内中室壁画榜题中有一条为"西河长史所治离石城府舍",汉代西河郡的郡治本在平定,永和五年(140 年)才徙至离石,同时墓主人在西河长史任后又屡经升迁,可见下葬的年代一定比永和五年晚,大约是桓帝或灵帝初年的墓葬。

　　根据壁画的具体内容,这 5 座墓可分两组。第一组主要描绘了衬托墓主人身份的僚属,但没有出行车马等画面,其代表是望都的两座壁画墓,其中二号墓壁画多已残损,从残迹看,与一号墓相同。望都一号墓保存完好,这是一座具有前中后三室的大型多室砖墓,在前中二室左右

① 　北京历史博物馆、河北省文物管理委员会:《望都汉墓壁画》,中国古典艺术出版社,1955 年。
② 　河北省文化局文物工作队:《望都二号汉墓》,文物出版社,1959 年。
③ 　河北省文物研究所:《安平东汉壁画墓》,文物出版社,1990 年。
④ 　内蒙古自治区博物馆文物工作队:《和林格尔汉墓壁画》,文物出版社,1978 年。
⑤ 　罗福颐:《内蒙古自治区托克托县新发现的汉墓壁画》,《文物参考资料》1956 年第 9 期。

还各有一耳室（图五）。壁画绘于前室四壁和前室通往中室的通道两侧，各壁画面均分为上下两栏，上栏为属吏等图像，下栏为"祥瑞图"，图像旁边均有墨书榜题（图六～一二）。壁画以上栏的人物为主，在前室前（南）壁墓门左侧为带剑执盾的"门亭长"，右侧为持帚的"寺门卒"（图八）。左壁由内向外排列有七人立像，榜题顺序为"门下小史""辟车伍佰八人""贼曹""仁恕掾"（图六）。右壁由内向外排列有六人立像，榜题为"门下功曹""门下游徼""门下贼曹""门下史""捶鼓掾""□□掾"（图七、一一）。后壁通道门的两侧，各绘一坐像，左为"主簿"，右为"主记史"（图九、一二）。通道两侧共绘四人立像，左为"小史"和"勉□谢史"，右为"侍阁"和"白事吏"（图一○）。这些人像都高近80厘米，绘制技法熟练，线条劲健流畅，形象生动传神，是已发现的东汉壁画中水平最高的作品。由这些属吏画像可以推知，死者是官秩在二千石以上的人。有人根据墓内朱书铭赞中有"嗟彼浮阳"句，

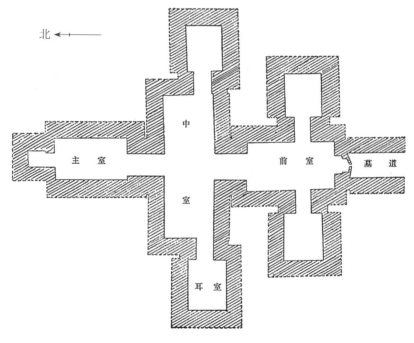

图五　望都一号东汉墓平面图

图六　望都一号东汉墓前室东壁壁画线描示意图

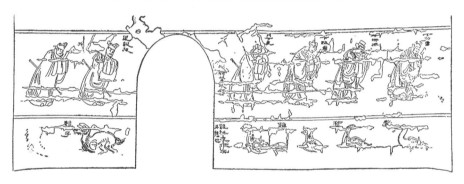

图七　望都一号东汉墓前室西壁壁画线描示意图

认为望都一号墓的墓主人是孙程[1]，又有人据二号墓墓主姓刘，认为一号墓应与他同族，也为刘姓，故认为是刘歆[2]，也有人认为是刘祐[3]。但以上推断均无确证。至于望都二号墓，买地券中记死者为"太原太守中山蒲阳县博成里刘公"，有人据此推测，墓主人是延熹九年（166 年）被迫害弃世的太原太守刘瓛[4]。

---

[1]　安志敏：《评"望都汉墓壁画"》，《考古通讯》1957 年第 2 期；林树中：《望都汉墓壁画的年代》，《考古通讯》1958 年第 4 期。

[2]　何直刚：《望都汉墓年代及墓主人考订》，《考古》1959 年第 4 期。

[3]　金维诺：《关于望都汉墓的墓主》，《中国美术史论集》，人民美术出版社，1981 年，第 70 ~ 74 页。

[4]　金维诺：《关于望都汉墓的墓主》，《中国美术史论集》，人民美术出版社，1981 年，第 70 ~ 74 页。

图八　望都一号东汉墓前室南壁壁画线描示意图

图九　望都一号东汉墓前室北壁壁画线描示意图

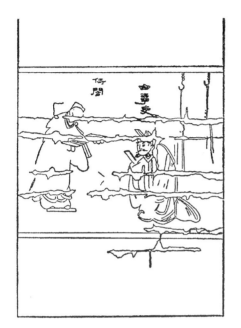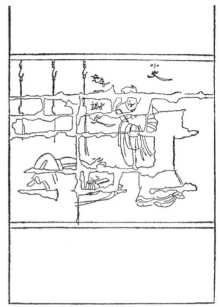

图一〇　望都一号东汉墓甬道两侧壁画线描示意图

图一一　望都一号东汉墓　　　　　图一二　望都一号东汉墓
　　　"门下功曹"壁画　　　　　　　　　"主簿"壁画

在另一组壁画墓中，用来表示墓主身份的画面主要是出行时的车马行列，同时辅以衙署、宅园等。占据第一组壁画主要部分的属吏画像，在第二组中只是表现衙署主题画面的一个组成部分，同时出现了墓主人正面端坐的形象（图一三）。此外，也有祥瑞图和忠臣孝女等题材的画面。在安平逯家庄熹平五年（176 年）壁画墓中（图一四），环绕前室四壁上部绘车马出行图，分上下 4 列，共绘出马车 80 余乘（图一五～图一八）。耳室的壁画表现了墓主的属官和宅院等建筑，其中有一座规模宏大的多院落建筑，不但周绕围墙，还有高耸的望楼，看来是一座设防的坞堡（图一九）。

图一三　安平逯家庄东汉墓墓主画像

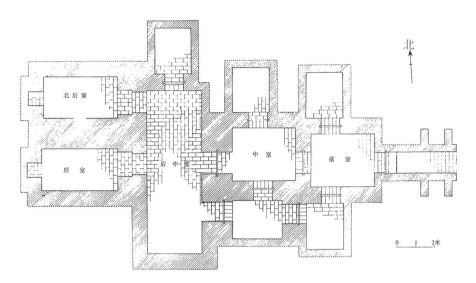

图一四 安平逯家庄东汉墓平面图

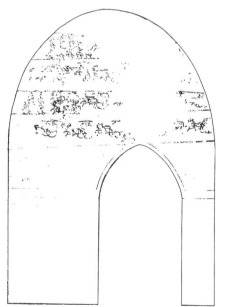

图一五 安平逯家庄东汉墓中室
东壁壁画线描示意图

图一六 安平逯家庄东汉墓中室
西壁画线描示意图

图一七　安平逯家庄东汉墓中室南壁壁画线描示意图

　　另一座重要的壁画墓是内蒙古和林格尔壁画墓，有前中后三室，前室左右各有一耳室，中室只右侧有一耳室，全长 19.85 米，较安平汉墓为小。墓室各壁均有壁画，除顶部剥落较多外，其余部分保存情况一般较好。在前室中，除墓顶以外，都是表示墓主人身份的画面，分为上下两栏。甬道两侧的壁画与前室下栏壁画相衔接，从莫府门和门卫开始，表现与墓主人

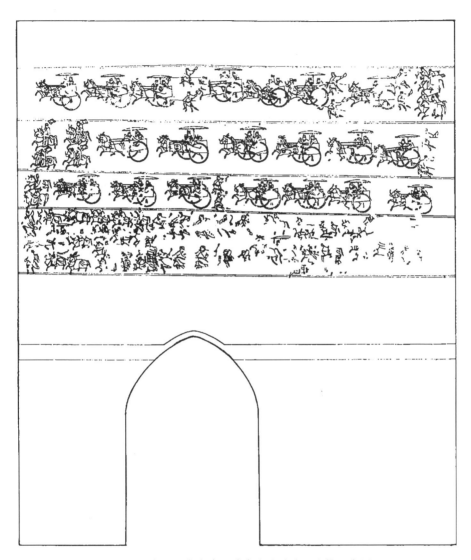

图一八　安平逯家庄东汉墓中室北壁壁画线描示意图

历经职务有关的城池、府舍、粮仓、属吏等。这一题材的墓画，一直延伸
到前室通中室的通道两侧，直到中室，其中最重要的一幅，是从前室经通
道北壁直到中室东壁的"宁城图"（图二〇）。在前室的上栏壁画，则是用
和官秩相对应的车马行列，来表现墓主人生前的仕途经历。从前室西壁上
栏开始，周绕前室，描绘了死者从"举孝廉"开始，从"郎""西河长

史""行上郡属国都尉""繁阳令"到"使持节护乌桓校尉"的一生经历。
中室东壁甬道门上方"使君从繁阳迁度关时"图,也属同样主题。后室的
壁画,则主要表现死者私人所拥有的庄园,包括农耕、畜牧、桑园、粮食加

图一九　安平逯家庄东汉墓中右室四壁壁画线描示意图

图二○　内蒙古和林格尔东汉墓壁画"宁城图"线描示意图

工和附属手工业生产等内容的画面。同时，在中室西壁至北壁，绘有祥瑞图和历史人物图像。在历史人物中，值得注意的有孔子见老子图，孔子后面排列着颜渊等弟子像，各像都有榜题。还有一组贤妻烈女的画像，各像也都有榜题。墓室顶部的壁画，都是仙人神兽等图像，前室残留的壁画，内容有"［仙］人骑白象""凤鸟""朱雀""麒麟""雨师"等。在后室顶部，绘有象征天空四方的青龙、白虎、玄武和朱雀四神图像。其中"［仙］人骑白象"画面，被有人认为是属于佛教题材的壁画①。关于和林格尔壁画墓内所葬死者，据有关壁画的榜题可知，他生前曾任护乌桓校尉，因此在有关的壁画中画有乌桓族的形象，这对了解当时的民族关系是有用的资料。但是墓主确为何人，无法证实。人们有着不同的推测，有人认为，这个曾任护乌桓校尉的墓主为史籍所未记②；也有人认为，他是公綦稠（箕稠）③。

以上诸墓的墓主人，官秩都在二千石以上，只有托克托县古城壁画墓的墓主人身份与上述各墓不同，可能是没有官职的闵姓地主，因此壁画中缺乏车马出行和官署等表示身份的图像，只有奴婢和庖厨等画面。所绘车辆只有一辆马车、一辆马拉辇车和一辆牛车而已。这座墓的年代可能比上述各墓更晚一些。

此外，在 1960～1961 年发掘的河南密县打虎亭 2 号墓中，也存有大幅壁画④，有宴饮、舞乐百戏、出行、庖厨、侍奴、角觝等图像，其中绘于中室北壁上部的宴饮乐舞图，画面宽 7.26 米，高 0.95 米，其规模之大，在其他东汉壁画墓是少见的。

东汉晚期的壁画墓，还发现在东北地区辽宁的辽阳一带⑤。这里的壁

---

① 俞伟超：《东汉佛教图像考》，《文物》1980 年第 5 期。
② 黄盛璋：《和林格尔汉墓壁画与历史地理问题》，《文物》1974 年第 1 期。
③ 金维诺：《和林格尔汉墓壁画墓年代的探索》，《文物》1974 年第 1 期。
④ 河南省文化局文物工作队：《河南密县打虎亭发现大型汉代壁画墓和画像石墓》，《文物》1960 年第 4 期；安金槐、王与刚：《密县打虎亭汉代画像石墓和壁画墓》，《文物》1972 年第 10 期。
⑤ 李文信：《辽阳发现的三座壁画古墓》，《文物参考资料》1955 年第 5 期；东北博物馆：《辽阳三道壕两座壁画墓的清理工作简报》，《文物参考资料》1955 年第 12 期；王增新：《辽宁辽阳县南雪梅村壁画墓及石墓》，《考古》1960 年第 1 期；王增新：《辽阳市棒台子二号壁画墓》，《考古》1960 年第 1 期；辽阳市文物管理所：《辽阳发现三座壁画墓》，《考古》1980 年第 1 期；李庆发：《辽阳上王家村晋代壁画墓清理简报》，《文物》1959 年第 7 期。

画墓从东汉末年开始，历经曹魏，一直延续到晋代。墓葬的形制与华北地区的砖筑多室壁画墓不同，都是用大块石灰板岩砌建的。东汉末年的墓葬，多是在中部建棺室，四周绕以回廊，回廊的左右和后部设有小室，前端左右两侧加筑耳室。迟到曹魏时期，回廊的构筑不再流行，多是把前端的廊道扩成横的前室，侧面的廊道与棺室合并成三至四个纵置的长方形棺室，在前室的左右两侧各有一耳室，一般右侧的耳室大于左侧的耳室。年代最迟的上王家村壁画墓中，前室平面已近于方形，后接纵向的两个长方形棺室，前室左右有耳室，在砌法上前室顶部采用了抹角叠砌，形成方形天井的室顶。

辽阳地区壁画墓中壁画的题材与华北地区的大致相同，技法也不相上下，但也有其自身的特点。辽阳壁画墓中，以家居宴饮和与之相配合的杂技百戏为主要题材，出行车马行列为另一重点，此外就是与家居宴饮有关的楼阁及庖厨图，在墓门处仍绘门卒和守门的猛犬。在东汉末年的壁画中，宴饮的中心是男性墓主。迟到汉魏之际或曹魏时期，则多为男女对坐宴饮，并且画中妇女头饰日趋繁杂，出行的行列中出现了牛车。上王家村晋墓中，墓主人夫妇对坐宴饮的图像中，男主人端坐在方榻上，榻上张着带有莲花和龙衔流苏装饰的覆斗帐，榻后设有曲尺状的屏风，手中还执有麈尾，与别处发现的有纪年铭的东晋墓壁画[①]风格相同，显示了时代的特点。

（原载《新中国的考古发现和研究》，文物出版社，1984 年）

后记　本文原载于《新中国的考古发现和研究》第 447～451 页。该书是在以夏鼐先生为主编的编委会指导下，由中国社会科学院考古研究所的研究人员集体撰写而成。初稿完成后，又在编委会下设立了以徐苹芳为首的五人编辑小组，负责具体的编辑工作。我参加了编辑小组的工作，负

---

① 洪晴玉：《关于冬寿墓的发现和研究》，《考古》1959 年第 1 期。

责全书的编辑以及插图、图版的编排，并与出版社联系。后该书由文物出版社于1984年出版，叶青谷兄为此付出了辛勤的劳动，我们之间有着很愉快的合作。我在该书的编写中，除担负编辑小组的工作外，也撰写了《中原地区魏晋墓》《酒泉、敦煌的魏晋墓》《武昌、南京的东吴墓》《南京象山王氏墓群》《南京、丹阳的东晋、南朝王陵》《西南地区的两晋南朝墓》《大同北魏皇陵和司马金龙墓》《高句丽墓葬的新发现》《鲜卑遗迹的发现与研究》《与中外交通有关的遗物的发现和研究》《泉州等地古船的发掘和复原》等节。全书发稿前夕，原本负责《汉代的壁画墓》等节的作者突然提出，因负担过重，难以撰写。其余各节分别找到新作者，只《汉代的壁画墓》无人承担，因此，只得由我匆忙补写而成，以便及时发稿。故在编本文集时，遴选此节以怀念当年的工作。该文发表时未附插图，为了读者阅读方便，这次增补了一些图。

东晋、南朝拼镶砖画的源流及演变

　　自 1957 年首次在南京万寿村东晋永和四年（348 年）墓①中发现拼镶砖画以后，1960 年，在南京西善桥发现了以"竹林七贤和荣启期"为题材的大幅拼镶砖画②，接着在南京、丹阳的一些大型墓葬中，不断发现有拼镶砖画③，这些具有时代特征和地域特色的艺术品，成为六朝时期美术考古的一项重要内容。它们对于研究当时江南地区的物质文化面貌，对中国美术史特别是东晋、南朝绘画史的研究，都具有重要意义。

　　本文拟对东晋、南朝拼镶砖画的源流、发展及影响进行初步剖析。拼镶砖画与画像砖之间有着难以分割的密切关系，因此在论述中也兼及东晋、南朝的画像砖艺术。

一

　　东晋、南朝时期出现的大幅拼镶砖画，其绘画风格仿效当时流行的绘画艺术，时代特征突出。但其表现手法和工艺技巧有着深远的历史渊源，是在以一块砖为一幅完整画面的画像砖的基础上演变而成的。为了探寻拼镶砖画的源流，首先要追溯画像砖艺术在秦汉时期发展的概况。

---

① 南京市文物保管委员会：《南京六朝墓清理简报》，《考古》1959 年第 5 期。
② 南京博物院等：《南京西善桥南朝墓及其砖刻壁画》，《文物》1960 年第 8、9 期合刊。
③ 罗宗真：《南京西善桥油坊村南朝大墓的发掘》，《考古》1963 年第 6 期；南京博物院：《江苏丹阳胡桥南朝大墓及砖刻壁画》，《文物》1974 年第 2 期；南京博物院：《江苏丹阳县胡桥、建山两座南朝墓葬》，《文物》1980 年第 2 期；姚迁等：《六朝艺术》，文物出版社，1981 年。

目前发现的年代最早的画像砖，是出土于陕西咸阳等地的秦代遗物，很可能画像砖艺术即产生于这一时期。已发现的秦代画像砖都是大型的空心砖，图像为模印，据其特征可分为两类。第一类是一块砖印一幅图像，整体模印而成，题材多为龙、凤，常是躯体卷曲，具有浓郁的图案趣味（图一）。也发现了凤鸟背上骑有神怪的残砖，线条劲健，轮廓鲜明，将图像拓印出来，颇似线描画。这类画像空心砖出土于秦都咸阳宫殿遗址，用于铺砌宫殿的踏步，大约是专供宫廷而烧造的①。第二类是用较小的印模在砖坯上连续捺印，从而组成多方连续的构图。所用的印模不只一种，所以，砖面上的图像也不只一种，它们结合在一起，构成全砖图案，互相之间缺乏紧密的有机联系。其典型代表是临潼出土的狩猎纹画像空心砖②，它的画面分为上下两栏，每栏印两组相同的射猎图像，上下左右共计四组，均用同一印模捺印，内容是在起伏的山峦间，一个跃马弯弓的骑士，追逐一头被猎犬追赶得拼命前逃的鹿，四组画面虽然雷同，但由于连续重复出现，观之令人产生运动感。这类画像砖上使用的印模，可以随意组合捺印，故同模的画面可出现在不同的砖上。如上述山林射猎的印模印出的图像，也出现在另一块藏于陕西省博物馆的秦代画像砖上。后一块砖上除了采用山林射猎印模外，还有另外四种表现侍卫、宴饮等不同场景的四块印模。值得注意的是，后一块砖上的宴饮画面的印模，又被使用在据传出土于凤翔的另一块画像砖上。这种图像雷同的现象表明，即使捺印时使用的不是同一块印模，两块印模的粉本也是同出于一源。这样的事实不仅反映了画像砖制作工艺方面的特点，更说明当时出现了专门制作这类画像砖的手工业作坊，并且已是成批生产。至于这类画像砖的用途，似与第一类多用于宫殿建筑铺砌踏步不同，或许是供身份较低的人使用，大约是用于砌筑墓室。

---

① 秦都咸阳考古工作站：《秦都咸阳第 1 号宫殿建筑遗址简报》，《文物》1976 年第 11 期。
② 北京汽车制造厂工人理论组等：《略论秦始皇时代的艺术成就》，图二，《考古》1975 年第 6 期，第 336 页。

图一 咸阳出土秦代龙纹空心砖拓片

汉代的画像砖在秦代的基础上进一步发展，概括地说，大致经历了继承、发展和创新的过程，可分为西汉和东汉两大阶段。

西汉时期，以承继秦代传统为基础，在艺术造型和制作技艺等方面都有所提高，画像题材也日趋广泛，但仍以大型空心砖为主，也分为整砖模印和较小的印模组合连续捺印两类。发现的地点多集中于长安、洛阳两京及其附近地区。在都城长安的宫殿建筑中，看来仍然有使用大型的画像空心砖砌铺踏步的，图像的主题是"四神"，在茂陵附近出土过印有朱雀的画像空心砖（图二），同时也出现了砖侧模印有白虎和玄武图像的长条砖①。

图二　茂陵出土西汉朱雀空心砖拓片

西汉的"四神"图像画像空心砖，以咸阳市任家嘴附近的西汉中期以后的墓葬中出土的最为精美②，图像虽与茂陵附近出土的相似，但线条更明晰流畅，构图也更富于变化。除了模印在顶端的以外，砖面和砖侧的图像多是成双对称的形式，中间饰以玉璧图像。其中青龙、朱雀、玄武是出于想象的神奇动物，只有白虎是写实的，形态威猛，生动传神（图三）。至于用小型印模连续捺印的一类，在茂陵附近出土的这类空心画像砖，中心是几何形纹，四周边框采用上骑羽人的对龙纹小印模捺印，形成多方连续图案（图四）。

---

① 茂陵文物保管所等：《汉茂陵及其陪葬冢附近新发现的重要文物》，《文物》1976年第7期。

② 咸阳市文管会等：《咸阳市空心砖汉墓清理简报》，《考古》1982年第3期。

图三　咸阳出土西汉四神画像空心砖

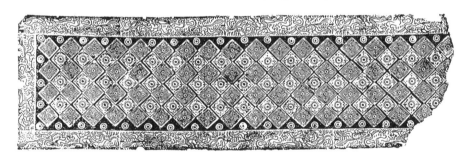

图四　茂陵出土西汉羽人乘龙边框空心砖拓片

　　洛阳地区的西汉空心画像砖，基本工艺和艺术特征与长安地区的相同，但风格方面有地方特色。除了大量用于构砌墓室的以几何形图案构成的画面；还出现了用小印模捺印人物、鸟兽、屋阙等，然后组合成整面图像，多是一物一模，组合灵活，因此构图多样。例如，将一牵马状的人像印模与一匹嘶鸣的马模捺印在一起，形成一幅牵马图；将人像与一曲颈回首的虎模印在一起，形成一幅牵虎图①（图五）。

---

① 黄明兰：《洛阳西汉画象（像）空心砖》，人民美术出版社，1982 年。

图五　洛阳出土汉画像砖拓片

在郑州地区，公元前 1 世纪到公元 1 世纪前期的西汉中晚期墓葬里，也广泛使用捺印的画像空心砖，砖模题材多样，如新通桥空心砖墓中，砖纹印模的题材包括门阙、人物、乐舞、车骑、狩猎、驯兽、神仙、禽兽等，达 45 种之多，仅骑射一项，就有姿态不同的三种以上的印模①。但是砖上的画面多是成排成栏地把相同的或不同的印模捺印上去，几何状图案与画像交替排在一起，互相之间缺乏有机联系，未形成统一的构图。但是，有的制砖匠师已开始注意砖面的整体构图，把小型印模的图像有意识地组织在一起。郑州南关第 159 号墓出土的两块画像空心砖②，是具有典型意义的标本。印模画面有树木、朱雀、骑士等，还把建筑物分解成屋顶、立柱、墙（带有家犬）、门、阙等小印模，然后随意结合成整座建筑（图六）。作者通过巧妙的构思，把所有的印模结合成一体，组成两幅完整的宅院建筑图，使画像砖的艺术造型向前跨进了一步，在此基础上，创造出东汉时期流行的整幅统一构图并且具有故事情节的画像砖。

东汉时期，画像砖艺术发生了较大的变化，表现在以下三方面。第一是从形式上摆脱了旧式的大型空心砖的束缚，而采用一般的工艺较为简单的实心砖型。在表现手法上，摒弃了用程式化的小印模临时拼组画面的手

---

① 郑州市博物馆：《郑州新通桥汉代画象（像）空心砖墓》，《文物》1972 年第 10 期。

② 河南省文化局文物工作队：《郑州南关 159 号汉墓的发掘》，《文物》1960 年第 8、9 期合刊。

法，朝着题材多样化、情节故事化转变，形成整体构思、情节完整的画面。第二是画像的题材日益广泛，除了四神、宴饮、射猎等，神仙、历史故事也较为流行，并且出现了反映现实社会的生产和生活的画面。当时大规模的封建庄园经济兴起，强宗豪族势力膨胀，促使画像砖艺术出现众多表现社会生活的新题材。第三是画像砖艺术的分布地域有所扩展。从西汉时期主要集中于两京地区，进而形成以都城洛阳为中心，并且扩展到那些经济逐步发展的新的区域。在西南和江南等地区，都有东汉时期的画像砖出土。而长安地区因为政治权力东移，经济文化各方面都趋向沉寂，画像砖艺术也因而衰微。

图六　郑州南关第 159 号汉墓出土画像砖拓片

图七　邓县出土东汉画像砖

东汉时期画像砖艺术新扩展的地区，值得注意的有以下三处：一是今河南的新野、邓县一带，汉时属荆州的南阳郡；二是今四川地区，汉时属益州的蜀郡和广汉郡；三是今江苏地区，汉时属扬州丹阳郡。

在新野出土的东汉早期画像砖①，仍有空心砖，但形体一般比西汉的小，烧制的火候也较低，画面已是整模印制，画像凸出砖面达0.5～1厘米，已具有浮雕意味。图像内容复杂，具有一定的故事情节，如"泗水取鼎"，此外还有兽斗、交龙等题材。在邓县出土的一块画像砖②，画面以三人搏斗为主，居中一人披铠甲，佩长剑，左右各有一人与他搏斗。右边的人带剑，手执钺斧；左边的人原持刀，但已被击而脱手飞出。人物的姿态生动，构图细致。在画面上还有二龙二凤，填饰于上端和左右两侧（图七）。这种构图细致的风格，对后代的画像砖有深远的影响。除了空心砖外，代表东汉时期特征的是画面呈方形或矩形的实心的画像砖，题材多为神仙、羽人、神兽及舞乐、百戏、宴享，以及武士用脚蹬踏强弩的"蹶张"图③。一般是轮廓鲜明，人、兽的动感较强，但细部刻画逊于前述邓县画像砖，作风粗犷古朴，近于南阳汉画像石的特征。

---

① 吕品等：《河南新野新出土的汉代画象（像）砖》，《考古》1965年第1期。
② 南阳地区文物工作队：《河南邓县发现汉空心画像砖》，《考古》1982年第3期。
③ 王褒祥：《河南新野出土的汉代画象（像）砖》，《考古》1964年第2期。

　　四川地区出土的画像砖，均嵌砌在墓室壁面上。由于是东汉时才开始流行，对当地说来这是一种新的艺术形式，所以能较多地摆脱正统的两京地区西汉画像砖的影响，在题材和技法方面都有创新。例如，多用方砖，故画面以方形居多；与中原地区的粗犷雄劲作风不同，多较缜密细致；更富于写实性，构图灵活多样。题材除了显示身份地位、夸耀豪富以及神仙，如车骑、仪卫（图八）、鼓吹、武库、庭院、楼阁、宴饮、舞乐（图九）、百戏、西王母、日月神，还出现大量的反映社会生活和生产活动的画面。既有授经、考绩，又有播种、薅秧、收割、踏碓以及采桑、采芋、采莲、弋射、行筏、酿酒、盐井等生产情景，甚至还有市井、酒肆的画像，展示了一幅又一幅古代风俗图①。这是其他地区的画像砖所无法比拟的。

图八　四川成都出土东汉骑吏画像砖拓片

---

① 重庆市博物馆：《重庆市博物馆藏四川汉画像砖选集》，文物出版社，1957 年；刘志远等：《四川汉代画像砖与汉代社会》，文物出版社，1983 年。

图九　四川成都出土东汉宴饮百戏画像砖拓片

　　江南地区的画像砖，发现得最少，说明当时还不够普及。最重要的资料是在江苏高淳东汉晚期墓中出土的①，画像模印在一般的砖面或砖侧，楔形砖的侧面有的也有画像，未见特制的空心砖或者大型方砖，这是与中原或西南的不同之处。画像亦均模印，有的人物凸起呈浮雕状；也有的仅线条凸起，更类似线描的效果。已发现的不同画面有 11 种，包括青龙、白虎、羽人、羽人戏虎等神仙神兽，以及车马出行、乐舞等生活题材。还有的是一些人物故事画，似有一定情节，其中一种画像砖上有文字，但皆反书，且不够清晰，难以辨识，故难考清其确切含义（图一○、一一）。这批画像砖的图像不够清晰，风格较古拙。此外，在江西等地的东汉墓中，也发现过砖侧带有简单画像的墓砖。

---

① 镇江博物馆：《江苏省高淳县东汉画像砖墓》，《文物》1983 年第 4 期。

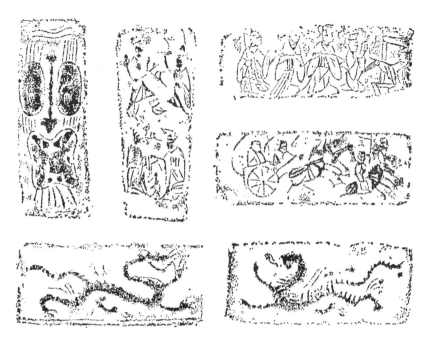

图一〇　江苏高淳出土东汉晚期画像砖拓片

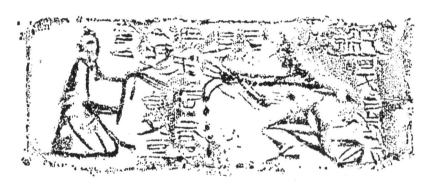

图一一　江苏高淳出土东汉晚期画像砖拓片

二

　　魏晋时期至十六国时期，两汉时盛行的画像砖，在北方地区由衰微至于绝迹。与此相反，本来画像砖并不盛行的江南地区，在东晋政权建立以后却日渐发展。现已发现的东晋画像砖墓中，纪年明确的是南京万寿村永和四年（348年）墓①和镇江东郊隆安二年（398年）墓②，它们恰好代表了东晋画像砖发展的两个系统：在永和四年墓中，除了模印图案的花纹砖外，开始出现了由两块或三块砖拼镶的砖画；在隆安二年墓中，仍是传统的一砖为一完整画面的画像砖。下面先谈东晋时传统的画像砖。

在镇江隆安二年墓中，共出土画像砖54块，均嵌砌在墓室壁面上，题材有"四神"（图一二）、"千秋万岁"，以及各种被除邪祟的神怪图像。这些砖有三个特点。（1）一块砖为一个完整的画面，用整模印制。（2）图像凸起，呈浮雕状，造型生动，轮廓鲜明。（3）一模多砖，墓中出现同模印制的玄武和白虎各6幅，朱雀达8幅之多，青龙4幅，其余图像的数量4至6幅不等。它们按上中下三列，错落地嵌砌在壁面上，同一画面往往采取对称的布局。可以看出，东晋的画像砖除了继承江南东汉画像砖的传统外，图像凸起而呈浮雕状的造型风格，很可能还受到四川地区东汉至蜀汉画像砖的影响，因为三国时期江南吴地与蜀汉文化关系密切。安徽马鞍山东吴左大司马、右军师朱然墓中出土的大批带有精美漆画的蜀郡漆器③，是蜀汉造型艺术品对江南影响的有力物证。同样，蜀地的画像砖艺术对江南有所影响，这从隆安二年墓的画像砖的造型风格可以看出一些迹象来。到了南朝时期，这种一块砖为一完整画面的画像砖继续使用，但构图风格由浑厚转向纤巧，更多地利用线条来表现细部，南京铁心桥王家洼南朝墓出土的画像砖较为典型④。以该墓出土的人首鸟体和兽首鸟体的千秋与万岁图像（图一三），与隆安二年墓的同样图像相比，可以明显地看出纤巧和浑厚不同风格的差别。同时还出现了较多的由莲花、荷叶和忍冬组成的繁缛图案，装饰趣味很强，并显示着佛教艺术的影响。这类画像砖，时代越晚则高浮雕的表现越明显。例如，常州戚家村南朝晚期墓的画像砖中⑤，

① 南京市文物保管委员会：《南京六朝墓清理简报》，《考古》1959年第5期。
② 镇江市博物馆：《镇江东晋画像砖墓》，《文物》1973年第4期。
③ 安徽省文物考古研究所等：《安徽省马鞍山东吴朱然墓发掘简报》，《文物》1986年第3期；杨泓：《三国考古的新发现——读朱然墓简报札记》，《文物》1986年第3期。
④ 姚迁等：《六朝艺术》，文物出版社，1981年，图224~233。
⑤ 常州市博物馆：《常州南郊戚家村画像砖墓》，《文物》1979年第3期。

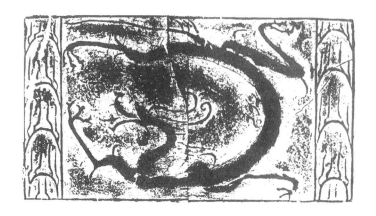

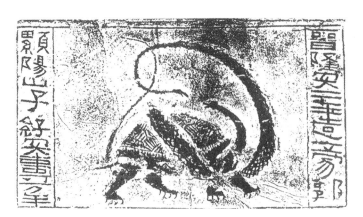

图一二　镇江东晋隆安二年墓出土四神画像砖拓片

仆从和女侍的形象极为生动，衣纹的线条流畅舒朗，具有较高的艺术价值。

图一三　南京铁心桥王家洼南朝墓千秋万岁画像砖拓片

还应注意到，在南朝的画像砖中有另外一种风格的作品，以河南邓县学庄的画像砖墓为代表①。除了一块砖是一个单独的画面、图像凸起有浮雕意味以及细部用线条表现外，邓县的画像砖造型手法更加细腻，并且题材更加广泛，有的题材富含故事情节，不少砖面上还保留有原来彩绘的残迹，可以看出有红、绿、紫等七种色彩。画像砖嵌砌在甬道两侧的壁柱和墓室两侧的壁柱上。甬道两侧最先出现的是守门的狮子，还有表现祥瑞的

---

① 河南省文化局文物工作队：《邓县彩色画象（像）砖墓》，文物出版社，1958 年；柳涵：《邓县画象（像）砖墓的时代和研究》，《考古》1959 年第 5 期。

麒麟等。进入墓室，画像题材出现了与墓主生前生活有关的牛车、骏马，以及武士、鼓吹、持物的仆从乃至驮物的马匹，等等。还有许多表现孝子故事的画面，包括郭巨（图一四：1）和老莱子。在墓室后壁有代表北方的玄武。围绕墓壁砖柱的下半部，都是由三段画面拼成的扶刀武士像，上下两段画面模印在砖面上，居中一段则分别模印在三块砖的长侧，然后拼砌成完整的人体。此外还出有与佛教艺术有关的画像砖，例如飞天（图一四：2）、伎乐等；有关神仙的画像砖，如王子乔与浮丘公（图一四：3）、南山四皓等。墓室的壁面上除了嵌砌有各种题材的画像砖，全部用模印着各种莲花或忍冬构成的图案花纹砖砌成，既反映出佛教艺术的影响，又显得华美异常。邓县的南朝画像砖，明显地承袭着新野、邓县一带的东汉画像砖的传统，也就是汉代荆州地区画像砖的传统，因此与主要承袭江南扬州及四川蜀地的南京一带的南朝画像砖，在题材和造型方面都有不同。邓县画像砖所代表的造型风格，在同属荆州的襄樊、武汉等地也有发现，直到隋代，武汉地区仍可看到这类风格的画像砖①。

还应注意到，南朝时期画像砖艺术还向东南沿海更广泛的区域扩展。其中在福建闽侯南屿发现的一座大约是南齐晚期的画像砖墓②，可算是画像砖艺术扩展到东南最远的例子。画像大多模印在墓砖的长侧，少数印于砖端，或由两块砖拼成一幅画面。因此，画面一般较窄小，缺乏京城所在的江苏地区画像砖构图的华丽繁缛，但显得简洁生动（图一五）。线条颇为流畅，构图简练而富于变化，特别其中的飞天和翔鹤，动感极强，富有生趣。题材除了青龙、白虎、翔鹤、翼鱼等外，值得注意的是，与佛教有关的图像的比例增多，除了大量的莲花、忍冬组成的图案外，出现了诵经和捧炉供养的僧人形象，又有持炉供养的天人、立于莲花上的宝炉、护法的狮子等形象，说明当时佛教信仰广泛传播，已深入于社会生活的各个方面。

---

① 武汉市文物管理处：《武汉市东湖岳家嘴隋墓发掘简报》，《考古》1983 年第 9 期。
② 福建省博物馆：《福建闽侯南屿南朝墓》，《考古》1980 年第 1 期。

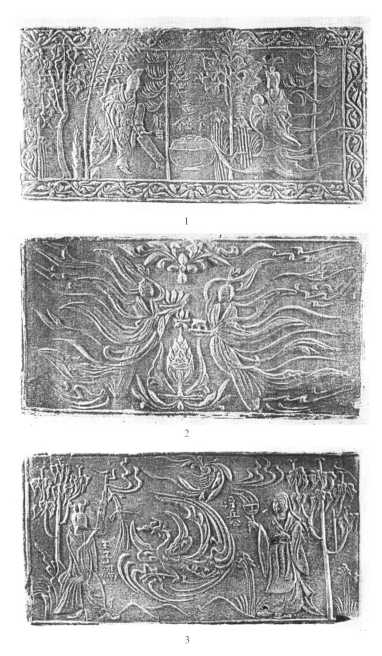

图一四　邓县南朝墓画像砖
1. 郭巨埋儿　2. 飞天　3. 王子桥（乔）与浮丘公

东晋画像砖发展的另一个系统，就是在单砖为一完整画面的基础上，向由多砖拼镶的大型砖画过渡。现在已知年代最早的标本，是前已提到的南京万寿村永和四年（348 年）墓中嵌砌的龙、虎两幅画像。龙体修长，模印在上下两块砖的侧面，并榜题"龙"字。虎呈蹲坐状，昂首右顾，似欲张口狂啸，模印在三块砖的端面，竖立并联而成，画面四角各有一隶书题字，铭为"虎啸丘山"，造型颇为生动（图一六）。由此看来，它们与前面叙述的传统的一砖一画的画像砖，具有以下不同之处。（1）突破了一砖一画的格局，由两块以上的砖拼镶成一幅画面，这样就可以增多砖数而扩大画幅的面积，从而表现更为复杂的题材。（2）由于是多砖拼镶，印模的制作较为复杂，看来是由工匠按事先勾勒的粉本，按画面所需砖数分割安排，制成印模，再模印到砖坯上，入窑焙烧成砖，最后再依次拼镶、砌于壁面，因此，工艺技术的要求较画像砖为高。（3）由于多砖拼镶，故除小幅的以外，很难采用凸起的浮雕状的手法，而采用以线条表现的办法，因此更近于线画的意境。综上所述，它已与画像砖不同，故应称为"拼镶砖画"。永和四年墓中的龙、虎两幅砖画，虽然画面的面积不大，也仅使用二至三块砖拼镶，但从此萌发新的拼镶砖画艺术，到东晋末至南朝前期开始大放异彩，成为六朝艺术的精华。

图一五　福建闽侯南屿南朝墓
　　　　画像砖拓片

图一六　南京万寿村东晋永和四年墓
　　　　"虎啸丘山"拼镶砖画拓片

三

东晋永和年间萌发的拼镶砖画，到东晋末至刘宋时期进入成熟阶段，其标志是 1960 年在南京西善桥墓中发现的巨幅以"竹林七贤"和荣启期像为题材的拼镶砖画①。它们对称地嵌砌在墓室的南、北两侧壁上，每幅的画面都达 24 米×0.8 米大小。每幅绘出四个人像，两像之间用树木分隔，一侧为嵇康、阮籍、山涛和王戎，另一侧为向秀、刘灵、阮咸和荣启期（图一七）。

图一七　南京西善桥南朝墓"竹林七贤和荣启期"拼镶砖画拓片

继西善桥墓中的七贤拼镶砖画以后，在南京、丹阳地区的南朝大墓中，又发现了以下有关资料。

① 南京博物院等：《南京西善桥南朝墓及其砖刻壁画》，《文物》1960 年第 8、9 期合刊。

1961～1962 年发掘的南京西善桥油坊村大墓中①，墓壁用由莲花、忍冬、网纹组成图案的各式花纹砖砌成，仅在甬道两壁有拼镶砖画，题材为狮子，但残损严重。以东壁为例，狮子呈蹲坐状，面向墓门，惜头部已残，原画面的面积为 1.05×0.65 米。在砖侧刻有编号文字，如"右师子下行第×"。据文献记载，推测此墓可能为陈宣帝陈顼的显宁陵。

1965 年发掘的丹阳胡桥鹤仙坳南朝大墓（图一八）中②，在甬道和墓室壁面上都嵌砌有大幅拼镶砖画，但因盗扰而破坏严重，仅墓室两壁有部分保存较好。甬道砖画已全遭破坏，由残砖中有"师（狮）子"铭刻可知，原有狮子砖画。墓室东壁前部砖画无存，后部分上下两栏，上栏有部分

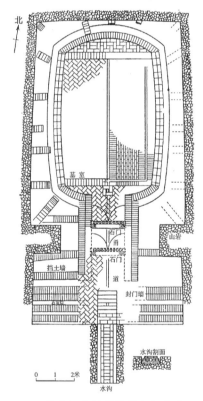

图一八　江苏丹阳胡桥鹤仙坳南朝大墓平面图

---

① 罗宗真：《南京西善桥油坊村南朝大墓的发掘》，《考古》1963 年第 6 期。

② 南京博物院：《江苏丹阳胡桥南朝大墓及砖刻壁画》，《文物》1974 年第 2 期。

"竹林七贤"砖画保存下来,下栏为骑马鼓吹砖画,0.65×0.4 米。西壁保存稍好,也分上下两栏,前部上栏为"羽人戏虎"砖画,砖侧铭刻为"大虎",2.3×0.9 米。其下栏有三幅较小的砖画,自外向内依次为甲骑具装,砖侧铭"具张",0.35×0.35 米;立戟侍卫,砖侧铭"立戟",0.15×0.35 米;持扇盖的仪仗,砖侧铭"散迅",0.3×0.35 米。后部上栏应与东壁对应为"竹林七贤"砖画,下栏原来也应是骑马鼓吹。此外,残砖中见到有铭刻"天人"和"朱鸟"的,也许原来有飞天及朱雀砖画,但已不详其具体形象及所在位置。除砖画外,墓壁使用由莲花、忍冬和网纹组成的各式花纹砖,砖纹有十种不同的图案。据推测,可能是齐景帝萧道生的修安陵。

图一九 丹阳金家村南朝大墓"小日"砖画拓片

图二〇 丹阳金家村南朝大墓"小月"砖画拓片

图二一　丹阳金家村南朝大墓西侧狮子砖画拓片

1968 年发掘的丹阳建山金家村南朝大墓中①，保存有拼镶砖画 12 幅，甬道口与第一重石门间的顶部，偏东处是太阳砖画，砖侧铭为"小日"，图像为内立三足乌的一轮圆日（图一九）；偏西处是月亮砖画，砖侧铭为"小月"，图像为内有桂树下玉兔捣药的一轮满月（图二〇）。铭文中日、月前冠以"小"字，是因为这两幅画很小，仅各由两块砖拼成，它们是天空的象征。再向里面甬道两侧各有两幅砖画，前侧对称的两幅是狮子（图二一），画面各为 0.77×1.13 米。后侧对称的两幅是手扶长刀的披铠武士（图二二），画面各为 0.79×0.31 米。用以守卫墓门，以辟除不祥。在墓室的两侧壁面上，也是嵌砌上下两栏砖画，上栏靠前部是两幅大型横幅砖画，画面各为 2.4×0.94 米。东侧为青龙，砖侧铭为"大龙"；西侧为白虎，铭为"大虎"（图二三）。它们分别代表东、西的方位，同时也是引导墓主人灵魂升天的神兽。在龙、虎的前面，各有一位毛羽遍体的仙人，手

---

① 南京博物院：《江苏丹阳县胡桥、建山两座南朝墓葬》，《文物》1980 年第 2 期。

执仙草,他回身引逗召唤着虎、龙,向天空飞去。在龙、虎身躯的上方,又各有3位凌空飞舞的"天人"相随,或捧仙果,或捧丹鼎。上栏后半部是"竹林七贤和荣启期"砖画,一侧4个人像,对称排列。两壁下栏,每侧各有4幅砖画,对称排列,由前向后依次是甲骑具装(图二四),面画0.34×0.37米;立戟侍卫(图二五),0.44×0.15米;持扇盖的仪仗(图二六),0.42×0.33米;骑马鼓吹(图二七),0.45×0.7米。合组成墓主人出行的仪卫卤簿。这座大墓可能是齐东昏侯萧宝卷的陵墓。

图二二　丹阳金家村南朝大墓披铠武士砖画拓片

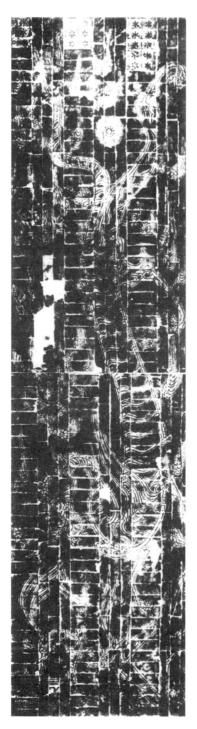

图二三 丹阳金家村南朝大墓 "大虎" 砖画拓片

图二四　丹阳金家村南朝大墓甲骑具装砖画拓片

1968年还在丹阳发掘了胡桥吴家村南朝大墓[①]，墓中的拼镶砖画大致与建山金家村大墓的相同，除日、月两幅已不存在外，尚存10幅，具体位置均同于金家村墓，但保存情况不如金家村墓好。特别是七贤图，东壁一幅因被盗洞所毁，四个人像中仅一像完整，一像存有半身，另两像均已残毁。这座大墓，据推测可能是齐和帝萧宝融的恭安陵。

综上所述，这种造工精细的大型拼镶砖画，大约只是帝王勋贵的墓中才能享用的艺术品，它们的特点一般是一幅砖画要用几十块乃至几百块砖来拼镶，而且一座墓中多达10幅以上。看来，开始进行建造墓室的设计工作时，需事先安排好有关砖画的位置，规定其内容和尺寸大小；然后按当时砌造墓壁用砖的一丁三顺的规律，把事先依画面大小绘好的砖画粉本，编排好每一块丁砖或顺砖的位置，再刻模、印砖，入窑焙烧。为了避免砌

---

① 南京博物院：《江苏丹阳县胡桥、建山两座南朝墓葬》，《文物》1980年第2期。

建时发生误差，在制坯时，就在砖侧刻划出砖画名称、所在位置和编号，例如"向上行第三十一""大虎上行第二""右具张第二""右狮子下行第六""右垃戟第三"，等等。即便如此，在拼砌时也还常出差错。在建山金家村墓室左壁的骑马鼓吹砖画中，第一骑击鼓乐工脸部的一块砖，就在砌建时被上下颠倒安置了，在竣工后也没有被检查出来，以至到发掘出来时，仍然保持着人脸向下的误差[1]。也有时原砖遗失，只得设法临时替补。例如，同是金家村中的"七贤"砖画中，"刘伶"的榜题与别人不同，不是模印的阳文，而是随手阴刻的，或许是原砖偶失，因而匆忙补刻而成。总之，大幅拼镶砖画从设计、范印、焙烧、运输到拼砌，工艺复杂，耗时费工，在经济方面花费颇大，除了最高统治阶层外，当时一般人是无力承担的，何况当年还有封建的等级、礼制等方面的各种限制。

图二五　丹阳金家村南朝大墓立戟
侍卫砖画拓片　　　　图二六　丹阳金家村南朝大墓持扇盖仪
仗砖画拓片

---

[1] 南京博物院：《江苏丹阳县胡桥、建山两座南朝墓葬》，图二〇，《文物》1980年第2期，第14页。

图二七　丹阳金家村南朝大墓骑马鼓吹砖画拓片

从出土的有关资料观察，小幅拼镶砖画在东晋墓葬中出现以后，很快向大型复杂化发展，然后为上层统治者陵墓所专用。而陵墓中使用拼镶砖画，应始自南朝初期，因为已被发掘的南京富贵山东晋墓，据考是东晋恭帝司马德文的冲平陵[①]，墓中还没有使用花纹砖，也不用砖画。而丹阳的 3 座南齐的陵墓中，则大量嵌砌砖画，表明当时正值拼镶砖画最兴盛的时期。到南朝晚期，随着政治、经济各方面的衰退，陵墓的构筑也较宋、齐时逊色，拼镶砖画随之衰落。因此，在油坊村发掘的可能是陈宣帝的显宁陵中，虽然还是采用花纹砖砌造墓壁，但大型拼镶砖画则只剩下一组两幅，就是甬道两侧的一对狮子，表明砖画已趋于衰微。

除了帝王陵墓以外，像永和四年墓中那种只由两三块砖组成的小型的砖画，在南朝墓中也还有使用。例如，常州戚家村有由 7 块砖拼成的青龙（图二八）、3 块砖拼成的朱雀、4 块砖拼成的神兽和飞天等，但规模都较小，且都是模印在砖端，丁砖并列拼镶而成，而且保留着与同出画像砖相

①　南京博物院：《南京富贵山东晋墓发掘报告》，《考古》1966 年第 4 期。

同的浮雕手法。福建闽侯画像砖墓中，也有少量由两块丁砖拼合的画像，但多为莲花、宝炉等与佛教题材有关的图案。这些都是与南朝陵墓中主要以线条来表现的大幅拼镶砖画无法比拟的。

图二八　常州戚家村南朝墓青龙砖画

四

拼镶砖画的发现，使我们获得了一个窥视东晋时期开始出现的以顾恺之为代表的绘画艺术的窗口。自西晋覆亡，中原汉族大量南迁，促进了南方经济的开发，南渡的中原世族也进一步带去了传统的汉晋文化。但是，江南地区三国时已达到相当高度的孙吴文化，在西晋短暂统一江南的时候，仍然保持着持续发展的势头，这时就与南渡的汉晋传统文化相汇合，形成新的东晋文化，呈现出一派繁荣景象。动乱和长途迁徙，为突破汉晋文化的一些旧的藩篱提供了条件；新的地区的自然景观以及与孙吴文化的融合，又为其注入了新的养分，这为艺术领域的创新提供了土壤。因此，东晋时，绘画、雕塑、书法等方面的艺术之花竞相怒放，涌现出如顾恺之、王羲之等著名书画大师，他们都能在各自的艺术门类中开风气之先，创造出具有时代风格的艺术杰作，并对后世产生深远的影响。可惜的是，顾恺之的绘画真迹并未能流传下来，除了一些文字记述外，只有少量的后人的摹本传世，如《女史箴》《列女仁智》《洛神赋》等图；至于受其影响的一些著名的南朝画家的作品，甚至连摹本也没有流传下来。因此，长期以来，只能从那几幅几经转摹的摹本来推测顾恺之绘画的原貌，并去认识东晋南朝绘画艺术的高度成就。拼镶砖画的出土得以打破这种局面，把对六朝绘画的研究推进了一大步。

这里需要说明的是，拼镶砖画能否体现出当时绘画的特色。中国古代绘画在技法方面，重点是线条的运用。不仅用线勾勒主要轮廓，还用线条描出人像的五官细部；衣带纹褶也是用线条来表现；其余器物、建筑乃至树石山林，都靠线条勾勒和绘描细部，然后在线描的轮廓中，填涂浓色。六朝的拼镶砖画，正是靠凸起的线条来表现，不论是勾勒轮廓还是描绘细部，莫不依靠劲健而流畅的线条。在这一点上，它正好较真实地表现出当时绘画的特色。《历代名画记》中指出，顾恺之用笔"紧劲联绵，循环超忽。调格逸易，风趋电疾"；陆探微用笔"笔迹劲利，如锥刀焉"；张僧繇用笔"点曳斫拂，依卫夫人笔陈图，一点一画，别是一巧，钩戟利剑森森然"①。这些画家都着力于线条的运用，都是紧劲有力，而且，时代越晚则线条越由连绵而如锥刀乃至森森然。因此，砖画虽因刻模及焙烧，致使线条硬挺，但恰好反映当时绘画用笔紧劲的线条趣味。当然，砖画也有其缺陷，特别是设色的粗疏。据出土情况观察，砖画原来可能是浓色平涂的，但多已脱落。从建山金家村墓中保留的一些残迹看，"七贤"砖画中，树木乐器都施朱彩；骑马鼓吹砖画中，马匹都涂白彩；狮子砖画的双目、两耳以及舌鼻等处涂红色，两颊涂白色。看来，草率粗疏的着色，不像线条那样可以代表当时绘画的特色。

除线条的特点外，砖画的题材特别是其中艺术造诣最高的"七贤"砖画，正是六朝绘画中最流行的题材之一，显示了时代的风尚。据《历代名画记》，"七贤"题材的绘画自东晋时已颇流行，著名画家常绘以此为题材的作品，如戴逵、顾恺之、史道硕等，都画过"七贤"。顾恺之在评论戴

---

① 张彦远：《历代名画记》，人民美术出版社点校本，1963 年，第 23～24、127～128 页。

逵所画的"七贤"时,认为其中"唯嵇生一像欲佳,其余虽不妙合,以比前诸竹林之画莫能及者"①。可见,当时绘"七贤"画者并不止以上举出的三位画家,应大有人在。到南朝时,"七贤"题材的绘画仍然盛行,刘宋时陆探微的《竹林像》和《荣启期》,以及南齐时毛惠远的《七贤藤纸图》,都曾流传后世。据《南史·齐本纪》,东昏侯萧宝卷建玉寿殿时,壁画中"又作'七贤',皆以美女侍侧"②。这说明,"七贤"像已常为宫廷中壁画的题材。如果推测金家村大墓为萧宝卷墓无误,则墓中嵌砌《七贤》拼镶砖画,正与史书中记载宫殿中壁画《七贤》一事互相呼应。当《七贤》拼镶砖画被发现以后,许多学者力图考定它源出于哪位名家的粉本,或归之于顾恺之,或认为出于戴逵,又或以其属陆探微,论说不一,但也难有确证。其实,如果把这几幅砖画及各墓中出土的其余砖画,视为了解以顾恺之为代表的东晋、南朝绘画新风格的典型标本,应该比硬去确认它是哪一名家的手笔更接近客观事物的原貌。

不同于汉画,东晋、南朝绘画最主要的特点是已经能够明显地表现出不同人物的特定性格,而不是靠服饰和动作去夸张描写,也就是当时力求"气韵生动"。所以,谢赫把这一条列为他论画六法之首。在这方面,"七贤"砖画已能较好地体现出来。傲然端坐鼓琴的嵇康,侧卧舞弄如意的王戎,仰首吹指欲啸的阮籍,倚树闭目凝思的向秀,踞坐捧杯嗅酒香的刘伶(图二九),各尽其妙,可以说达到了"气韵生动"的境界。同时也应注意到,墓中其他砖画的艺术风格和线条笔意,都与"七贤"砖画一致,同样显示了时代风格,说明它们是统一绘制粉本后才制模、烧砖的。

还应看到,拼镶砖画的制模、印坯、烧砖乃至砌建,虽然出自当时下层工匠之手,但是它却和真正流行于老百姓中的民间工艺美术品不同,不能简单地推论为这种题材和风格的艺术品就是民间工匠的创作。在漫长的封建社会中,"中国历来只是地主有文化,农民没有文化。可是地主的文

---

① 张彦远:《历代名画记》,人民美术出版社点校本,1963 年,第 117 页。

② 《南史·齐本纪》,第 153 页。

图二九　南京西善桥南朝墓"七贤"砖画中的刘灵（伶）像拓片

化是由农民造成的，因为造成地主文化的东西，不是别的，正是从农民身上榨取的血汗"①。东晋时期，从农民身上榨取的血汗造就了文化的繁荣，才使具有时代风格的绘画艺术，被当时上层统治集团的顾恺之创造出来，并且提高到绘画理论的高度。至今还留传有顾恺之写的《论画》《魏晋胜流画赞》和《画云台山记》②，他的绘画成为东晋文化的特色之一，极受世家豪门推崇，也受平民百姓的欢迎，关于瓦棺寺画维摩诘像，因而"施者

① 毛泽东：《湖南农民运动考察报告》，《毛泽东选集》第一卷，人民出版社，1969 年，第 39 页。
② 张彦远：《历代名画记》，人民美术出版社点校本，1963 年，第 116～121 页。

填咽，俄而得百万钱"的传说①，就说明了这一点。顾恺之的影响在南朝时极为深远，因此粉本流传，不但影响画家的创作，也使一般匠人得以为据，制出显示当代艺术风格的拼镶砖画等工艺美术杰作。

同时，由于拼镶砖画的发现，使我们有了用以鉴定传世的六朝绘画摹本的重要参考资料。可以看出，《女史箴》等图摹本虽系后代转摹，但确实保留了相当多的顾恺之时代的风貌，仍对美术史研究具有一定价值。还应注意到，在北方出土的一些有关绘画的文物中，也可以看到类似西善桥墓《七贤》砖画用线条的笔法。例如，大同司马金龙墓②出土木屏风上的漆画，其轮廓线的勾勒技巧，反映出类似《七贤》砖画的紧劲有力的画风，至于其题材以及人物的形象和服饰，绝不见北魏早期造型艺术中的鲜卑式样。论者一致认为，它与传顾恺之《女史箴》《列女仁智》等图摹本的内容和风格近似③，这些浓郁的东晋绘画风格，只能视为江南顾恺之开创的画风影响下的产物，至于是通过什么途径传播到北方的，那又是一个值得认真研究的课题。

（原载《文物与考古论集》，文物出版社，1986 年）

后记　文物出版社纪念建社 30 周年时，准备出版纪念文集《文物考古论集》，系由叶青谷兄负责编辑，他认为我原送的《北朝文化源流探讨之一——司马金龙墓出土遗物的再研究》文物味不浓。提出让我依据原于《中国美术》1982 年第 1 期刊出的《格调逸易　新奇妙绝——记六朝的画像砖和拼镶砖画》一文，改写成"文物味"浓的论文，用于该文集。于是我从命改撰本文，叶兄十分高兴，立即收入《文物考古论集》。

---

① 张彦远：《历代名画记》，人民美术出版社点校本，1963 年，第 113～114 页。
② 山西省大同市博物馆等：《山西大同石家寨北魏司马金龙墓》，《文物》1972 年第 3 期。
③ 志工：《略谈北魏的屏风漆画》，《文物》1972 年第 8 期，第 56～57 页，第 56 页图一，第 59 页图三。又可参看王伯敏《中国绘画史》，上海人民美术出版社，1982 年，第 80 页；李浴《中国美术史纲》（上），辽宁美术出版社，1984 年，第 432 页。

北朝陶俑的源流、演变及其影响

对北朝墓葬的调查发掘工作，是中华人民共和国成立以后才开展起来的，至今已在河北、山西、河南、山东、陕西、宁夏等省区发现有纪年明确的北朝墓葬。这些墓中多随葬有成群的陶俑，还有与之有关的陶质动物模型和庖厨用具模型等明器，可以据此分析北朝随葬俑群的源流、演变，以及它对隋唐时期随葬俑群的影响。这些墓中的陶俑群一般包括四组内容，第一组是镇墓俑，第二组是出行仪仗，第三组是侍仆舞乐，第四组是庖厨操作（下文简称为一、二、三、四组）。俑群的规模和数量随着死者的官职和身份的不同而有所变化，陶俑的造型和风格也由于时间、地域的不同而有所不同。

一

追溯北朝随葬俑群的源流，必须对西晋的俑群进行考察。通过发掘洛阳西晋墓获得的资料①，可以看出当时的随葬俑群已与东汉时不同，具有新的特点。从艺术造型来看，已从东汉陶俑的姿态生动转为比较呆板，缺乏东汉时那些生动的百戏舞乐人物造型；从内容方面看，前述的北朝俑群的四个基本内容，西晋时已开始形成。第一组，一般包括两种，一种为四足作行走状的牛形镇墓兽，低头昂角，背上鬃毛成撮前伸；另一种作甲胄

---

① 河南省文化局文物工作队第二队：《洛阳晋墓的发掘》，《考古学报》1957 年第 1 期；考古研究所洛阳发掘队：《洛阳西郊晋墓的发掘》，《考古》1959 年第 11 期。

武士状，头戴竖有高缨的兜鍪，身着筒袖铠，其上多作鱼鳞甲纹，左手持盾，右手上举，但原执物均已缺失，可能为环首刀等兵器。第二组，出现牛车和鞍马，陶马体矮腿粗，已无东汉时陶马骏健的风姿。第三组，有男、女侍仆，多作端立拱手状，造型呆板，常是每墓仅置男仆女侍各一。第四组，庖厨明器，有灶、井、磨、碓等，还有与之相关的家畜家禽，包括猪、犬、鸡等。在河南郑州①和北京②等地发现的西晋墓中，随葬俑群也与洛阳地区大致相同。北京西晋墓中出土的随葬俑群数量较少，缺乏镇墓俑，但其余三组具备。可见，当时以都城洛阳为中心的北方广大地区，随葬俑群都遵照着同样的规范，这也是西晋时政治统一的局面形成后，中央政权控制力增强在丧葬制度方面的表现③。

永嘉以后，西晋覆亡，东晋政权偏安江左，匈奴、鲜卑等族陆续进入中原，政权不断更迭，战争连年不断，形成十六国纷争的局面。随着地方割据的加剧，以及不同民族习俗的传入，西晋时期形成的埋葬制度不复存在，随葬俑群的规范也就不起作用了。十六国时期丧葬制度的混乱而且无统一规范的情况，从已发现的后燕崔遹墓④、北燕冯素弗家族墓⑤、敦煌五凉时期墓葬⑥，以及辽宁北票房身村⑦、朝阳袁台子⑧和河南安阳⑨发现的这一时期的墓葬来看，其形制和随葬遗物各具特点，由此可以窥知大略情况。这里暂不赘述。但应指出，上述诸墓出土的遗物中，都缺乏随葬俑群。在关中地区，情况则有所不同，这一时期的墓中仍随葬有陶俑，如陕西西安草场坡一号墓⑩。该墓虽遭盗扰，出土陶俑仍多达 120 余件，与西

---

① 河南省文化局文物工作队第一队：《河南郑州晋墓发掘记》，《考古通讯》1957 年第 1 期。
② 北京市文物工作队：《北京西郊发现两座西晋墓》，《考古》1964 年第 4 期。
③ 中国社会科学院考古研究所：《新中国的考古发现和研究》第五章《魏晋南北朝墓葬的发掘》，文物出版社，1984 年。
④ 陈大为等：《辽宁朝阳后燕崔遹墓的发现》，《考古》1982 年第 3 期。
⑤ 黎瑶渤：《辽宁北票县西官营子北燕冯素弗墓》，《文物》1973 年第 3 期。
⑥ 甘肃省敦煌县博物馆：《敦煌佛爷庙湾五凉时期墓葬发掘简报》，《文物》1983 年第 10 期。
⑦ 陈大为：《辽宁北票房身村晋墓发掘简报》，《考古》1960 年第 1 期。
⑧ 辽宁省博物馆文物队等：《朝阳袁台子东晋壁画墓》，《文物》1984 年第 6 期。
⑨ 中国社会科学院考古研究所安阳工作队：《安阳孝民屯晋墓发掘报告》，《考古》1983 年第 6 期。
⑩ 陕西文物管理委员会：《西安南郊草厂（场）坡村北朝墓的发掘》，《考古》1959 年第 6 期。

晋俑群相比，数量显著增多。西晋俑群所包括的四组内容，除未发现镇墓
俑外，其余三组均在该墓有所发现。看来这仍是受西晋俑群影响的产物，
但各组的具体内容和俑的形制却有很大变化。在第二组中，除牛车和鞍马
外，增加了大批武装仪卫，有佩带弓矢的和披铠甲执长柄兵器（兵器均已
失）的步兵，有人马都披铠甲的重装骑兵——甲骑具装（图一）。目前所
知出土甲骑具装俑的墓葬，以这座的时代为最早。还有骑马的鼓吹，包括
鼓、角各二人。第三组中，除男女侍仆外，增加了端坐弹琴和拍手高歌的
女乐俑。第四组仍沿袭西晋旧制，有猪、犬、鸡和井、灶等模型。墓中随
葬数量众多的陶俑，一直被认为是北朝时期大型墓葬的特点之一。草场坡
一号墓的发现说明，这一特点在十六国时期已开始形成，从中可以了解到
其与西晋俑群间的联系。

图一　陕西西安草场坡一号墓陶甲骑具装俑

公元 4 世纪末，拓跋鲜卑日渐强盛，建立北魏，逐渐统一了北方地区。在内蒙古自治区呼和浩特美岱村发现的北魏墓①，时代较早，可能是 4 世纪末北魏建立前后的墓葬，当时墓中还没有随葬陶俑。在呼和浩特内蒙古大学南侧，还发现过另一座北魏墓②，其时代略晚，但该墓中出土的陶罐形制与美岱村墓中的大致相同，说明两者的时代相差不远。值得注意的是，墓中出现了造型稚拙的随葬俑群（图二）。出土陶俑 15 件，还有动物和庖厨用具模型。与西晋俑群相比，四组内容都有。第一组是两件比其余陶俑高约一倍的镇墓俑，作甲胄武士状，巨头大手，比例不调，表情狰狞。第二组除牛车、鞍马以及带风帽的侍从外，出现了骆驼和牵驼俑。第三组除男女侍仆外，还有舞乐女俑，均高髻包巾，穿窄袖曳地长衣。其中乐队 7 人，坐姿；舞蹈者 1 人，平展双袖起舞。第四组有羊、猪、犬、鸡和灶、磨、井、仓、碓等。这些俑的造型颇为稚拙，仅塑出大轮廓，缺乏细部刻画。牛马的四肢粗大，比例不调，应系当地工匠制作的产品。

山西大同石家寨发现的司马金龙夫妇合葬墓③，葬入时间是延兴四年至太和八年（474～484 年），迟于内蒙古大学南侧北魏墓，但还是孝文帝改制前的墓葬，墓中随葬有陶俑。这群陶俑的造型较以前成熟，数量也更多，总数超过 360 件，其中披铠步兵、不披铠的轻骑和甲骑具装等俑的数量达 210 件，超过出土陶俑总数的一半。俑群各组具体内容如下：第一组，只存 1 件人面兽体的镇墓曾，蹲坐状，背上有一列原插有鬃毛的孔洞；第二组，数量最多，但未见牛车，有马与牵马俑，披铠步兵、轻骑和甲骑具装，还有背负重物的马和骆驼；第三组，男女侍仆，有坐地演奏的女乐俑，但所执乐器均已缺失；第四组，缺乏庖厨用具模型，仅有牛、羊、猪、犬、鸡等。陶俑衣多窄袖，腰系带，衣长过膝，又多戴风帽者。女俑常在高髻外面再包巾类，这些可能反映着鲜卑习俗。

① 内蒙古文物工作队：《内蒙古呼和浩特美岱村北魏墓》，《考古》1962 年第 2 期。
② 郭素新：《内蒙古呼和浩特北魏墓》，《文物》1977 年第 5 期。
③ 山西省大同市博物馆等：《山西大同石家寨北魏司马金龙墓》，《文物》1972 年第 3 期。

图二　北魏早期陶俑举例（内蒙古呼和浩特北魏墓出土）

　　综观上述两组北魏早期随葬陶俑，可以看出，当时北魏都城平城地区乃至边远的呼和浩特一带，其葬俗都已间接受到西晋俑制的影响。有些特点如较多的甲骑具装俑，则承袭自十六国时期的陶俑。至于骆驼模型等，则是以前未见的新类型。这两组陶俑的出土还给人们带来以下信息，就是在孝文帝改制汉化以前，拓跋鲜卑已经在与汉族接触、交往，在文化、习俗等方面深受影响，其埋葬制度已由以鲜卑习俗为主，逐渐转向接受汉晋埋葬制度的许多内容，随葬俑群正是其中较明显的一个转变[①]。这也说明，

———————————

① 宿白：《盛乐、平城一带的拓跋鲜卑——北魏遗迹——鲜卑遗迹辑录之二》，《文物》1977年第11期。

孝文帝进行改革，绝不是领袖人物个人意志的表现，而是顺应着历史潮流，有着深厚的社会基础。

二

孝文帝迁都洛阳以后，礼仪制度日趋严密，埋葬制度也日趋规范化，随葬俑群也随之形成新的规范。这从洛阳附近北魏墓出土的俑群可以看得很清楚，其中具有代表性的俑群，出土于建义元年（528 年）葬的常山文恭王元邵墓[①]（图三）。该墓曾遭盗扰，俑群已有残失，但仍存百余件，尚可据以看清其组合关系。

图三　洛阳元邵墓出土北魏晚期陶俑
左：甲胄武士状镇墓俑　中：扶剑武士　右：胡俑

元邵墓陶俑制作精致，均为泥质灰陶，头和身躯分别模制后，插合成整体，再略加修整，全身施粉彩，然后施朱彩，表现出服饰、甲胄等细部。俑

---

① 洛阳博物馆：《北魏元邵墓》，《考古》1973 年第 4 期。

群四组内容齐备。第一组，包括镇墓兽和铠甲武士形象镇墓俑两种。镇墓兽
1 对，其中 1 件人首兽体，另 1 件狮首兽体，均呈蹲坐状，背竖鬃毛三撮，
前肢侧后作翼形。铠甲武士形象镇墓俑，头戴兜鍪，披两当铠，长袴，在膝
下缚袴，左手扶一长楯，右手原执兵器，已佚。铠甲武士俑仅存 1 件，体高
远超过其余诸俑。第二组，以牛车和鞍马为中心，有骑马的鼓吹俑和甲骑具
装俑，也有步行的击鼓俑、持楯步兵，还有小冠着两当、手执仪刀或班剑的
文吏俑。此外，有随行负物的驴和骆驼。第三组，男女侍仆，仆俑中有作胡
人面貌的。舞乐俑尚存 7 人，其中 6 人坐地演奏，但除一吹排箫者外，乐器
均已缺失；舞者 1 人，长裙曳地，举一足起舞。第四组，仅存 2 猪，缺少庖
厨用具，但出现了跪坐操作状的女仆俑，现存 1 人执箕，1 人捧盆，另 1 人
似抱婴儿于怀中。此后北朝晚期的俑群，正是在这一基础上发展而成的。

　　除都城洛阳地区出土的规范化的俑群外，其余地区虽也遵照这样的规
范，但仍保留有地区特色。由于发现资料不多，仅能举关中地区和山东地
区的少数墓例。

　　关中地区以西安任家口正光元年（520 年）邵真墓①为例。邵真的官
职仅为阿阳令假安定太守，故随葬俑群的规模和数量都无法与元邵墓相
比，且俑群中缺乏第二组内容，不过其造型颇有特色。第一组，镇墓兽 2
件，不作蹲坐状，而是四足匍匐于地上，背上鬃毛成撮翘伸。铠甲武士形
象镇墓俑 2 件，头和身体分模制成，戴尖顶兜鍪，着袴褶，外披两当铠，
背部扁平。第三组，男女侍俑各 3 人，制作粗糙，只具基本轮廓。第四组，
有陶鸡和井、磨模型。

　　山东地区以临淄崔氏墓为例②，其中崔鸿墓葬于孝昌二年（526 年），
由于曾遭盗扰，俑群凌乱，残毁较甚，但从残存部分尚可了解其内容。第
一组，镇墓兽残存 1 件，蹲坐状，惜头、尾、前肢均残。甲胄武士形象镇
墓俑存 2 件，亦均残毁，但可复原。头戴尖顶兜鍪，身着袴褶，上披两当

---

①　陕西省文物管理委员会：《西安任家口 M229 号北魏墓清理简报》，《文物参考资料》1955 年第
　　12 期。
②　山东省文物考古研究所：《临淄北朝崔氏墓》，《考古学报》1984 年第 2 期。

铠，甲片作下排压上排的鱼鳞状，未持楯，右手有孔，兵器已佚。后体作扁平形状。第二组，牛车及鞍马均已残损，仅存戴络头的牛头及佩有鞍饰的马躯体。并有戴小冠、着袴褶的文吏俑和戴小冠着两当的侍卫俑，也都是后体作扁平形状。此外还有负物的骆驼。第三组，仅存5件女仆俑，亦均残损。俑梳双髻，长裙及地，下摆作圆筒状。第四组，残存猪、羊、犬、鸡和碓、灶等模型。

综上所述，可知北魏俑群的基本内容间接承袭自西晋俑群，有的又受十六国墓的影响。与西晋俑群相比，其具体内容和俑的形象有很大变化，特别是各组俑的种类以及俑的服饰，更是如此。例如在第二组中，甲骑具装俑、骑马鼓吹俑、步行击鼓俑、持盾俑还有负物的驴和骆驼等，都是西晋所没有的，因此是具有时代特征的新内容。至于服饰方面，有的陶俑也反映出鲜卑服饰的特点。以之与南方的东晋南朝墓中的俑群相比，差异颇为明显。首先，俑群的规模和数量相差悬殊；其次，从内容到造型都极不相同。南京象山王氏墓群中的7号墓①，是目前所知东晋墓中出土陶俑数量最多的一座，只有14件陶俑以及牛车、鞍马而已。而且陶俑为捏制，有的留有明显的刀削痕，造型稚拙，工艺粗糙。据此可以看出，南方的东晋南朝陶俑，实仍沿袭西晋的传统，与北魏不同。北魏陶俑是在大致沿袭西晋俑群的基础上，增加了大量反映北方情况的新内容，最后融合发展而成新的俑群规范。这也可能反映出，北魏孝文帝实行汉化政策以后改定的丧葬制度，既不是恢复晋制原貌，又非全面仿效当时的南方，只是在间接效法西晋俑群内容后，按照当时的理解，结合北方的情况，创制出的新的制度。难怪《北史·王肃传》说："自晋氏丧乱，礼乐崩亡，孝文虽厘革制度，变更风俗，其间朴略，未能淳也。"② 从随葬俑群来看，正反映出"胡风国俗，杂相揉乱"③ 的实际情况。

---

① 南京市博物馆：《南京象山5号、6号、7号墓清理简报》，《文物》1972年第11期。
② 《北史·王肃传》，第1540页。
③ 《南齐书·魏虏传》，第990页。

三

北朝晚期陶俑，继承了北魏太和改制以后形成的规范，在具体内容和陶俑造型等方面又有所发展。北魏分裂为东魏和西魏以后，西魏建都长安，临近洛阳，并且南距梁境过近，备受威胁；东魏迁都于邺，同时，掌握着军政大权的高欢家族又以晋阳（今太原）为根据地，因此，形成邺和晋阳两处政治中心。与之相应，在今河北磁县一带和山西太原附近，都有重要的东魏—北齐墓地。

在磁县一带的东魏、北齐墓中，出土较完整俑群的墓，有赞皇武定二年（544年）李希宗墓①、磁县武定五年（547年）赵胡仁墓②、磁县武定八年（550年）闾叱地连墓③等3座东魏墓，以及平山天统二年（566年）崔昂墓④、磁县天统三年（567年）尧峻墓⑤、安阳武平六年（575年）范粹墓⑥、磁县武平七年（576年）高润墓⑦等4座北齐墓。此外，河北景县天平四年（537年）高雅墓⑧和黄骅武平二年（571年）常文贵墓⑨，也可以列入这一组中。在太原附近的北齐墓中，出土有较完整的俑群的墓有太原天保十年（559年）张肃俗墓⑩、寿阳河清元年（562年）库（又作"库"）狄迴洛墓⑪、祁县天统三年（567年）韩裔墓⑫、太原武平元年（570年）娄叡墓⑬

---

① 石家庄地区文化局文物发掘组：《河北赞皇东魏李希宗墓》，《考古》1977年第6期。
② 磁县文化馆：《河北磁县东陈村东魏墓》，《考古》1977年第6期。
③ 磁县文化馆：《河北磁县东魏茹茹公主墓发掘简报》，《文物》1984年第4期。
④ 河北省博物馆等：《河北平山北齐崔昂调查报告》，《文物》1973年第11期。
⑤ 磁县文化馆：《河北磁县东陈村北齐尧峻墓》，《文物》1984年第4期。
⑥ 河南省博物馆：《河南安阳北齐范粹墓发掘简报》，《文物》1972年第1期。
⑦ 磁县文化馆：《河北磁县北齐高润墓》，《考古》1979年第3期。
⑧ 河北省文管处：《河北景县北魏高氏墓发掘简报》，《文物》1979年第3期。
⑨ 沧州地区文化局《黄骅县北齐常文贵墓清理简报》，《文物》1984年第9期。
⑩ 山西省博物馆：《太原圹坡北齐张肃墓文物图录》，中国古典艺术出版社，1958年。
⑪ 王克林：《北齐库狄迴洛墓》，《考古学报》1979年第3期。
⑫ 陶正刚：《山西祁县白圭北齐韩裔墓》，《文物》1975年第4期。
⑬ 山西省考古研究所等：《太原市北齐娄叡墓发掘简报》，《文物》1983年第10期。

等 4 座。除以上的东魏—北齐墓外，在山东地区发现有较完整的俑群的墓葬，可以举出临淄元象元年（538 年）崔混墓①、高唐兴和三年（541 年）房悦墓②和临淄武平四年（573 年）崔博墓③等 3 座。

上述诸墓所葬死者的身份，从无官职的处士到王爵都有，因此俑群的规模和数量差异很大，但从基本内容来看，仍沿续着北魏俑群的四组内容（图四）。但其具体形象有了新的变化，呈现出时代的特征。第一组，镇墓兽和甲胄武士形象镇墓俑各一对，其形象与北魏时有所变化。镇墓俑所披铠甲，由北魏的两当铠改为明光铠，兜鍪上多带有冲角，左手按的长盾，在盾面中脊居中处都饰有一狮子面图案。镇墓兽仍呈蹲坐状，一为人面，一为狮面，但与此前不同之处是，在头顶上各伸出一支朝天的戟。第二组，以牛车和鞍马为中心，有甲骑具装、轻骑、骑马鼓吹，以及步行击鼓俑、持盾俑、背箭箙俑、文吏、风帽套衣的仪仗等，还有负物的驴和骆驼。第三组，男女侍仆及舞乐俑，女侍的数量增多，曾出现手执各种器皿、用具乃至靴鞋衣物的女侍。舞乐俑中出现长须的胡人舞蹈者的形象。第四组，庖厨用具模型，其形象日益简化，伴随有跪坐执炊的女仆俑，常见女仆执箕或者持盆。家禽、家畜模型多雌雄成对出现，雌畜多作卧伏哺乳幼畜状。

至于陶俑的造型风格和细部刻画，在继承北魏俑群造型的基础上，邺城附近地区和晋阳附近地区并不完全相同，而山东地区的陶俑又有其地方特色。概括地看，邺城附近地区的陶俑塑工较细致，面相较清秀，尽管比北魏后期流行的面相清瘦、体态修长的风格稍显圆润，但肥瘦适度，头和躯干、四肢的比例较匀称。一些衣饰、器物等的细部装饰，较为繁缛细致。晋阳附近地区出土的陶俑，塑工远逊于邺城附近的出土品，俑的面相浑圆，下颐过于丰满，眉目口鼻挤在脸面中部。体型显得臃肿，腹胯圆鼓，下肢短且过细，使全俑的外轮廓近于梭形，比例不调，因而体态不够

---

① 山东省文物考古研究所：《临淄北朝崔氏墓》，《考古学报》1984 年第 2 期。
② 山东省博物馆文物组：《山东高唐东魏房悦墓清理纪要》，《文物资料丛刊》第 2 辑，1978 年。
③ 山东省文物考古研究所：《临淄北朝崔氏墓》，《考古学报》1984 年第 2 期。

美观（图五）。衣饰、器物等的细部装饰，也较为粗放简略。产生以上差异的原因，可能是邺城地区的工匠，原本由洛阳迁去，继承和保留着北魏时期陶俑塑造技艺；而晋阳地区的工匠技艺水平稍差，并且有地方色彩。

除了技艺优劣和造型风格的区别以外，在一些具体形态和局部特征方面，上述两个地区的陶俑也有些不同的地方。例如，甲胄武士形象的镇墓

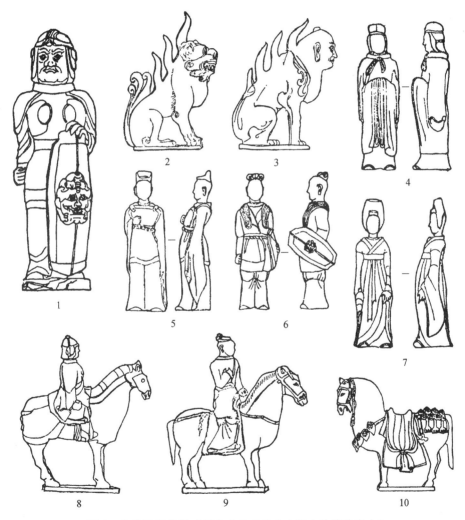

图四　东魏陶俑举例（河北磁县茹茹公主闾叱地连墓出土）

1. 镇墓甲胄武士　2、3. 镇墓兽　4. 风帽俑　5. 文吏俑　6. 持盾武士俑　7. 笼冠俑　8. 甲骑具装俑　9. 侍卫骑俑　10. 陶马

图五　太原地区北齐陶俑举例（山西寿阳厍狄迴洛墓出土）
左：侍卫男俑　右：按楯武士俑

俑，邺城地区所戴兜鍪前有冲角，披膊由两肩下垂，且常作多层重叠状。
晋阳地区的兜鍪无冲角，披膊在胸前和背后连成一体。邺城地区的鞍马，
仍沿袭北魏鞍马的姿态，颈微勾曲，头稍低，障泥长大而外侈。晋阳地区
的鞍马，作简单的昂首状，形态显得呆板，且额顶上伸，有一朵显著的束
鬃饰。甲骑具装俑，邺城地区的仍与北魏元邵墓的马具装相同，为套头的
整面帘，骑上所披铠甲的披膊也是自两肩下垂。而晋阳地区的马面帘是下
缘作弧曲状的半面帘，骑士所披铠甲的披膊，也是与甲胄武士形象的镇墓
俑相同，在胸前和背后连成一体，骑士上体长大，腿短而细，比例不调。
同时，在第二组中，晋阳地区缺少邺城地区大量出现的背箭箙的步兵和风
帽套衣的仪仗俑；邺城地区则缺少晋阳地区那种头戴"山"字状冠的武士

俑和斜袒右臂的武士俑，以及戴扁状卷沿平顶帽、衣上饰有特殊的尖叶状饰的骑俑。至于山东地区的俑群，地方特点更为突出。以崔混墓为例，陶俑合模制成，体内中空成筒状，内用细铁条支撑。制作较粗糙，缺乏细部刻画，人物仅具大轮廓，动物的形态多失真，如骆驼塑成长颈弯曲的怪形状。值得注意的是，在武平四年（573 年）葬的崔博墓中，出现有匍匐跪拜俑、以蛇体相连的双头连体俑、人首匍匐而蛇尾的俑各 1 件。这类形状的俑过去多出于唐宋墓中，这次在北齐时的墓中出土，是已知年代最早的例子，它们很可能与后来的《大汉原陵秘葬经》等书中记的"墓龙""仰观伏听"等的渊源有关①。同时，崔氏墓群中还有一座未发现墓志的 10 号墓，从墓葬形制和出土物观察，可能是东魏或早至北魏时的墓葬，出土陶俑中有塑于尖楯龛台中的十二生肖形象，已发现有虎、蛇、马、猴、犬及生肖已失的龛台各 1 件，这是有关十二生肖俑年代最早的实例，颇值得重视，它比太原北齐娄叡墓室壁画中的十二生肖形象的时代早得多。

西魏—北周时期的纪年明确的墓葬，发现的资料较少②，其中较重要的有陕西咸阳底张湾北周建德元年（572 年）墓③和宁夏固原北周天和四年（569 年）李贤墓④。从墓中随葬的俑群看，与东魏—北齐墓一样，也是继承了北魏俑群的四组内容，但俑的造型和细部刻画，与东魏—北齐陶俑有较大的差异（图六）。以李贤墓为例，第一组中，镇墓兽不是蹲坐状而是匍匐于地。甲胄武士形象的镇墓俑，也不作按楯端立的姿态，而是挺着凸出的大腹、身躯稍作歪曲，不持楯。2 件头戴兜鍪的俑细节不同，1 件作尖顶状，另 1 件兜鍪顶漫圆（图七）。第二组中，甲骑具装所骑战马塑

---

① 徐苹芳：《唐宋墓葬中的"明器神煞"与"墓仪"制度——读〈大汉原陵秘葬经〉札记》，《考古》1963 年第 2 期。

② 西魏—北周墓葬资料，多未正式发表报告，也有一些缺乏纪年资料，但大致可推定为西魏的墓葬，如汉中市崔家营发现的一座双室砖墓，见汉中市博物馆《汉中市崔家营西魏墓清理记》，《考古与文物》1981 年第 2 期。

③ 全国基本建设工程中出土文物展览工作委员会：《全国基本建设工程中出土文物展览图录》，中国古典艺术出版社，1955 年。

④ 1984 年 7 月宁夏固原北周李贤墓学术座谈会资料。李贤墓陶俑可参看《宁夏画报》1984 年第 2 期。

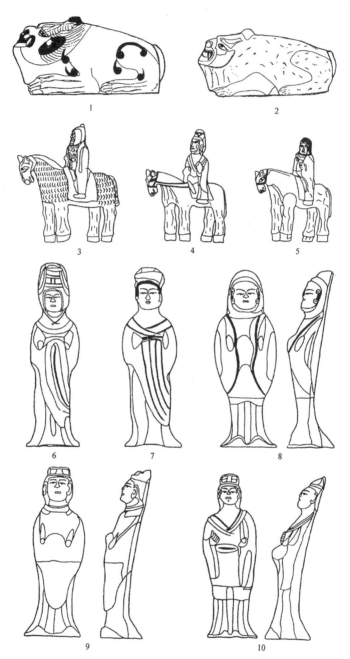

图六　北周陶俑举例（宁夏固原李贤墓出土）

1、2. 镇墓兽　3. 甲骑具装俑　4. 文吏骑俑　5. 鼓吹骑俑　6. 笼冠俑　7. 女侍俑　8. 风帽俑
9. 侍卫俑　10. 文吏俑

造得比例不调，四肢过粗而马头颇小，造型稚拙。底张湾建德元年墓的甲骑具装俑所骑战马，也是四条粗腿，说明这是北周塑马的特殊风格（图八）。仪仗俑中有戴笼冠的，也有戴小冠或风帽的，披衣状的胡俑数量较多。还有驮物的驴和骆驼。第三组，主要是作拱手持物状的女侍俑。第四组，有犬、鸡和灶、磨、井、碓、鸡舍等模型。灶、磨、井、碓各有2件，也许是李贤夫妇各随葬一套。

图七　宁夏固原北周李贤墓镇墓
　　　甲胄武士俑

图八　宁夏固原北周李贤墓陶骑俑

　　总体来看，北周陶俑塑制工艺远逊于北齐陶俑。与北齐的不同之处还有北周陶俑是头体连在一起模制，北齐俑则多头、体分模，再插合成一体。这些差异的出现，很可能是因为北周的陶俑不是直接受洛阳地区的影响，而是主要延续着关中地区北魏俑群制造的。例如，镇墓兽作匍匐于地的姿态，正是承袭着正光元年（520年）邵真墓中镇墓兽匍匐于地的形制，只是减去了脊背上竖起的鬣毛。

四

隋统一全国以后，开始创制新的礼仪制度，究其源流，除部分沿袭自北周外，还融合了北齐和陈的礼仪制度。不过隋王朝过于短命，因此新的礼仪制度尚欠稳定和完善，不同来源的部分来不及融为一体，这自然在物质文化遗存中反映出来。至于这些新的礼仪制度臻于完备，已经是唐代的事。从随葬俑群这个侧面可以反映出上述情况。观察陕西、河南等地随葬于隋墓中的俑群，可以从中寻到分别源自北齐和北周的明显的迹象。

关于隋墓中随葬俑群明显地承袭着北周俑群特征的墓例，以河南陕县刘家渠开皇三年（583 年）刘伟墓①最为突出。该墓只出陶俑 6 件，分别属于第一组和第二组。第一组较完备，有镇墓兽和甲胄武士形象镇墓俑各一对。镇墓俑半模制成，腹部稍挺起，所戴兜鍪 1 件作尖顶状，另 1 件顶部浑圆。镇墓兽四肢匍匐于地，背无鬃毛，头稍上昂，其形态与天和四年（569 年）李贤墓出土的镇墓兽完全相同。第二组中仅有文武骑俑各 1 件，所骑的马四肢粗大，比例不调，也呈现着北周骑俑的特征。该墓葬于隋建国之初，可能因此保留着浓厚的北周风格。

关于隋墓中随葬俑群明显地承袭着北齐俑群特征的墓例，以河南安阳小屯南地仁寿三年（603 年）墓和梅园庄北地 401 号墓最为突出②。出土俑群四组内容具备。第一组中披明光铠、按楯的镇墓俑，形制与范粹墓完全相同。镇墓兽亦呈蹲坐状。第二组中的小冠持盾俑和风帽套衣俑，也与范粹墓完全相同。第四组中的家畜雌雄成双，雌畜作卧伏哺乳幼畜状，还有跪坐执炊的女仆俑，其造型也与范粹墓相同。这说明，安阳地区的隋朝初年墓中随葬的俑群，承袭着邺城附近北齐俑群的传统。仁寿年间以后，安阳地区隋墓中的俑群的造型有了一些变化，但仍是在隋初俑群的基础

① 黄河水库考古工作队：《一九五六年秋河南陕县发掘简报》，《考古通讯》1957 年第 4 期。
② 中国社会科学院考古研究所安阳工作队：《安阳隋墓发掘报告》，《考古学报》1981 年第 3 期。

上，只是细部刻画和造型风格有所变化而已。

在隋都大兴附近地区，隋墓出土的俑群中，北周、北齐风格的俑都可以寻到。以开皇二年（582年）李和墓[1]为例，第一组中的镇墓兽已残毁，两件镇墓俑虽残，但可见形状，是披明光铠、按狮子楯的形象，兜鍪有冲角和护耳，这与北周不同，而是北齐的风格。第二组中的甲骑具装俑，人体后背扁平，马的四肢过粗而马头颇小，比例不调，完全是北周的风格。但是在骑俑中，出现了北齐晋阳地区常见的戴扁状卷沿平顶帽、衣上饰有尖叶状饰的骑士，不过陶马的四肢过粗的造型，却又是北周风格。隋朝初年俑群中北周、北齐风格的造型混杂在一起的现象，到大业年间就不多见了，逐渐萌发隋俑自己的造型风格。但因时间短促，很快就转而进入唐代，到那时才完成了造型风格的根本转变。

从大业六年（610年）姬威墓[2]和大业四年（608年）李静训墓[3]的随葬俑群，可以看到隋俑造型风格的萌发。这时的甲胄武士状镇墓俑，虽然仍是披明光铠按楯状，但胸前开始出现纵束的甲绊。镇墓兽蹲坐的姿态，也比过去身躯上挺。特别是女俑，细颈削肩，广袖长裙，与北朝晚期的过于丰满而显臃肿的体型并不相同。这些变化看来更多地是在北齐风格基础上的变化，而北周陶俑的一些突出的造型特征已经消失。以李静训墓俑群与她的曾祖李贤墓中的俑群相比，近似之处很少。特别是第一组，甲胄武士状镇墓俑和蹲坐状的镇墓兽，都与李贤墓代表的北周陶俑造型不同，而是沿袭着北齐的造型风格而有所变化形成的。上面只是粗略地谈及北朝陶俑对隋代的影响，但因目前西魏—北周墓葬的纪年资料过少，又缺乏对隋墓的深入的编年研究，进一步的分析研究有待以后再深入进行。

（原载《中国考古学研究——夏鼐先生考古五十年纪念论文集》，文物出版社，1986年。后收入《汉唐美术考古和佛教艺术》，科学出版社，2000年）

---

① 陕西省文物管理委员会：《陕西省三原县双盛村隋李和墓清理简报》，《文物》1966年第1期。
② 陕西省文物管理委员会：《西安郭家滩隋姬威墓清理简报》，《文物》1959年第8期。
③ 中国社会科学院考古研究所：《唐长安城郊隋唐墓》，文物出版社，1980年。

后记　本文是为《中国考古学研究——夏鼐先生考古五十年纪念论文集》而撰写的。1984 年 12 月，为了纪念夏鼐先生从事考古 50 年，中国社会科学院考古研究所在他培养、指导下成长起来的后学之辈计 60 人，共撰写论文 51 篇，集成纪念文集，成立了以王仲殊为主编的 7 人编委会，我有幸参加编委会，负责文集的具体编辑工作。关于我到考古研究所以后，夏先生对我的教导，曾在《引导我走上考古研究道路的三位老师》文中有部分回忆，现摘录于下：

如果说《高句丽壁画石墓》一文的发表，是我走上考古研究旅程的开始，那么《中国古代的甲胄》的发表（原刊于《考古学报》1976 年第 1 期和第 2 期，修改后收入《中国古兵器论丛》一书）则是在学术上趋于成熟的标志，这一论文初稿是经夏鼐先生审阅，并在他的具体指导下完成的。

回想我第一次听夏先生讲课，是在 32 年前（按，到编本文集时，已是 67 年前），他给我们班讲授考古学通论的绪论部分，但是当时我实在听不懂先生那温州味极浓的普通话，虽然他讲得很风趣，整整一节课我几乎一句也没听懂。到了考古所以后，特别是参加编辑工作以后，有越来越多的机会和夏先生接触，我才得以全部听懂他的谈话。在我的记忆中，夏先生对他平辈的学者在治学中出现的问题，是不太客气的，有时还会有相当苛刻但又颇有幽默感的评论。但是对我们这些后学之辈，则是极为关怀的，对我们在工作中出现的问题，他从不发脾气，而是耐心地讲解，并具体而微地指明问题，告诉我们该去查找什么文献，连版本、页码甚至第几行都指示得清清楚楚。如果是国外的资料，则常常是亲自把书找来，翻到需要参考的那一页，再拿给我们看。审阅稿件更是极为认真，经他看过的稿子的天头或稿边，必定留有他那独特的小字批写的意见，而且很少积压，上万字的稿子，常常三四天就阅毕退回。这些优点是值得我们认真学习的。

我到考古所工作后，夏鼐先生对我很关心。先生曾把《清史稿》中我的曾祖父杨儒的传翻给徐苹芳同志看，并让他引导去看过我的住处。以后，在工作中他给过我许多具体指导，并且一再嘱咐，年轻人应该对自己要求严一些。粉碎"四人帮"以后，恢复评定学术职称时，他不止一次告诫我，作为助理研究员，至少要有相当于其他单位副研究员的水平，而不应计较别的。在学术研究方面他对我帮助最大的一次，就是前面已经讲到的对《中国古代的甲胄》一文的指导。我在写初稿时，总想表现出自己掌握的材料如何全面，对文献的查考如何周到，什么都想写上，于是字数很多，文章显得臃肿不堪。夏先生很尖锐地指出，写论文不应是"长编"，不能罗列资料，必须论点突出。按他的意见改写后，果然面貌为之一变，提高了论文的学术水平。对于这样的修改，夏先生感到满意，后来他在审阅我写的《日本古坟时代甲胄与中国古代甲胄的关系》一文时，还提到对《中国古代的甲胄》一文的改写，认为是因为我听了他的建议，文章才写成功的。事情正是这样，《日本古坟时代甲胄与中国古代甲胄的关系》一文，也是按照夏先生的具体意见修改后，才有了发表时的面貌。现在夏先生离开我们已经一年多了，再也无法聆听他的教诲，但夏先生对我那两篇文章写的长篇的意见，我至今保留着，每看到它们，就想起先生对晚辈的关怀和期望，鞭策我学习先生忘我的治学精神去尽力工作。

纪念文集于1984年12月决定编写，从征稿、定题、写作、审阅到编辑完成，送交出版社排印，已是1985年3月。文集本拟由文物出版社出版，原协议预定全书40万字，但编成后文字数量涨出一倍，约85万字，责编叶青谷兄坚决要压缩至原协议数字才可出版。因此，编委会又委托徐元邦兄与科学出版社洽谈，请其出版第二集，该集由元邦兄负责具体编辑工作。因是纪念性文集，这两集文章如何分放，又颇令编委会为难，因大家都愿自己的文章放入一集内，后来的解决办法是按原稿的规定字数来划分，稿约曾明确规定每人每篇字数不得超出万字（如二人合写，字数可超出万字），因此，凡作者的文章字数超出万字的，不论是谁，均放入二集，这样大家也就不再因分放两集产生矛盾了。

令人遗憾的是，文集尚在排印中，夏先生却于 1985 年 6 月 19 日仙逝，结果本来是拟在先生生前见书的纪念他从事考古五十年的文集，印出于先生仙逝之后，成为对先生的永久纪念，这是编者始料不及的。

与考古研究所编纪念夏先生考古五十年纪念论文集同时，石兴邦先生也在陕西筹划编另一本纪念文集，他约我为该集撰写了《夏鼐先生对中国科技史的考古学研究》一文。后来这本《中国考古学研究论集——纪念夏鼐先生考古五十周年》也是在夏先生仙逝后，才于 1987 年由三秦出版社出版。

宋代的马珂之制

——从美国纽约大都会美术馆所藏宋画及日本的"唐鞍"谈起

　　《宋史·仪卫志》中详载的宋代的卤簿仪服制度，应该录自《宋会要》，其中在"御马鞍勒之制"条后列出"马珂之制"，原文为："马珂之制，铜面，雕翎，鼻拂。攀胸，上缀铜杏叶，红丝拂。又胸前及腹下皆有攀，缀铜铃。后有跋尘，锦包尾。独卤簿中金吾卫将军导驾者，皆有之。"① 将其与《宋会要辑稿·舆服六》所记相对照，二者内容全同②。马珂之制列出的这套马具，在乘骑用马具中规格甚高，仅见于皇帝的卤簿之中，它与车辂之制内皇帝所乘"玉辂"驾马的马具相似。据北宋政和三年（1113 年）之制，玉辂"驾青马六，马有铜面，插雕羽，鞶缨，攀胸铃拂，青线织屈，红锦包尾。又踏路马二，在辂前，饰同驾马"。皇后出行的"重翟车"也是驾六青马，"马有铜面，插翟羽，鞶缨，攀胸铃拂，青屈，青包尾"③。在卤簿中，依马珂之制装备的马又称为"珂马"，见《仪卫志》的"大驾卤簿巾服之制"条："金吾上将军、将军、六统军，千牛、中郎将，服花脚幞头、抹额、紫绣袍，佩牙刀，珂马。"又"千牛将军，服平巾帻，紫绣袍、大口袴、银带、鞾（靴）勒、横刀、执弓箭，珂马。"④ 对于这类专供皇室卤簿使用的豪华马具，虽然文献记录得还算仔

---

① 《宋史·仪卫志》，第 3470 页。
② 《宋会要辑稿·舆服六》，中华书局影印本，第 1838 页。
③ 《宋史·舆服志》，第 3480、3502 页。
④ 《宋史·仪卫志》，第 3471 页。

细，但是缺乏图像资料，难以进一步了解其具体形制。现藏美国纽约市大都会美术馆①中的一幅宋画，正好弥补了这一不足。

该画为绢本，着色，无题跋。绘有行进于山道中的九骑一马，前二骑为木石掩遮，最后二骑回首后顾，画意似未尽，可能原画卷后段已佚（图一、二）。因图中有一匹备有鞍勒而无人乘骑的白马，故原展出说明标为《贡马图》，认为画的是向皇帝进献宝马的队列②。1983 年 6 月，承大都会美术馆姜斐德女士寄赠该画照片，并附以说明，改《贡马图》为《明皇幸蜀图》，认为那匹无人乘骑的白马是杨玉环死前的坐骑，并认为画中人物为唐时装备。但细加观察，上述两种说法似均不够确切，该画绘出的服饰、

图一　美国纽约大都会美术馆藏宋画

---

① 编者注：纽约大都会美术馆，今常译为"大都会艺术博物馆"。

② 美国纽约大都会美术馆编：《五千年的艺术杰作》（The Metropolitan Museum of Art, *Master-pieces of Fifty Centuries*, 1970, New York）卷首第 36 页彩版，又见该书中展品第 130 号照片。另见 Howard Hibbard, *The Metropolitan Museum of Art*, 1980, London, 书中原题为"贡马图"（The Tribute Horse），见图 961、963。

马具均为宋制，应是描绘了宋代卤簿的一部分。图中的白马，鞍勒具备，马辔闹装，垂大红缨拂，鞍上满覆锦帊，缚尾，应是一匹"诞马"（备用马）（图三）。

图二　美国纽约大都会美术馆藏宋画局部之一

图三　美国纽约大都会美术馆藏宋画局部之二

据《宋史·仪卫志》，"诞马，散马也。加金涂银闹装鞍勒。乘舆以红绣鞯，六鞘，王公以下用紫绣及剜花鞯。"诞马的鞍鞯，景祐时曾除去，但看来并未能贯彻下来。"哲宗元祐七年，太常寺言：诞马，按《卤簿图》曰：旧施鞍鞯。景祐五年去之。昨纳后，诞马犹施鞍鞯，今欲乞除去，仍依《卤簿图》，用缨、辔、绯屉。"①但亦无结果。至于在车辂前的诞马，所备马具与驾辂的马相同，也称为"踏路马"②。除大驾卤簿外，皇太子卤簿中，也有这种无人乘骑的诞马。甚至王公以下卤簿中也有诞马，随官职高低而数量不同，王公卤簿有诞马八，一品诞马六，二品和三品诞马四③。

该图中诞马之后紧随两个甲胄骑士（图三），头戴兜鍪，披甲，外罩锦袍，佩剑，执长戟，戟垂彩幡、五色带，但带末未缀铜铃④。前一骑乘棕黄色马，后一骑乘黑马，二马四蹄均白色，马具相同。乘马头戴铜面，额饰兽首，插饰白色雕翎，下垂一朵大红缨拂，用大红洒金花锦包鬃（鬃），胸攀上缀铜铃，尻上覆盖深绿贴金的绣屉跋尘，居中凸嵌一宝珠，以大红洒金花织锦包尾。这套豪华的马具，基本上合于宋代卤簿中的马珂之制。

提到马珂，自然令人想起晋张华的诗句"文轩树羽盖，乘马鸣玉珂"⑤。这里的玉珂当是指马勒上的饰物，以贝为之，色白如玉，故名玉珂，流行于汉魏时期。《西京杂记》中曾说，汉武帝盛饰鞍马，"以南海白蜃为珂"。这种马饰的实物还没有被发现过，其具体形制不明。从文献所见，南北朝后已不再使用这类马饰，至北宋时期，所谓马珂早已与那种贝制玉珂无关。

虽然宋代的马珂之制与汉魏玉珂无关，但马珂之制中马头所佩铜面，却是继承着秦汉以来的传统。前已指出，马珂之制中的铜面与车辂之制中

---

① 《宋史·仪卫志》，第 3469 页。
② 据《宋史·舆服志》显庆辂条，辂前二马称为"诞马"；而政和三年（1113 年）制玉辂的辂前二马，则改称"踏路马"，至高宗绍兴时，卤簿又称为"诞马"。参见第 3480、3485 页。
③ 《宋史·舆服志》，第 3452，3457～3458 页。
④ 宋代卤簿中所持戟，"赤质，画云气，上垂交龙掌、五色带，带末缀铜铃"，见《宋史·仪卫志》，第 3468 页。
⑤ 张华：《轻薄篇》，见郭茂倩《乐府诗集》卷六七，中华书局排印本，1979 年，第 963 页。

的玉辂驾马铜面相同。而皇帝大驾卤簿制度的形成，始于最初完成全国统一的嬴政。秦始皇时定下的车辂之制，为汉代所继承。皇帝所乘玉路（即玉辂）驾马六，其马具据《后汉书·舆服志》："象镳镂钖，金鋄方釳，插翟尾，朱兼樊缨，赤镾易茸。"注引《独断》："金鋄者，马冠也。高广各五寸，上如玉华形，在马髦前。方釳，铁也，广数寸，在马鋄后。后有三孔，插翟尾其中。"① 据秦始皇陵出土铜车马所佩马具，在四马额部均有一枚金饰，叶形，背垫同形铜托，附四鼻纽，正面铸出阴线卷云纹图案②。此物一般称为"当卢"，从其所饰部位看，或许就是"金鋄"的模拟品。器高9.8厘米，因该铜车马为真车马大小的二分之一模型，故推知用于真马的同样饰件应高近20厘米。不过其上缺少可插翟尾的附件。这些秦代的金当卢模型，应是后来马珂之制中铜面的最早的形态。汉代皇帝车辂驾马所用的马具尚无实物发现，但已经发现了几处王陵的车马。以满城中山靖王刘胜墓及其妻窦绾墓随葬车马为例③，出土的当卢有银质的和铜质的，形制大略有两类（图四）。一类似马面形，上伸双耳，有双目和嘴，或是线雕双目而鼻梁部分镂空（图四：1）；另一类作竹叶形，上宽下窄，上端呈圭首状，下端抹圆（图四：2）。它们大致高26.2～27.3厘米。十六国时期以后，军队中大量装备了保护战马的"具装铠"④。最迟在唐代，甲骑具装正式列入皇室卤簿之中⑤。从唐懿德太子墓中出土的甲骑具装俑可以清楚地看到，当时卤簿中人马都披有装饰华美的铠甲，马头所戴的是贴金的"面帘"⑥。大约也在这一时期，受到马具装"面帘"的影响，车辂驾马的"金鋄"由汉晋时的"当卢"形状改变为类似面帘的形状。到了宋代就更为清楚，车辂驾马及马珂之制中的铜面，形状与当时马甲（具装）的

① 《后汉书·舆服志》，第3644、3645页。
② 秦俑考古队：《秦始皇陵二号铜车马清理简报》，《文物》1983年第7期。
③ 中国社会科学院考古研究所等：《满城汉墓发掘报告》，文物出版社，1980年。
④ 参看杨泓《中国古兵器论丛》（增订本），文物出版社，1986年，第40～45页。
⑤ 《新唐书·仪卫志》，第491页。
⑥ 陕西省博物馆等：《唐懿德太子墓发掘简报》，《文物》1972年第7期。唐淮安靖王李寿墓中，也有戴贴金面帘的甲骑具装俑，亦属仪仗，见陕西省博物馆等《唐李寿墓发掘简报》，《文物》1974年第9期。

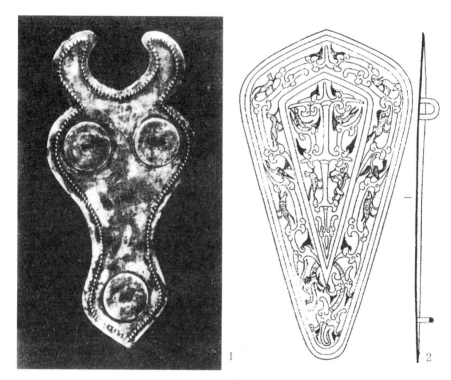

图四　满城中山靖山刘胜墓及其妻窦绾墓随葬车马器
1. 西汉刘胜墓出土银当卢　2. 西汉窦绾墓出土铜当卢

面帘大致相同。纽约大都会美术馆藏宋画上绘出的马珂铜面，与《武经总要》马甲图①中的面帘（图五）酷似，充分说明了这一事实。传李公麟绘《免胄图》中的马面帘②，也是绘作这样的形制。

　　马珂之制中的"锦包尾"，也应是继承了汉魏旧制。自秦汉乃至隋唐，一直流行结扎马尾。古诗《陌上桑》有"青丝系马尾，黄金络马头"之句③。马尾结扎，称为驸尾。另外还有称为"鞘尾"的马具，见于《魏百官名》，有"赤茸鍮石鞘尾"④。但以锦包尾的明确记载，始见于北宋。这次纽约大都会美术馆所藏宋画，清晰地绘出以大红洒金花锦将马尾全部包

① 《武经总要前集》卷一三《器图》，中华书局影印郑振铎原藏明弘治、正德年间刊本，1959 年。
② 参看林树中等编《中国历代绘画图录》，图 71，天津人民美术出版社，1981 年。
③ 《玉台新咏》卷一，见《玉台新咏笺注》，中华书局，1985 年，第 8 页。
④ 《太平御览》卷三五九引《魏百官名》，中华书局影印本，第 1651 页。

覆其中，使我们得以了解以锦包尾的具体形象。

宋画中珂马的马具中，尻上覆盖的深绿贴金绣屜居中凸嵌的宝珠也值得注意。南北朝时，披具装铠的马在尻部树有"寄生"，呈竹枝状或者扇面状，许多陶俑所骑乘马的尻部开有小圆孔，应是为插寄生之用，惜原插寄生已朽毁无存①。约在隋代，在一些未披具装铠的陶马尻部相当于插寄生的部位，出现了凸起的宝珠形装饰②。以后沿用于唐代。在敦煌莫高窟

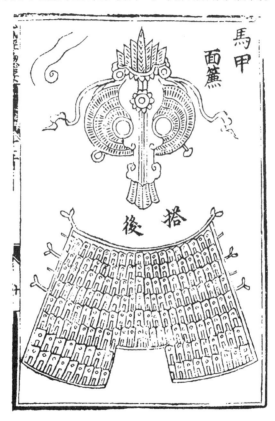

图五　《武经总要》马甲"面帘"图

①　参看杨泓《中国古兵器论丛》（增订本），第42～43页。

②　隋墓中出上尻部饰宝珠形饰的陶马，多出自湖北和湖南一带。如周家大湾241号墓出土陶马，详见湖北省文物管理委员会《武汉市郊周家大湾241号隋墓清理简报》，图版拾叁：3，《考古通讯》1957年第6期。又如湘阴隋大业六年（610年）墓陶马，见熊传新《湖南湘阴隋大业六年墓》，图二，《文物》1981年第4期，第39页。

唐代壁画中可以看到，以第130窟东壁南侧骑士所乘马上绘得最为清晰①。现宋画马尻绣屉上所装宝珠，应是渊源于此。

通过观察该画中的诞马马具以及马珂之制，可以说明所绘应为宋制而非唐制。因此把该画年代定在南宋还是恰当的。

大都会美术馆所藏宋画，把马珂之制绘得如此精细如实，的确是古代绘画中不多见的。当我们看到这准确的珂马形貌时，不禁联想到东邻日本保存的"唐鞍"。

"唐鞍"从其名称即可知，是由古代中国东传的马具。目前依旧完好的实物中，以保存于奈良县手向山神社的三具镰仓时代的遗物最为珍贵，已被日本列为国宝（图六）②。在一件"唐鞍"上，还保留有墨书铭记六行二十八字："东大寺」正八幡宫」迁宫御唐鞍」料所日向国」嘉元四年丙午」七月十八日"（图七）。嘉元四年为日本后伏见天皇纪年，为公元1306年，

图六　日本奈良手向山神社藏"唐鞍"

---

① 参看杨泓《中国古兵器论丛》（增订本）之《中国古代的甲胄》，第40~45页，文物出版社，1986年，第53页图四七：1。本文后收入《杨泓文集·古代兵器》，文物出版社，2021年。
② 日本奈良县手向山神社藏"唐鞍"，见〔日〕末永雅雄《日本武器概说》图版二一九所引。又见奈良县立美术馆：《大和の国宝·重要文化财——工芸の美》，展第27号，1984年版，据《延喜式》，"唐鞍"为当时日本国为外国来宾骑乘的马具。以后"唐鞍"成为神宫的神宝，参看奈良县立橿原考古学研究所附属博物馆《伊势神宝と考古学》，1985年。

图七　日本奈良手向山神社藏
"唐鞍"上的墨书铭记

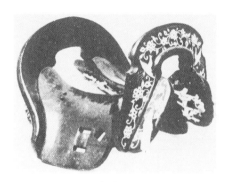

图八　日本奈良手向山神社
藏"唐鞍"之鞍具

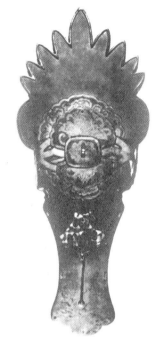

图九　日本奈良手向山神社藏
"唐鞍"之银面

相当于中国元朝成宗大德十年。这件鞍具在嘉元四年经过修理。一般说来，寺院宫廷中用于仪式的华贵马具应保存较好，估计使用几十年才需大修，因此创制这组马具的时间可能早到相当于中国南宋年间，可以认为其形制应是受到宋代仪仗中使用的鞍具的影响。1984年奈良县举办的《大和的国宝·重要文化财——工艺之美》展览中，展出了这件"唐鞍"。奈良县立橿原考古学研究所的菅谷文则先生和奈良县立美术馆宫琦隆旨先生惠赠了有关的彩色图片和细部照片。将其与宋代马珂之制的文献记录以及美国纽约大都会美术馆藏宋画绘出的珂马图像相对照，可以清楚地看出其间的相似之处。日本"唐鞍"的戴于马头的"菖蒲形银面"，基本形制近于图中珂马所戴的铜面，只是铜面额部饰兽首处，"唐鞍"银面改为花饰，其顶端插饰的雕翎，银面改用银质，但其外轮廓仍旧保持着翎毛的形态（图九）。项下垂悬的缨拂，也改用金铜制造，但还模拟着缨拂的形态。攀胸上不缀铜铃而悬缀杏叶，则更合于文献中对马珂之制的记述。马尻部缺乏绣屉，但竖立着结构颇复杂的"云珠"，较珂马图中凸饰的宝珠饰更加华美。马尾的锦包尾，形制及制作有所变化，改成胎质较硬的"尾袋"，上面也有美丽的花饰。以上相近似之处，表明日本的唐鞍同中国宋代马珂之制间存在有一定的联系，显示出宋代舆服制度对日本的影响颇深。这为研究中日两国古代的文化交流又增添了一点资料。

令人感兴趣的还有，有关文献和宋画中的珂马图像，对鞍鞯的具体描述都不够明晰，但日本的"唐鞍"实物却有完整的鞍鞯保存至今（图八）。木鞍制作精细，髹黑漆，鞍桥上有精美的唐草宝相花及长尾鸟螺钿纹饰。后鞍桥垂有装饰性的鞦鞴带，左右两侧各五条，与著名的唐代"昭陵六骏"浮雕上鞍桥后垂的鞦鞴带形制相同，可见它仍保留着唐代遗风①，只是日本唐鞍的带头缀有铜铃，装饰意味更加浓厚，而在宋画珂马图像上，鞦鞴只有三条，被安排在绣屉之下，反而缺乏唐代遗风。根据日本保存完好的唐鞍，我们可以推测复原宋代珂马鞍鞯的面貌。

（原载《文物》1987 年第 9 期。后收入《汉唐美术考古和佛教艺术》，科学出版社，2000 年）

后记 20 世纪 80 年代末，王俊铭告诉我文物局资料室新收到一册美国纽约大都会美术馆的图册，可以去找王世襄借阅。我去红楼办事时，顺便去资科室找王世襄，翻看了王俊铭说的画册，立即对画册中的一幅题为《贡马图》的佚名宋画产生兴趣，认出它描绘的不是什么"贡马"，反映的是卤簿中的"马珂"。和王世襄讨论后，他认为美国那边没人能弄清这问题，应该写篇短文告诉世人。但是那本只是博物馆出售的小型通俗图册，图版很小，复制后难以用于文章附图。回所后又与王俊铭谈及此事，他说

---

① 关于唐代马鞍后桥垂饰的鞦鞴带，请参看孙机《唐代的马具与马饰》，《文物》1981 年第 10 期，第 84 ~ 85 页。

他可以写信给大都会美术馆，试一试能否请馆里供给一些清晰的图片。过了些时候，得到大都会美术馆的回信，并寄赠了较大的清晰的图片。回信是当时在大都会美术馆工作的姜斐德女士写的，又将图名改为《明皇幸蜀图》，认为那匹没人乘骑的诞马，原是杨贵妃的坐骑，杨妃已死，故无人乘骑。同时应允论文中可以使用这些资料，只是需注明为大都会美术馆所提供即可。由于文中联系到日本的"唐鞍"，又由日本友人菅谷文则和宫崎隆旨两位的帮助，提供了有关资料。因此本文是在诸多国内外友人协助下，才得已写成。对于他们的友情，永志难忘。

美术考古学

美术考古学是考古学的分支学科，以田野考古发掘和调查所获得的美术遗迹和遗物为研究对象。它从历史科学的立场出发，依据层位学、类型学等考古学研究方法，结合古代文献以及传世的有关遗物，阐明美术的产生、发展过程，以及与物质文化发展的联系，为人类文化史研究提供准确可靠的实物例证。美术考古学的研究范围及对象，有时与美术史相同，但研究方法和研究目的则具有质的差别。

在世界范围内，近代考古学的萌发，与欧洲文艺复兴后人们对希腊、罗马等古典美术品的收集关系密切。随着考古学逐渐发展成一门严谨的科学，作为考古学分支的美术考古学，才与从审美的观念研究美术的美术史区别开来。中国的田野考古发掘工作，始于20世纪20年代周口店旧石器时代遗址的发掘，历史较短。以田野考古调查发掘为基础的美术考古学，则是在以后才开始的。1949年后，随着考古事业的空前发展，中国美术考古学逐渐成长，但是至今还缺乏系统而深入的学术研究，尚未形成完整的体系。

美术考古学研究的年代范围，上起旧石器时代，下迄各历史时代，所以它既属于史前考古学的范围，也属于历史考古学的范围。但其研究重点主要在宋元时期以前。宋元以后，由于历史文献日益丰富，存世遗物品类繁多，田野考古的重要性相对降低，因此在美术考古研究中不再占主要位置。

美术考古学研究的主要内容，可以概括为建筑、绘画、雕塑、工艺美术和宗教美术五类。

一　建筑

古代建筑遗存，从史前时期的居址到封建时代的城市，都是田野考古调查发掘的主要内容，以究明其建筑技术、工艺结构、平面布局、实用功能、艺术装饰和时代风格，借以复原当时的社会面貌。从美术考古的角度，更着重于建筑的装饰和风格。例如中国古代建筑特征之一是铺设屋瓦，出现了独特的遮挡檐头筒瓦前端的瓦当。西周时出现的是半瓦当，到战国晚期改为圆瓦当，一直延用到宋元以后。瓦当上的装饰图案的发展演变，就属于美术考古的研究内容。

与建筑的发展演变密切关联的室内家具，从萌发到发展高峰的明式家具的发展过程，反映着中国民族习俗和文化传统，是复原社会面貌的重要实物标本，也是美术考古的研究内容。

二　绘画

美术考古对于绘画的研究，主要集中在三个方面：岩画、建筑壁画和墓室壁画。中国古代岩画，主要分布在内蒙古、甘肃、新疆、广西等省区，多与古代少数民族的活动有关，时代从史前到历史时期都有。

中国古代建筑壁画，主要保存于田野考古发掘的古代建筑遗迹之中，如甘肃新石器时代房址地面绘画、安阳殷墟房址中的壁画残迹、陕西西周遗址的壁画残迹、秦都咸阳宫殿址壁画遗存等。此外，在封建社会晚期的一些寺庙壁画中，也保存有反映当时社会生活习俗的精美画面，例如永乐宫的元代壁画。

中国古代墓室壁画，是田野考古发掘中获得的数量最多的绘画作品。主要保存于两汉至宋元时代的地下墓室之中，以绘于砖砌墓室壁面上的为最多，也有绘于石壁或土壁上的，多是先涂以白灰，然后再绘画施彩。由于时代不同，壁画的题材和风格各异。唐以前的绘画作品传世极少，因此丰富的墓室壁画成为复原汉代以来中国绘画风貌的主要依据。墓室壁画还派生出两种特殊的艺术形式，即画像石和拼镶砖画。画像石出现于西汉末年，流行于东汉时期，主要分布在今山东、河南、江苏、陕西、四川等省，是借用刻石技法的一种特殊的墓室壁画，虽因时间先后和地域不同而刻石技法有所差异，但基本采用减地浮出图像轮廓的办法，内容和构图与同时期的壁画相同。拼镶砖画流行于东晋至南朝的江南地区，主要发现于南京、丹阳一带。由于江南地下潮湿，壁画难以保存，故采用先绘画稿，然后分别刻模印于砖坯上，再烧制成砖，最后依次拼镶在墓壁上，成为整幅砖画。少的用几块砖，多的由几十块至几百块砖构成，画面长度达到 240 厘米。由于砖画是阴模印制，故图像由凸出的线条形成，极富绘画的线条趣味，最突出的作品是由两幅各长 240 厘米画面合成的《竹林七贤与荣启期》的画像，可真实地反映出东晋南朝时绘画的面貌。

三　雕塑

美术考古对于中国古代雕塑的研究，主要集中于陵墓雕刻、俑和碑刻三方面。陵墓雕刻是大型的古代纪念碑性质的群雕，现存最早的是西汉时期霍去病墓石雕。保存至今的宋元以前的帝王陵墓雕刻，主要有江苏的六朝陵墓雕刻、陕西的唐陵雕刻和河南的北宋陵墓雕刻。

俑，是中国古代随葬于墓室中模拟人像的雕塑品，一般把模拟动物形象的雕塑品也概括在内，以陶质的为数最多，也有木雕、竹雕、瓷塑及金属制品，由于与当时的社会生活习俗紧密相关，因此是复原社会文化面貌的重要实物标本。由于缺乏传世古代雕塑艺术品，因此俑也可从一个侧面反映当时的雕塑艺术水平。

古代碑刻，包括立于地面的碑和埋于墓室的墓志等，保留了大量有关书法的真实面貌，以及当时流行的装饰纹样。至于碑志铭刻的内容，则是考古学另一分支铭刻学研究的对象。

四　工艺美术

田野考古调查发掘所获得的实物标本，古代工艺品占有很大比重，主要有史前陶器、青铜器、玉器、漆器、金银器、瓷器、丝绸织物等。它们的类型演变、装饰纹样、工艺技巧、时代特征、实用功能，以及所反映的不同民族、地区的文化影响，都是美术考古需要注意的课题，研究的重点主要是造型风格和装饰艺术的源流和演变，及其与整个社会文化的联系。

五　宗教美术

包括与宗教信仰有关的古代遗迹和遗物，从史前时期与原始宗教有关的遗迹和遗物，如中国红山文化的原始宗教遗迹和有关的陶塑裸体女像，到历史时期的各种宗教遗存，但占主要比例的是佛教的遗迹和遗物。中国的佛教遗迹和遗物，最重要的是分布于西北、华北和西南等地的石窟，多是集建筑、雕塑和绘画于一身的艺术宝库。此外，还有对金铜造像、石造像、造像碑、经幢等的调查研究。

石窟考古的基础工作是对石窟编年的研究，首先是以考古学的层位学和类型学方法，对洞窟的形制、造像、壁画及装饰图案等项，进行分类排比研究，探求出发展演变的规律，从而提出准确的洞窟分期和编年。为了恢复石窟的原貌，还需要对历史上已遭破坏的窟前遗迹进行考古发掘，并与从田野考古发掘中获得的有关古代绘画和雕塑品标本，进行必要的对比研究。在准确的编年研究基础上，恢复各个历史时期石窟的原有面貌，进而探寻其与社会历史发展的联系，从而提供复原当时社会文化面貌的重要依据。

（原载《中国大百科全书·美术》第 522～523 页，中国大百科全书出版社，1991 年。后收入《汉唐美术考古和佛教艺术》，科学出版社，2000 年）

后记 20 世纪 80 年代末，老友李松涛（李松）参与《中国大百科全书·美术》编委会工作，约我撰著书中的若干条目，特别提出在已经出版的《中国大百科全书·考古学》中，当时认为工作尚不成熟，没有将"美术考古学"单独列成条目，经过这几年的工作，学科有所发展，有必要在美术卷补入"美术考古学"条。我同意他的提议，答应撰写本文，收入《中国大百科全书·美术》。同时，他还约我为《中国大百科全书·美术》撰著了"三国—两晋—南北朝雕塑""南北朝陶俑""北朝石刻造像""洛阳永宁寺雕塑""北朝造像碑""北魏永固陵雕刻""隋唐雕塑""响堂山石窟"等条目。

北朝石刻造像

　　中国北朝石刻造像的题材以佛像和菩萨像为主，也有声闻、天王、力士等雕像。主要出土于今陕西、河北、山西、河南、山东、宁夏及四川等省区。它是当时佛教信徒所造的供养像，许多造像上铭刻有造像主的姓名、身份以及造像的年月，为研究北朝雕塑史提供了一批纪年明确的重要资料，通过对这些作品的分析，可以显示出北朝石雕造型风格的演变规律，也可以反映出当时石雕艺术的高度成就。

一　分类

　　依据造像形体与真人的比较，可以分为两类。第一类像高超过一般人，有的在2米以上，是作为寺庙宫观所供养的主尊来雕造的，发现的数量很少。第二类体高低于一般人，常不及1米，或在0.5米以下，多是官民发愿雕造的供养像。发现的数量很多，并且像上常镌有纪年造像铭，是北朝石刻造像中的主要作品。

　　第一类石造像，题材多为佛像或菩萨像，庄严宏伟，使人望而起敬。这类造像在山东省保存较多，如山东临淄龙泉寺址原存的4尊石造像（现存青岛市博物馆），均为立像，足踏莲座。其中2尊是佛像，高度都超过5.8米，像作高肉髻，面相瘦削，衣饰呈褒衣博带式样，雕像的造型宏伟，刻工精湛，容貌慈样，是较成功的宗教艺术品，显示出北魏晚期的作风。另外2尊是菩萨像，约高3米，惜头部已损毁（现有的头是近代补配的），雕造的时代与佛像相同，应是主尊的胁侍菩萨。这样高大的雕像，只有相当宏伟的殿堂才能容纳得下,因此可知,当年龙泉寺的规模颇为可观。广饶县所存比丘道□造弥勒石佛,是"大魏孝昌三年(527年)正月二日奉诏建皆公寺"时,比丘道□发愿为"一切众生"所敬造的,形体虽较临淄龙泉寺的2尊石佛略矮,高3.46米,但刻工更为精美。石佛亦为立像,踏于下有方台的莲座上,面容慈祥,衣纹流畅。像后附立有着精美浮雕的舟形背光,背光上有体态优美的飞天,围绕主尊虔诚地以香花供养。佛像足下的石台上还有线刻护法的狮子和供养比丘。造像熟练地使用了圆雕、浮雕、线雕等手法,突出表现了弥勒慈祥而庄严的形象,显示了北魏晚期宗教石刻的艺术水平。

第二类石造像,出土数量很多。河北曲阳修德寺废址出土2200余件石刻造像,其中多数是这一时期的作品,在有纪年造像铭的247件造像中,属北魏至北齐时期的有158件,占全部的64%。造像数量之多,反映出当时佛教信徒出资造像习俗之盛。这样的迷信举动却促进了石刻艺术的发展。综观各地出土的小型石造像,可以看出以下两点:(1)从造像时间的早晚不同,可以看出造型风格的变化和技法的发展;(2)从不同地区出土的造像可以看出,在造像细部和技法方面存在着地区差异。

二 造型风格

北朝小型石造像的艺术风格,是和北朝石窟寺中造像的风格相一致的,显示着相同的时代特色。但是由于雕造条件、作品尺寸、放置环境等方面的制约,又与石窟造像有一定差别。一般说来小型石造像的手法更为细腻,作品显得纤巧精致,虽缺乏浑厚宏伟的风度和宗教的神秘感,但是显得更慈祥亲切,似乎缩短了神人之间的距离,因而具有更为浓烈的宗教魅力。

北魏的造像中,孝文帝太和年间(477~499年)改制以前的作品现存数量极少,当时造像的面相及服饰与同时的云冈石窟中的雕像近似。雕造较精的作品如皇兴五年(471年)造弥勒坐像(图一、二),全像高86.9厘米,佛像丰面圆颐,穿通肩大衣,衣纹细密,有厚重感,交脚坐于狮子座

图一　陕西兴平出土北魏皇兴　　　　图二　陕西兴平出土北魏皇兴
五年造石弥勒像（正面）　　　　　五年造石弥勒像（背面）

上，下有地神托足。身后附舟形背光，浮雕火焰和化佛。背光的背面纵分
为6栏，每栏又横隔为若干小区，分别浮雕佛传故事等画面，如乘象投胎、
树下诞生、九龙灌顶等，形象生动，雕工精细。下座的背面，则雕刻造像
铭记。太和改制以后，造像面容日渐清瘦，长颈，衣饰改为褒衣博带形
式。到北魏晚期，造像的面容又从过分瘦削向丰满转变，仍为长颈，衣褶
厚重，下摆常披覆于佛座上。由于当时盛行对弥勒的信仰，故造像中多见弥
勒像，有时作佛装，有时作菩萨装，曲阳出土的神龟三年（520 年）造弥勒
下生像是较典型的作品。此外，观世音菩萨的造像也是当时主要的题材。

　　东魏时期，造像风格有了新的变化，面相日趋丰满，衣褶从模拟厚重
质料转向模拟轻薄质料。因之，凿刻方法也有了改变，常用双勾的阴线来
表现。造像的题材，以曲阳出土的为例，弥勒像有所减少，观世音像有所
增加，还常见释迦、多宝二佛并坐像和思惟菩萨像（图三）。武定元年
（543 年）杨回洛造观音像，高 47.5 厘米，面容丰满，头与身躯的比例增

大，腹部微凸，态势慈祥安谧，显示出由北魏向北齐造像转化的中间状态。

北齐造像风格已与北魏颇为不同，体态由修长转成稍觉矮胖，腹部显得前凸，头部似觉过大，面相已颇丰满。因此造型稍嫌滞重，但所穿衣服更趋轻薄，衣纹刻法更为疏简，常常仅用阴线表示。与造像本身雕刻日渐疏简的趋势相对应，其周围的装饰性雕刻日趋繁缛，除像下的莲座、宝床及背后的项光、背光上的雕饰以外，还出现了花树交织成的龛状透雕，时间越晚越流行，以河清至武平年间（562～575年）为最盛。在河北的藁城（图四）、临漳（图五）等地出土了不少这样的作品，其中最为精美的如河清元年比丘尼员度等造弥勒像，莲座高93厘米，正面宝床上雕半跏趺坐双弥勒像，两侧雕树干，其上枝条交织成穹隆状顶盖，覆于像上，枝条透雕，并附有化佛、飞天、宝塔、盘龙，构图繁缛。与众不同的是，该像背面同前面的雕刻布局相近似，仅宝床上为双思惟菩萨倚坐像。全像两面俱可供养，结构复杂，雕工精细，显得端庄华美，玲珑剔透，是表现出北齐

图三　河北曲阳修德寺出土东魏兴和
二年郅广寿造石思惟菩萨像

图四　河北藁城出土北齐武平
三年石双思惟菩萨像

图五　河北临漳太平渠出土
北齐石佛像

图六　四川成都万佛寺出土
北周天和二年石菩萨残像

石雕艺术水平的代表作。同时，北齐造像中出现许多双尊像，如双释迦、双弥勒、双观音、双思惟菩萨等像，是其他时期罕见的题材。与北齐同时期的北周造像，发现的数量不如北齐，雕造工艺更为粗略，因此显得古拙质朴。例如宁夏固原出土的建明二年（531 年）金神庆造像。

三　技法的地区差异

以今陕西省为中心的关中地区和以今河北、河南两省为中心的关东地区，在雕造技法上有些差别。前一地区的作品显得粗放简朴，后一地区比较精细繁缛。这种差别到北朝晚期更较清楚。河北曲阳、藁城、临漳出土的北齐石雕，特别是带有花树交织成的龛状透雕作品，显示出精细繁缛的技艺特色。固原的北周造像，除主尊、胁侍和供养像外，无其他雕饰，对比之下，确是拙朴简洁的代表。另外，四川成都万佛寺废址出土有少量北周造像，例如天和二年（567 年）造菩萨像（图六），虽已残损，但仍可看出与关中造像不同的特色。该像雕刻精细，衣褶密垂，璎珞满身，并且足穿草鞋，应系北周入蜀后与当地造像艺术相结合以后的产物，具有浓郁的地方色彩。

（原载《中国大百科全书·美术》第 60～61 页，中国大百科全书出版社，1991 年）

汉俑楚风

西汉景帝阳陵附近发现的陶俑坑，出土了约为真人体高三分之一的裸体陶俑（图一），数量众多，制工精致，为人们打开了一个得以窥视汉初陶塑造型艺术品的新窗口。

图一　汉阳陵从葬坑陶步兵俑出土情况

将阳陵西汉陶俑与秦始皇陵兵马俑相比，很容易看出，它们的造型风格迥然有别。

先看秦始皇陵兵马俑。踏进秦俑坑博物馆高大的拱顶展厅，时间似乎开始凝固，然后迅速穿越，带人返回两千年前的世界。军阵森严的秦代武士（图二），威猛肃穆，无声地出现在人们面前。重重队列，无数的战士

图二　秦始皇陵兵马俑坑局部

和车马，但是没有任何声响，安静得令人吃惊，形象诠释古老历史那寂静
的永恒，一切都凝固了，令人产生说不出的压抑感。这种让人压抑的威慑
气势，正是秦俑的造型特征所形成的。秦代的与真人真马同样大小的陶兵
马俑，确是中国古代陶塑作品的空前之作。秦俑是按俑体不同部位，分别
用模制成形，然后接套、粘合，最后贴塑细部，所以一种姿势和同样服装
的俑，只是面部有差别，那是在贴塑眉目耳鼻以及发髻、胡须时，由细微

的差别而形成的特征。也正因如此，当观赏陶俑头部特写时，常常感到生动，而且每个面相似乎都各具性格特色，但是当观察全俑形体，就显得呆滞生硬而缺乏个性了。看来正是得益于形体的呆板，把它们成百上千地排成队列，才显示了出乎意料的整齐、划一，形成前面所讲的威严肃穆的氛围，酿成让人压抑的威慑气势。从另一角度观察，这些空前宏伟的陶塑作品的产生又与秦王朝好大喜功有关，在造型艺术创作方面，追求宏大的艺术效果，因此秦兵马俑呈现的无比壮观的情景，正显示着秦代造型艺术的时代风貌。

再看西汉阳陵的陶俑。陶俑的形体较秦俑小得多，只有秦俑的三分之一，一般高约 60 厘米，估计原有数量远较秦俑坑已知的陶俑数量为多。汉承秦制，西汉初年也是想承袭秦代追求华美壮观的传统做法。例如西汉王朝刚建立时，丞相萧何构筑长安城宫殿时的指导思想就是"非壮丽无以重威"（《史记·高祖本纪》）。但是由于秦末动乱，继之又是楚汉之争，连年战祸给社会经济造成极大破坏，亟待恢复。同时也接受了秦王朝对百姓过于苛暴导致覆亡的教训，所以在西汉初特别是文帝和景帝时期，崇尚节俭。因此为皇帝陵墓制作的陶俑，不再如秦俑那样高大宏伟。这或许是阳陵陶俑形体较小的原因。在陶俑造型方面，阳陵汉俑和秦俑不同，已发掘出土的陶俑，并不是塑出穿着衣服铠甲的整体外形，而是塑出没有穿衣服的裸体形态，头和躯干比例匀称，形体逼真，多为男性，性器官也塑制清晰。但是没有膀臂，只在肩部做出为了安装双臂的关节（图三）。据发掘中获得的残痕，原来装的膀臂是木制的，有的武士俑所装木手仍依稀可辨。在埋放时，俑体穿有丝织品制作的衣服，出土时有的还遗有残痕。这些武士俑头扎朱红色武弁，腿裹朱红色行縢，战袍以米黄、白、灰、橙红、棕褐等色丝帛制作，腰带上有的饰有成排的小贝壳。铠甲的甲片用小木片制作，现多朽毁，仅存棕红色和黑色的痕迹，尚能看出身甲和披膊的形制（图四）。它们手执或佩带的各种兵器和工具，制作也极精致，都是用铁、铜等材料制作的模型，与俑体一样，是真实物品的三分之一大小（图五、六）。

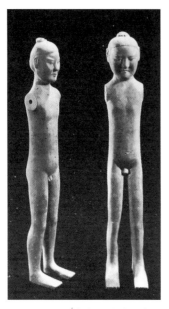

图三　汉阳陵陶裸体步兵俑　图四　汉阳陵陶俑所着衣甲残迹

图五　汉阳陵陶俑所佩带的缩微模型兵器，铁剑长为34.4厘米

图六　汉阳陵陶俑所佩带的缩微模型兵器，铁戟长约4.8厘米

类似的裸体陶俑，还在西汉宣帝杜陵的陪葬坑中出土过，体高也约略相当真人体高的三分之一，有的执有同样比例的小铁戟，有的陶俑腹前还遗有腰带上的小铜带钩，或在身上系有直径仅1.2厘米的小五铢钱。裸体的汉俑在汉长安城遗址过去多有出土，除男俑外，也有女俑（图七）。近年来又不断在汉长安城西北部发掘到烧制这类裸体陶俑的窑址。制成裸体无臂陶俑，另装膀臂再穿丝帛衣服的做法，明显地与已知秦俑的造型风格乃至制作技术完全不同，看来是别有渊源。

审视先秦时期的俑，制成俑体、另装膀臂并穿着丝织衣服的作品，目前所知只有楚俑。已发现的楚俑俑体都是木制的，可以举两个保存比较好的例子。其一是湖北荆门包山楚墓出土的木俑，身体雕刻粗糙，但是双腿雕凿成形，并装有双足，双臂亦为后装的，裸体，原着衣物已朽毁无痕（图八），时代大约在战国中期。其二是湖北江陵县马山一号楚墓所出木俑，身躯由整木雕成，斜肩，凸胸，细腰，双肩制有另装膀臂的圆面，但

图七　汉阳陵陶裸体女俑　　　　图八　湖北包山楚墓木俑

未见膀臂。头部雕出耳、鼻和嘴，并墨绘眉、目和鬓发，朱点口唇，头上另装头发。身上披穿的衣服保存尚好（图九）。单衣无领无袖，披于肩上，下裹长裙，腰系皮带。长裙以红棕绢制成，上绣漂亮的凤鸟花卉纹样，上缘和底边包饰塔形纹锦缘。该墓时代约在战国中期略偏晚。此外，湖北江陵雨台山、湖南长沙等处楚墓中，多有这类着衣木俑出土。

楚墓随葬着衣裸身木俑的习俗，为原楚国疆域内的西汉墓所袭用，最典型的例子是湖南长沙马王堆西汉轪侯家族墓出土的标本，在马王堆一号墓中，出土有2件戴冠着衣男俑、10件着衣女仆俑和8件着衣歌舞俑，俑体均为木制，躯干仅刻出大略轮廓，均无双臂。戴冠男俑制作最精，形体也最大（图一〇），身着深蓝色菱纹罗绮制作的长袍，领、袖及衣襟皆饰锦缘。这些西汉木俑明显地承袭着楚俑的造型风格。据此可以推测，阳陵出土的裸体着衣陶俑，也应是楚风影响下的产物。

一些具有楚风的建筑或造型艺术品出现在关中地区并不令人惊奇。因为当秦灭六国时，每灭一国，都仿照其宫殿形貌在秦都咸阳北阪进行建造，

图九　湖北江陵马山楚墓着衣木女俑　　　图一〇　湖南长沙马王堆一号
西汉墓着衣木质戴冠男俑

形成了"咸阳宫阙郁嵯峨，六国楼台艳绮罗"（李商隐《咸阳》）的宏伟场景。但是西汉帝陵随葬陶俑呈现的楚文化影响，却不是上述秦始皇好大喜功强行移植六国文化的产物。探其渊源，乃是与西汉初皇室崇尚楚文化有关，应从汉朝的缔造者刘邦说起。

秦末群雄并起，刘邦起兵先据沛县，立为沛公。沛本是他的老家，周时原属宋国。当宋被齐、楚、魏三国所灭后，三分其地，楚得其沛，时为公元前286年。至秦灭楚，沛已并入楚国版图半个世纪以上，因此刘邦本人就是在楚文化的氛围中成长的。他周围的核心人物中，丞相萧何、曹参，绛侯周勃、舞阳侯樊哙、汝阴侯夏侯婴等，均与刘邦同为沛人，自然亦习楚俗。其余将相虽非楚人，但亦多习楚风俗，如淮阴侯韩信，虽祖系韩人，但亦习楚俗，当刘邦灭项羽后，封其为楚王，原因是"义帝无后。齐王韩信习楚风俗，徙为楚王"。

正因以上原因，汉初从皇帝到将相多喜好楚的文化艺术，特别是楚之歌舞。刘邦本人虽然文化不高，但善作楚歌，流传至今的仅存两首佳作。其一就是他率军平黥布后过沛，作《大风歌》，词意豪放，是成功者的凯歌。其二是《鸿鹄》，与前歌相比，别有一番情调。当时刘邦欲废太子，改立戚夫人之子赵王如意，由于吕后用留侯张良计，为太子请来商山四皓，使废立之事无望，自然也预见到戚夫人将来的悲惨命运，相对凄然。"戚夫人泣，上曰：'为我楚舞，吾为若楚歌。'歌曰：'鸿鹄高飞，一举千里。羽翮已就，横绝四海。横绝四海，当可奈何！虽有矰缴，尚安所施！'"词意悲切，无可奈何，绝无"大风起兮"的豪气。

皇帝如此喜好楚歌，朝廷中自然楚歌盛行，并被正式列入宫乐之中。据《汉书·礼乐志》："高祖乐楚声，故《房中乐》楚声也。"同时，在西汉军队中楚歌甚为流行。宣帝时，韩延寿在东郡时试骑士，盛陈军阵，当时"歌者先居射室，望见延寿车，嗷咷楚歌"。这可能是因为楚歌适合于众人高声合唱的缘故。

除楚歌、楚舞以外，刘邦还喜楚服，有下述故事。当叔孙通初见汉王刘邦时，"叔孙通儒服，汉王憎之，乃变其服，服短衣，楚制，汉王喜"

（见《史记·叔孙通列传》和《汉书·叔孙通传》）。由此可见，刘邦自沛起兵，称沛公至为汉王，再至成为西汉皇帝，他始终崇尚楚俗，喜好楚歌、楚舞、楚服，其左右将相亦如此。上有好者，下必效焉，当时汉军中习唱楚歌成风，自在必然中。否则当垓下战时，项羽被围，汉营何能在战场上一天训练出那样多的善唱楚歌的士卒，以至达到四面皆楚歌的浩大声势！项羽不察，误谓汉军已得楚地，实属少见多怪，难免失败。

　　综上所述，西汉初年楚文化艺术影响之深远，以致造型艺术中楚风盛行，正是当时帝陵随葬的陶俑虽袭秦制但呈楚风的主因。回想战国七雄中，楚的文学艺术的发展当为诸国之冠，秦则远不如之，但凭武力，秦终灭楚。不过深厚的文化积淀不会为征服所湮没，终能散发应有的光彩，对以后的历史产生深远影响。汉承秦制，又袭楚风，融会创新，使汉俑造型摆脱了秦俑呆滞生硬的模式，转向生动精细、富有生活情趣的时代新风，并为更具艺术魅力的东汉陶俑的发展开辟了道路。

　　（原载《文物天地》1992 年第 3 期，后收入《逝去的风韵——杨泓谈文物》，中华书局，2007 年）

南北朝墓的壁画和拼镶砖画

南北朝时期，较大的墓葬内常绘制彩色壁画。江南一带因为地下潮湿，砖壁绘画后颇难保存，因此代之以拼镶砖画，它应被视为壁画的一种特殊形式。自 20 世纪 50 年代以来，北朝的壁画墓，在河南、河北、山东、山西、宁夏等省区屡有发现；南朝的拼镶砖画，在江苏南京、丹阳一带也发现多座，因此已有可能对这一时期墓葬壁画的内容、布局及其所反映的问题进行初步分析。

一

现已发现的北朝墓葬中，绘有壁画并且保存较好的多属北朝晚期墓，时间都在北魏迁都洛阳以后，其中墓葬纪年和墓内所葬死者身份明确的有以下诸墓。

1. 北魏墓

仅洛阳元乂墓一座，葬于孝昌二年（526 年），位于河南洛阳市以北向阳村西南，1974 年调查。该墓为单室穹隆顶砖墓，甬道壁画已残损不明，墓室壁画亦已残损，仅四壁上栏存四神图像残迹。墓顶绘星象，保存尚好，绘出银河及星辰①（图一）。

---

① 洛阳博物馆：《河南洛阳北魏元乂墓调查》，王车、陈徐：《洛阳北魏元乂墓的星象图》，均载《文物》1974 年第 12 期。元乂，《北史》写作"元叉"。

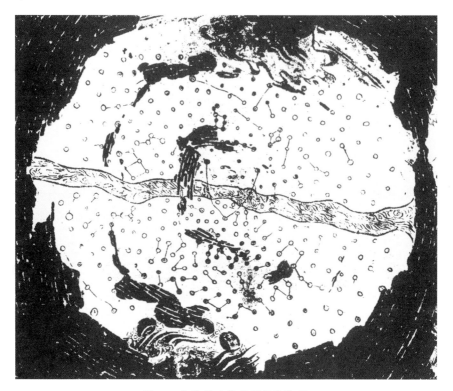

图一　北魏元乂墓墓顶星象壁画

2. 东魏墓

发现高长命墓和闾叱地连墓两座。

雍州刺史高长命墓,葬于武定五年(547年)(?),位于河北景县城南野林庄,1973年发掘。该墓为具有前、后两室的砖墓,墓室壁画已残损不详,仅墓门壁画尚存。门两侧绘身着甲胄的门吏,门券绘火焰,尚存两个人身兽首鸟爪的神兽[①]。

茹茹公主闾叱地连墓,葬于武定八年(550年),位于河北磁县大冢营村北,1978~1979年发掘。该墓为带长斜坡墓道的单室砖墓,墓道、甬道及墓室均绘壁画(图二)。墓道两壁前端分绘青龙、白虎图像;中段绘执戟、挝的仪卫立像,每壁7人;后端分上下两栏,上栏为奇兽、

---

① 河北省文管处:《河北景县北魏高氏墓发掘简报》,《文物》1979年第3期。

羽人、怪鸟及流云、忍冬等，下栏绘列戟，每壁六戟，立置于廊屋内兵
兰之上，兵兰后面各有6个持盾坐姿卫士，最后各立一个持戟、身披套
衣的门吏（图三）。墓道地面两侧绘花草连续图案。墓门上方绘正面形
态的朱雀，下踏莲台。左右各绘一肩生羽翼的人形怪兽（图四）。甬道
两侧绘侍吏等立像，多已残损。墓室内顶绘天象，四壁上栏分绘四神图
像，下栏后壁（北壁）为墓主人及持盖、扇的侍女；右壁（西壁）绘一
列女侍共10人；左壁绘一列男吏，10人中现存7人；前壁的壁画已残
损无迹①（图五）。

3. 西魏墓

太师开府参军事侯义墓一座，葬于大统十年（544年），位于陕西省咸
阳市胡家沟，1984～1985年清理。该墓为单室土洞墓，甬道及墓室均绘壁
画，但多残损。甬道以黑红两色绘壁画，仅"在两壁靠近墓室处，隐约可
见用黑色画的树木及人马"。墓室壁画，仅"墓顶部可见有朱红色星座图
残迹"②。

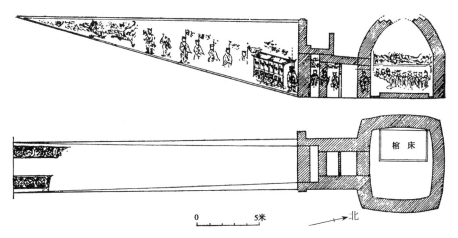

图二　东魏茹茹公主闾叱地连墓平、剖面图

---

① 磁县文化馆：《河北磁县东魏茹茹公主墓发掘简报》，汤池：《东魏茹茹公主墓壁画试探》，均
　载《文物》1984年第4期。
② 咸阳市文管会、咸阳博物馆：《咸阳市胡家沟西魏侯义墓清理简报》，《文物》1987年第12期。

图三　东魏茹茹公主闾叱地连墓墓道壁画线描示意图
上：东壁　下：西壁

图四　东魏茹茹公主闾叱地连墓墓门上方壁画线描示意图

4. 北齐墓

计有崔芬、厍狄洛、尧峻、娄叡、□道贵、高润、颜玉光等七座。

崔芬，曾任东魏威烈将军、行台府长史，葬于天保二年（551 年），位于山东省临朐县海浮山南坡，1986 年清理。该墓为带壁龛的单室石墓，甬道及墓室均绘壁画。石门绘有披铠按盾门吏。墓室壁画顶绘天象，四壁的壁画分上下两栏。上栏按方位，分绘后立神人的四神图像，在青龙和白虎像前分绘日象和月象，四种图像后又各绘人形神兽，并衬以山峦树木；下栏后壁绘八曲屏风，屏面各绘坐于树下席上的男像，均宽衣袒胸，姿态悠闲，侧后多有一女侍。两壁亦绘人物。在西壁龛额处，绘墓内死者夫妇在婢仆簇拥下出行的情景①。

定州刺史、太尉公、顺阳王厍狄洛墓，葬于河清元年（562 年），位于山西寿阳县贾家庄以西，1973 年发掘。该墓为带长斜坡墓道的单室砖墓，仅在甬道两壁及墓门发现壁画。甬道两壁各绘侍卫四人。墓门门楣绘侧立回首的朱雀，墓门右扇绘白虎，左扇绘青龙。在墓室西壁，发现一个呈灰白色十字形的图案②。

骠骑大将军、赵州刺史尧峻墓，葬于天统三年（567 年），位于河北磁县东陈村，1974 年发掘。该墓为单室砖墓，仅门墙发现有壁画。壁画内容是正面的朱雀，双翅向左右伸展。朱雀东侧绘一羽人，西侧对应处已残损，似为一人形怪兽③。

右丞相、东安王娄叡墓，葬于武平元年（570 年），位于山西太原市南郊王郭村西南，1979～1981 年发掘。该墓为带有一个天井的长斜坡墓道单室砖墓，壁画布满墓道、甬道和墓室壁面。墓道两侧各绘三栏壁画，左壁是出行队伍，右壁是归来队伍，绘出大量骑士、马、驼以及乐队（图六）。

① 吴文祺：《临朐县海浮山北齐崔芬墓》，《中国考古学年鉴（1987）》，文物出版社，1988 年，第 174 页。壁画又见《中国美术全集·绘画编 12·墓室壁画》，图版五七～五九，文物出版社，1989 年。
② 王克林：《北齐厍狄迴洛墓》，《考古学报》1979 年第 3 期。据出土墓志，厍狄应名洛，字迴洛，但《北齐书》本传亦称厍狄迴洛，仍应以墓志为准。
③ 磁县文化馆：《河北磁县东陈村北齐尧峻墓》，《文物》1984 年第 4 期。

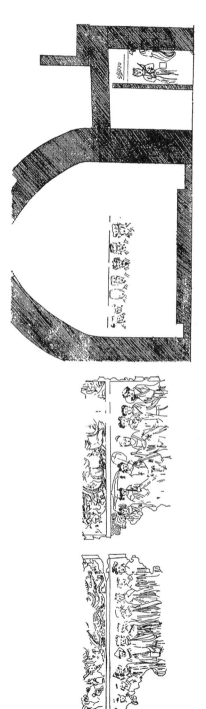

图五 东魏茹茹公主闾叱地连墓墓室壁画线描示意图
左：西壁 中：北壁 右：东壁

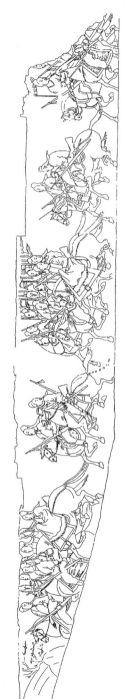

图六 北齐娄叡墓墓道西壁中层壁画线描示意图

甬道左壁上栏外绘怪兽、云气，内绘莲花、卷草；下栏绘门卫 5 人。右壁内容应与左壁近同，但多已残毁。墓门中绘兽面，双角间置莲台，上托宝珠，两侧各绘一朱雀。石门左扇绘青龙，右扇绘白虎，墓室顶绘天象，四壁的壁画分上中下三栏。上栏绘十二时，现仅存鼠、牛、虎、兔，相间绘有神兽；中栏绘四神，有仙人像，前有羽人引导，左右壁内隅各绘一敲击连鼓的雷公；下栏后壁绘墓主端坐帐中，左壁绘鞍马羽葆，右壁绘牛车扇盖，前壁绘树下侍卫①。

祝阿县令□道贵墓，葬于武平二年（571 年），位于山东济南市马家庄南，1984 年发掘。该墓为单室石墓，门墙和墓室绘有壁画。门墙绘兽面。墓室顶绘天象；后壁绘墓主端坐于九曲屏风前，左右各有一立侍，屏面绘流云图案；东壁绘鞍马、伞盖、仪卫；西壁绘马车女侍；前壁墓门两侧各绘一个手拄仪刀的门吏立像②（图七、八）。

左丞相文昭王高润墓，葬于武平七年（576 年），位于河北磁县东槐树村，1975 年发掘。该墓为长斜坡墓道单室砖墓，墓道、甬道、墓室均绘壁画。墓道壁画仅存莲花、忍冬图案，余均残损，甬道壁画亦已残损。墓室壁画前壁已残损无存；后壁绘墓主端坐帐内的画像，两侧各有侍从 6 人，分执伞盖等物；左壁残存有牛（？）车、扇盖；右壁残存侍卫 2 人，余均残损③。

文宣帝妃颜玉光墓，葬于武平七年（576 年），位于河南安阳清峪村西，1971 年发掘。陵墓为单室土洞墓，墓室内绘壁画。壁画保存不好，仅前壁较完整。墓门内左侧为捧物男侍，右侧为拱手女侍；后壁残存一甲骑具装图像，但马已剥落，另有一鹰鸟；右壁残存一抱婴儿妇女及一骑马武士；左壁已全部残损④。

---

① 山西省考古研究所、太原市文物管理委员会：《太原市北齐娄叡墓发掘简报》、《笔谈太原北齐娄叡墓》，均载《文物》1983 年第 10 期。
② 济南市博物馆：《济南市马家庄北齐墓》，《文物》1985 年第 10 期。
③ 磁县文化馆：《河北磁县北齐高润墓》，《考古》1979 年第 3 期。
④ 安阳县文教局：《河南安阳县清理一座北齐墓》，《考古》1973 年第 2 期。

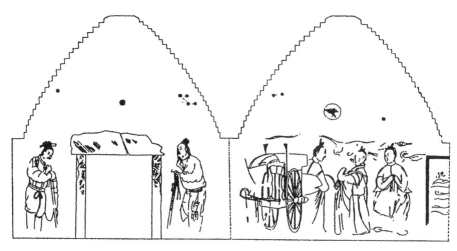

图七 北齐□道贵墓墓室前壁、左壁壁画线描示意图

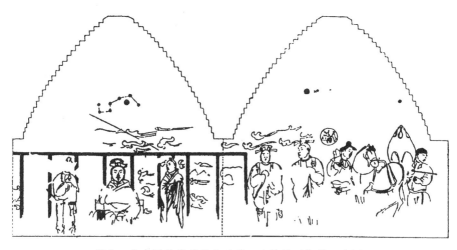

图八 北齐□道贵墓墓室后壁、右壁壁画线描示意图

5. 北周墓

柱国大将军、原州刺史河西公李贤，葬于天和四年（569 年）。李贤墓位于宁夏回族自治区固原县深沟村南，1983 年发掘。该墓为三天井长斜坡墓道的单室土洞墓，墓道、过洞、天井、甬道、墓室都绘有壁画。墓道两壁绘持仪刀的侍卫（图九：1），仅存两幅。甬道前部即天井和过洞两侧壁，均绘执环首刀的侍卫（图九：2）。三个过洞上方均绘门楼，其中第一

过洞上方的门楼为二层（图九：3），另两过洞为单层，均有斗栱。在甬道后部两壁，壁画已经残损，内容不详。墓室四壁均先用红色边框分隔成多幅人物画像。前壁墓门左右各有两幅，左为女伎乐，右仅残存女像头部；右壁五幅，为执物女侍；左壁五幅，残存一幅，为击鼓女伎乐；后壁六幅，均已残损①。

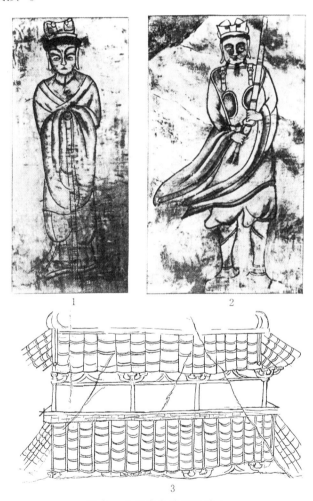

图九　北周李贤墓壁画摹本
1. 武士图（墓道西壁）　2. 武士图（第二过洞东壁）　3. 门楼图（过洞上方）

---

① 宁夏回族自治区博物馆、宁夏固原博物馆：《宁夏固原北周李贤夫妇墓发掘简报》，《文物》1985年第11期。

此外，还发掘过几座北朝晚期的壁画墓，但缺乏有关纪年和墓内死者身份的资料，有的壁画已残损，仅从残迹可辨识出原绘壁画，如河北磁县东陈村东魏武定五年（547年）赵胡仁墓、讲武城第56号北齐壁画墓[①]以及陕西华县58H.C.M4[②]，其中重要的有湾漳村壁画墓，暂附于后。

图一〇　河北湾漳北朝墓墓道仪卫壁画（局部）

湾漳村壁画墓，位于河北磁县城西南湾漳村东部，1987～1989年发掘。该墓是带长斜坡墓道的大型单室砖墓，墓道、甬道和墓室均绘有壁画。墓道壁画保存较好，前部是四神图像，两壁分绘青龙、白虎，并有凤鸟和神兽。中段分上下两栏。上栏绘各种神兽，其间衬以流云、莲花；下栏两侧各绘由53人组成的仪仗出行队列，分为两队，所执仪仗有戟盾、节盖、鼓乐等（图一〇）。后部绘有面阔五间的建筑物。墓道地面中央绘纵列的莲花14朵，两侧绘缠枝忍冬莲花连续图案。甬道门墙绘正视形象的朱雀，左右各绘一神兽、羽兔，衬以莲花、流云。甬道两壁残存侍卫形象，顶部残存部分莲花、流云图案。墓室内壁画保存不好，仅能看出墓顶绘天象，有银河和星宿。四壁分为上中下三栏。上栏绘出9个方格，格内各绘一动物形象；中栏隐约可辨有神兽、朱雀等形象；下栏似以人物图像为主，但残损过甚，难以看清[③]。

① 磁县文化馆：《河北磁县东陈村东魏墓》，《考古》1977年第6期；河北省文物管理委员会：《河北磁县讲武城古墓清理简报》，《考古》1959年第1期。
② 宿白：《宁夏固原北周李贤墓札记》，《宁夏文物》1989年总第3期。
③ 中国社会科学院考古研究所、河北省文物研究所邺城考古工作队：《河北磁县湾漳北朝墓》，《考古》1990年第7期。

二

现已发现的南朝拼镶砖画，时代最早的是南京万寿村永和四年（348年）墓中嵌砌的两幅龙、虎画像，但规模较小，仅由 2～3 块砖拼砌而成①。成熟的大幅拼镶砖画，主要发现于南朝时期的较大型的砖室墓中，但目前尚未发现纪年资料，也缺乏墓内所葬死者及其确切身份的文字记录，但是根据其埋葬地点、遗存的墓前石刻等，结合有关文献，可以推知，大多是当时南朝帝王的陵墓②，主要有西善桥、鹤仙坳、金家村、吴家村、油坊村等五座。现分述于下。

西善桥拼镶砖画墓，位于南京市西善桥宫山北麓，1960 年发掘。该墓为较大的券顶砖室墓，设石墓门，左、右两壁各嵌砌一幅大型拼镶砖画，画面各为 240×80 平方厘米。砖画题材为竹林七贤及荣启期像，均席地坐卧，各像间以树木相隔，像旁榜题姓名（参看本书《东晋、南朝拼镶砖画的源流及演变》图一七）。每壁四像，一侧为嵇康、阮籍、山涛、王戎，另一侧为向秀、刘灵（伶）、阮咸和荣启期③。

鹤仙坳拼镶砖画墓，位于江苏丹阳东北胡桥鹤仙坳南麓。1965 年发掘。该墓为大型券顶单室砖墓，设两重石门，甬道及墓室两侧壁面嵌砌有多幅拼镶砖画。墓前 510 米处，尚保存有一对石雕神兽。该墓拼镶砖画大多残毁，较完整的仅存 5 幅。甬道原嵌狮子砖画，现仅存铭文残砖。墓室内壁砖画分前后两段和上下两栏。前部上栏仅存西壁的"大虎"砖画，虎前有羽人引导，虎上有飞仙 3 人；下栏亦仅存西壁砖画，在"大虎"砖画之下，计 3 幅，由外至内为甲骑具装、执戟侍卫和执扇盖仪从。东壁已残，推测下栏与西壁相同，

---

① 南京市文物保管委员会：《南京六朝墓清理简报》，《考古》1959 年第 5 期。

② 罗宗真：《六朝陵墓及其石刻》，载《南京博物院集刊》第 1 集，1979 年；罗宗真：《六朝陵墓埋葬制度综述》，《中国考古学会第一次年会论文集（1979）》，文物出版社，1980 年。

③ 南京博物院、南京市文物保管委员会：《南京西善桥南朝墓及其砖刻壁画》，《文物》1960 年第 8、9 期合刊。

上栏与大虎对应处应为龙。后部上栏为竹林七贤与荣启期砖画，残缺较甚；下栏东壁尚保存骑马鼓吹砖画 1 幅。残砖中有"朱鸟"砖铭，但不详其位置①。据推测，该墓可能系齐景帝萧道生（明帝萧鸾的父亲）的修安陵。

金家村拼镶砖画墓，位于江苏丹阳县建山金家村，1968 年发掘。该墓为大型券顶单室砖墓，设两重石门，甬道及墓室中，共嵌拼镶砖画 12 幅（参看本书《东晋、南朝拼镶砖画的源流及演变》图一九至图二七）。甬道口与第一重石门间顶部嵌日、月砖画，砖铭分别是"小日""小月"。甬道两侧各嵌 2 幅，前为狮子，后为手扶长刀的披铠武士。墓室内两侧壁面各嵌上下两栏砖画。上栏前部分别为青龙、白虎，砖铭分别是"大龙""大虎"，龙、虎前面有羽毛遍体的仙人引导，身躯上方有三位飞仙。上栏后部嵌竹林七贤和荣启期砖画，每壁四像，一侧砖画榜题为嵇康、刘伶、山涛、阮步兵，另一侧是王戎、山司徒、阮咸、荣启期。这些榜题与画面对照存在讹误错乱，并有重复，其中榜题"刘伶"的像应为阮籍，"阮步兵"为王戎，"王戎"为向秀，"山司徒"为刘伶。下栏每侧各有 4 幅砖画，由前向后依次为甲骑具装、立戟侍卫、持扇盖的仪仗和骑马鼓吹。此外，在甬道口向外一面，残存有彩绘壁画遗痕，内容不详。推测可能是齐东昏侯萧宝卷墓②。

吴家村拼镶砖画墓，位于江苏丹阳县胡桥吴家村，1968 年发掘。该墓为大型券顶单室砖墓，设两重石门，甬道及墓室中保存拼镶砖画 10 幅，内容和位置与前述金家村墓相同，但缺少金家村墓的日、月两幅砖画。墓中的竹林七贤和荣启期砖画中的姓名榜题也有讹误之处。其中一壁前二像缺乏，后二人为山涛、阮步兵；另一壁为荣启期、阮咸、山司徒、王戎。经与画面人物特征对照，其中"阮步兵"应为王戎，"荣启期"为向秀，"阮咸"为刘伶，"山司徒"为阮咸，"王戎"为荣启期。在甬道口向外一面，也残存有彩绘壁画残迹。推测这可能是齐和帝萧宝融的慕安陵③。

油坊村拼镶砖画墓，位于南京市西善桥油坊村罐子山北麓，1961 年发

① 南京博物院：《江苏丹阳胡桥南朝大墓及砖刻壁画》，《文物》1974 年第 2 期。
② 南京博物院：《江苏丹阳县胡桥、建山两座南朝墓葬》，《文物》1980 年第 2 期。
③ 南京博物院：《江苏丹阳县胡桥、建山两座南朝墓葬》，《文物》1980 年第 2 期。

掘。该墓为大型券顶单室砖墓，设两重石门，甬道两侧嵌有拼镶砖画。砖画题材为狮子，画面尺寸 105×65 平方厘米。甬道右壁狮子砖画头部缺失，蹲坐姿态。推测该墓可能是陈宣帝陈顼的显宁陵①。

　　除上述诸墓外，还有一座值得注意的南朝墓，其中保留有目前尚存的南朝壁画，并有画像砖和拼镶砖画结合在一起的特殊处理方法。这就是邓县画像砖墓，位于河南省邓县学庄村西南，1958 年清理。该墓为较大的券顶单室砖墓。砖券墓门绘有壁画，拱门上部绘双角作戟状的巨大兽面（图一一）。两侧壁画是对称布局，上为飞仙，下为身着袴褶、外罩两当、手拄仪刀的

图一一　邓县南朝画像砖墓券门壁画（摹本）

---

① 罗宗真：《南京西善桥油坊村南朝大墓的发掘》，《考古》1963 年第 6 期。

门吏。墓内壁面砌有凸出的砖柱，各柱的下部都是手拄仪刀的仪卫立像，均为正面姿态。其制作方法很特殊，人像分三段。上段为人像的头部，下段为人像腿部，都是一方横置的整面画像砖；中段为人体，则由三层砖的砖侧拼镶而成。然后再施涂彩色，发髻黑色，冠上的簪浅绿色，脸施粉红色，上衣朱红，黄色两当，黄袴，黑履，仪刀鞘黑色。在砖柱上部嵌砌涂彩的画像砖。甬道两侧为狮子；墓室两侧壁前部嵌麒麟以及战马、仪仗、鼓吹、驮马等，中部为牛车、鼓吹，后部嵌孝子图像等（参看本书《东晋、南朝拼镶砖画的源流及演变》图一四）；墓室后壁嵌玄武画像砖①。

通过上述 19 个墓例，已能初步勾勒出南北朝时期墓室壁画的粗略轮廓。

三

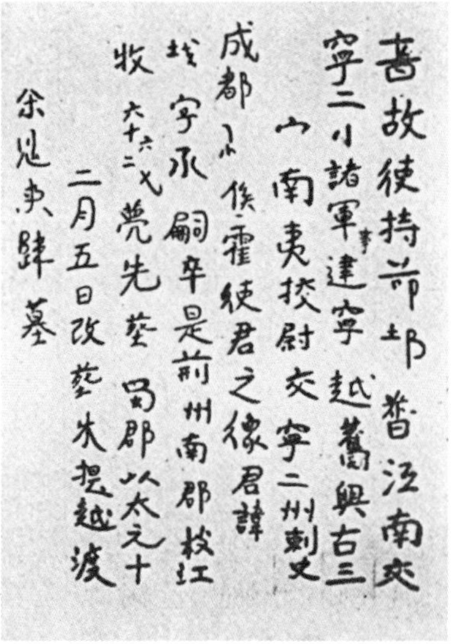
晋故使持節都督江南交
寧二州諸軍事建寧越巂興古三
郡太守南夷校尉交寧二州刺史
成都縣侯霍使君之像君諱
□字承嗣卒是荊州南郡枝江
牧六十六歲薨先葬蜀郡以太元十
二月五日改葬朱提越渡
余魂來歸墓

图一二　东晋霍承嗣墓北壁墨书铭记（摹本）

南朝墓室壁画的题材和布局，过去因为缺乏资料而情况不明，现在由于拼镶砖画这种特殊形式的壁画的不断发现，使我们得以弄清其大致的轮廓。可以认为拼镶砖画的出现、发展和成熟，标志着南朝墓室壁画进入时代特征鲜明的新阶段。目前所获得的东晋墓室壁画的资料还很贫乏，在南方仅有云南昭通市后海子发现的东晋太元十一至十九年（386 ~ 394 年）之间葬入的霍承嗣墓②。该墓为砖石混合结构的单室墓，葬入的死者为霍□字承嗣，据墨书铭记，曾任“使持节都督江南交宁二州诸军事建宁

① 河南省文化局文物工作队：《邓县彩色画象（像）砖墓》，文物出版社，1958 年。关于该墓应为南朝墓的分析，请参看柳涵《邓县画象（像）砖墓的时代和研究》，《考古》1959 年第 5 期。

② 云南省文物工作队：《云南省昭通后海子东晋壁画墓清理简报》，《文物》1963 年第 12 期。

越嶲兴古三□□守南夷校尉交宁二州刺史"（图一二）。墓室内壁画以墓主坐像为中心，旁列仪仗侍从，绘于后壁（图一三）。左右两壁均绘有徒步或骑马的武装夷汉部曲（图一四），前壁绘有屋宇及持刀人。四壁上方分绘青龙、白虎、玄武、朱雀四神，以及太阳、玉女、神兽等图像，旁以流云纹衬托。除去壁画中显露出的较浓郁的地方色彩以外，霍承嗣墓明显地承袭着东汉末年墓室壁画的遗风。在壁画的内容和布局方面，该墓也与东北地区受汉魏影响下的十六国时期的壁画墓相似，例如朝阳袁台子壁画墓①，还有避居高句丽的前燕司马冬寿墓的壁画，墓里的墨题铭记仍奉东晋年号②。拼镶砖画在东晋永和年间开始出现时，只是表现传统的龙、虎等题材，只是到了东晋末年至南朝初年，制作出大幅的竹林七贤和荣启期拼镶砖画以后，南朝的墓室壁画的内容和布局才出现了划时代的变化。

图一三　东晋霍承嗣墓北壁壁画（摹本）

---

① 辽宁省博物馆文物队等：《朝阳袁台子东晋壁画墓》，《文物》1984 年第 6 期。
② 洪晴玉：《关于冬寿墓的发现和研究》，《考古》1959 年第 1 期。

图一四　东晋霍承嗣墓东壁下层壁画局部（摹本）

综观上文所举南朝的 6 个墓例，前 5 个都在都城附近，属王侯陵墓，仅邓县一例在靠近当时南北交界的前沿地带，应系与军事有关的官员或将领的坟墓，壁画的内容和布局与前一类王侯陵墓有所不同。下面分别叙述这两类墓室壁画的特点。

（1）南朝王侯陵墓壁画

拼镶砖画在内容和布局方面有以下值得注意的特点。

第一，在甬道两侧布置有守门的狮子和手拄仪刀的门吏。门吏为立像，戴冠披甲，面有胡须，挺身直立，仪刀直立身前正中处，双手拱于胸前，握拄刀柄，改变了汉代墓门处绘刻持帚、盾的亭长、门卒的传统布局。

第二，将四神中的龙、虎图像布置在墓室壁画的最前端，画幅增大，并有羽人引导。将大幅龙、虎画像置于各组壁画前的布局，对北朝乃至隋唐墓室壁画有着深远的影响。

第三，墓室主要位置，即墓室两侧壁面后部上栏，嵌置巨幅对称画面，题材是竹林七贤和荣启期，反映出当时社会风尚，以及绘画艺术的时代风格，具有鲜明的时代特征。

第四，墓室两侧壁面下栏，由多幅拼镶砖画组成墓内死者出行的仪卫卤簿行列，以甲骑具装为先导，随后是执戟的仪卫和高举伞盖的卤簿，最后是三骑一组的鼓吹乐队。其内容和布局也与汉代壁画车骑出行的画面完全不同，同样具有时代特征，也反映出不同时代礼仪制度方面的变化。

第五，在南朝墓室壁画中，就目前所见，传统的天象图不再受重视。丹阳的几座大墓中，仅金家村墓在甬道内有两块砖拼成的小幅日、月图像。仍沿用传统的象征手法，日像是内立三足乌的圆日，月像是满月，内有桂树，下有玉兔捣药。但墓室顶部缺乏星象图。

（2）邓县墓内的壁画

该墓的拼镶砖画、画像砖，除一般的南朝风格外，有以下两点值得注意。

第一，墓门上出现巨大兽面，两侧为手拄仪刀、戴冠披两当铠的门吏立像。

第二，在墓内左右两侧及后壁下部，都布置有戴冠披两当铠、手拄仪刀的仪卫人像，环卫全室。

四

北朝墓室壁画资料中，北魏时期的较为罕见，只有洛阳元乂墓一例，尚未经正式发掘，难明全貌，从墓顶的天象图来看，可能更多地承袭着汉魏旧制。据上文所述，已知的北朝晚期的 12 个墓例，可将北朝晚期墓室壁画分成东魏—北齐和西魏—北周两大系统。

1. 东魏—北齐墓室壁画

在这一系统中，可区别为邺城及其附近地区、太原及其附近地区、山东地区等三个地区。

（1）邺城及其附近地区的壁画墓

在以邺城为中心的冀南、豫北一带，已发现高长命墓、闾叱地连墓、尧峻墓、高润墓、颜光玉墓及湾漳村壁画墓 6 个墓例，其纪年始于东魏武定五年（547 年）至北齐武平七年（576 年）。目前所知死者身份最高的几座都集中在这一地区，其中规模最大的要属缺乏纪年的湾漳村墓，其次是闾叱地连和高润两座墓。墓室壁画有以下特点。

第一，墓道壁画以巨大的龙、虎布置在最前端，青龙和白虎面向墓外，衬以流云、忍冬，有时附有凤鸟和神兽。

第二，墓道两侧中段绘有出行仪仗，间叱地连墓出现廊屋内的列戟，湾漳墓仅存廊屋残迹。墓道地面有莲花、忍冬、花卉等图案，或认为是模拟地毯。

第三，墓门正上方绘有正面的朱雀，两侧有神兽等图像。间叱地连墓、尧峻墓和湾漳墓保存较好，高长命墓仅残存神兽及火焰，其余二墓残毁不详。门侧多有着甲门吏。

第四，甬道侧壁为侍卫人像。

第五，墓室内壁画仍按传统做法，在正壁（后壁）绘墓主像，旁列侍从卫士。侧壁有牛车、葆盖或男吏、女侍。墓主绘成端坐帐中的传统姿态，如高润墓。室顶绘天象，其下墓壁上栏分方位绘有四神图像，间叱地连墓保存较完整。

（2）太原及其附近地区的壁画墓

这一地区的壁画墓主要墓例是娄叡墓，厍狄洛墓仅门有壁画。虽然基本与邺城地区近似，但也有不同之处。

第一，娄叡墓的墓道两侧各绘三栏壁画，分别为出行和归来队伍（图一五）。邺城地区未见。

第二，娄叡墓门上方绘正面兽面，戟状双角。厍狄洛墓绘侧身朱雀。也与邺城地区的正面朱雀有区别。二墓门扉上分绘青龙、白虎。

第三，娄叡墓甬道绘有戴冠、着两当、挂仪刀门吏。

第四，娄叡墓室正壁（后壁）绘墓主端坐帐中的传统画面。两侧绘鞍马、牛车、羽葆、扇盖等。墓顶绘天象，其下四壁上栏绘十二时，中栏绘四神，有仙人像，有羽人引导，并绘连鼓雷公。十二时和连鼓雷公等图像，在邺城地区壁画中尚未发现过。

（3）山东地区

山东地区的北齐纪年壁画墓，有崔芬墓和□道贵墓两例，此外还发现过一座缺乏纪年资料的同时期的壁画墓，即济南市东八里洼壁画墓（图一六）①。

---

① 山东省文物考古研究所：《济南市东八里洼北朝壁画墓》，《文物》1989 年第 4 期。

综观上述三座墓例，虽然规模不如前两地区的大型墓葬，墓道亦无壁画，但是具有一些值得注意的地方特点。

图一五　山西太原北齐娄叡墓东壁第二层壁画（局部）

图一六　山东济南东八里洼北齐墓墓室壁画线描示意图

第一，墓门上方绘兽面。

第二，甬道或墓门侧绘门吏，崔芬墓门吏披铠按盾。□道贵墓门吏手拄系带的仪刀。

第三，墓室内正壁（后壁）均有屏风画，崔芬墓和东八里洼墓屏面均绘树下席地而坐的人物，崔芬墓人像侧后还绘女侍（图一七）。□道贵墓则在屏前绘墓主坐像。两侧壁有出行图像以及鞍马、马车、仪卫、侍从等。墓顶绘天象，四壁上栏绘有四神、日、月等图像。

图一七　山东临朐北齐崔芬墓屏风壁画

2. 西魏—北周的墓室壁画

目前已发表资料的只有侯义、李贤二例。侯义墓壁画残损过甚，仅以李贤墓为例，可以看出与东魏—北齐系统颇有不同之处。

第一，墓道至甬道均绘持仪刀的门吏和仪卫，均为正面立像，戴冠，着两当，或双手拄环首仪刀，或上举持于肩侧。

第二，天井过洞门上方均绘仿木构门楼（图九：3）。

第三，墓室内各壁先用红色边框分隔，再分绘执物女侍及女伎乐舞。李贤墓室顶已残损，但侯义墓尚可见墓顶天象残画。

五

通过上面对南北朝墓室壁画的内容、布局以及分区分析，可以观察到下列诸点。

1. 南北朝时期墓室壁画的新变化

南北朝时期的墓室壁画，在承袭汉晋传统的基础上，随着社会风尚、习俗及意识形态的变化有了新的变化。壁画主要题材的更新，看来在南方时间要早些，约始于东晋晚期，到南齐时已趋成熟，而且变化得较为彻底，汉代壁画的遗痕较少，从丹阳的大型拼镶砖画墓可见一斑。在北方变革的时间可能迟些，约始于孝文帝迁都洛阳前后，到东魏时渐趋成熟，但可看出这一变化受到了南方的影响，同时又保留着更多的汉魏遗痕。特别是邺城及其附近地区，墓室内仍是传统的正壁绘墓主像的布局，侧壁保持鞍马车骑仪卫图像。

2. 南朝壁画对北方的影响

南朝壁画对北方的影响是值得进一步探讨的课题，以下两点值得深入研究。

第一，邓县南朝画像砖墓，从墓门两侧到室内壁画，都以手拄仪刀的门吏、仪卫像为主，均衣着袴褶，上罩两当铠，小冠，长须，立像。这座墓的年代，当在公元 6 世纪中叶以前，属南朝前期的墓葬。公元 569 年埋葬的北周李贤墓壁画，墓道、甬道两壁均绘持仪刀的门吏、仪卫立像，其特征与邓县墓极为近似，而邓县地区在西魏时已由南朝并入西魏版图之中。因此较晚的北周墓中壁画，出现与时代较早的邓县墓室壁画相似的题材和布局，应视为受到南朝壁画影响的产物，因此应考虑西魏—北周与南方文化交流中，豫南、鄂北一带可能是其向南朝学习的重要地区①。

第二，山东地区的北齐墓中出现的屏风画，特别是崔芬墓（图一八）与东八里洼壁画墓中，屏风画的屏面上绘出树下人物图像，人像均褒衣袒胸，姿态悠闲，席地坐树前，其构图与人物形貌明显仿效南朝的竹林七贤和荣启期砖画。特别是崔芬墓壁画，树下人像侧后还有女侍，是南齐在东昏侯萧宝卷时开始流行的画法。崔芬墓壁画墓主男女出行画面，更与传世顾恺之洛神赋图中的形象极为神似。这些表明，山东北齐壁画的艺术风格正是仿效南朝；也说明当时山东地区应为南北文化交流中起重要作用的地区之一。崔芬所属的清河崔氏，族人当时致仕于南北朝双方，崔芬墓表明，清河崔氏一族在南北文化交流，主要是将南方文化传播于北朝方面，起过重要的作用②。

3. 北朝晚期墓室壁画的发现与隋唐墓室壁画的渊源

北朝晚期墓室壁画的发现，对了解隋唐时期西安地区墓室壁画的渊源，提供了较为明确的答案。北周李贤墓的壁画特点，如过洞上绘有门楼，墓室内以侍女和伎乐为主的布局，都为隋唐所承袭。因此在研究隋唐墓壁画渊源时，要更加注重关西本地的因素③。今后随着西魏—北周墓壁画的新发现，这一问题会更加明朗。

4. 南北朝墓室壁画和美术史研究

北朝的墓室壁画和南朝墓中的拼镶砖画，为研究南北朝美术史特别是绘画史，提供了极宝贵的资料。传世的顾恺之作品皆系后代的摹品，而拼镶砖画，特别是竹林七贤砖画，为人们提供了得以了解六朝绘画真貌的机会。中国古代绘画极重视线条的运用，砖画恰好突出了线条，因此能够真

---

① 宿白：《三国两晋南北朝考古》，《中国大百科全书·考古学》，中国大百科全书出版社，1986年，第422页。

② 杨泓：《山东北朝墓人物屏风壁画的新启示》，《文物天地》1991年第3期。

③ 宿白：《宁夏固原北周李贤墓札记》，《宁夏文物》1989年总第3期，第2～3页。

图一八　山东临朐海浮山北齐崔芬墓壁画线描示意图

实地反映出南朝绘画的风格①。至于北朝的墓室壁画，更颇多精彩之作，其中以北齐娄叡墓的壁画艺术水平最高，有些研究者认为，系出自画史上著名北齐画家杨子华的手笔②，对北朝绘画史的研究颇为重要。

（原载《中国考古学论丛》，科学出版社，1993 年。后收入《汉唐美术考古和佛教艺术》，科学出版社，2000 年）

后记 本文原为中国社会科学院考古研究所建所四十周年纪念文集《中国考古学论丛》所写。当时还编了一本纪念图录《考古精华——中国社会科学院考古研究所建所四十年纪念》，纪念文集和纪念图录都是由徐保善主持并编辑的。在编《考古精华》时，我和王世民、邵望苹、段鹏琦协助徐保善工作。当时徐苹芳任所长，在他撰写的"后记"中，写明参与工作诸人的名字，唯独缺少主持工作的徐保善，想来是为"避嫌"。但那两本书的编成，实由徐保善的辛勤工作，故书此为念。

---

① 杨泓：《格调逸易，新奇妙绝——记六朝的画像砖和拼镶砖画》，《中国美术》1982 年第 1 期。
② 《笔谈太原北齐娄叡墓》，《文物》1983 年第 10 期。

中国古代佛教石窟的窟前建筑

    佛教石窟的兴建，渊源于古印度①。随着佛教东传，石窟寺院的建筑形式也传入中国，约自公元 3 世纪开始兴建石窟，到公元 5 世纪则凿建石窟之风日盛。中国古代佛教石窟发展演变的过程中，印度石窟原有模式的影响日渐减退，更多地模拟具有中国传统木构殿堂特点的佛殿等地面建筑样式，从而形成新的具有民族特色的石窟艺术造型，表现在石窟的外貌方面，就是窟前建筑的雕凿与修建。

    本文准备概述的佛教石窟的窟前建筑，主要指下列两种情况。一种是在窟室的外部雕凿出仿木建筑结构，使洞窟的外貌呈现出佛殿或佛塔的形貌。其出现的时间，在中原北方地区的石窟中，大约始于公元 5 世纪后半，即北魏孝文帝迁都洛阳以前，已见于山西大同云冈石窟②。但其盛行约在北朝晚期，在甘肃天水麦积山石窟③、河北邯郸响堂山石窟④、山西太原天龙山石窟⑤等处，保存有较多实例，凿建时间多在西魏—北周或北齐，此后则日趋衰落。另一种窟前建筑，是在山崖所开凿的窟龛前面，接连修筑木构的殿堂或重阁等建筑。其出现的时间似较前一种略迟，在江南，约出现于公元 5～6 世纪之际。例如，江苏南京栖霞山石窟和浙江新昌剡溪大

---

① 宿白：《中国石窟寺考古》，《中国大百科全书·考古学》，中国大百科全书出版社，1986 年，第 698 页。
② 丁明夷：《云冈石窟》，《中国大百科全书·考古学》，中国大百科全书出版社，1986 年，第 635 页。
③ 傅熹年：《麦积山石窟中所反映出的北朝建筑》，《文物资料丛刊》4，文物出版社，1981 年。
④ 《中国美术全集·雕塑编 13·巩县天龙山响堂山安阳石窟雕刻》，文物出版社，1989 年。
⑤ 山西省古建筑保护研究所李裕群：《天龙山石窟调查报告》，《文物》1991 年第 1 期。

佛,原来都前接木构殿阁①。在中原北方地区,以甘肃敦煌莫高窟为例,具有北魏洞窟特征的第 487 窟的窟前,已发现了木构建筑遗迹②,但其流行则在公元 9 ~ 10 世纪。

现将有关中国佛教石窟的窟前建筑的资料,综合概述于下。

一

在佛教石窟的窟室外部雕凿出的仿木建筑结构,依其外观可分为模拟佛殿和模拟佛塔两类,其中以模拟佛殿的一类为主。

模拟佛殿的窟前石雕仿木构建筑,出现的时间较早,滥觞于北魏孝文帝迁都洛阳以前,流行于北朝晚期,一直到隋朝仍有雕造。其分布地域也较广,在山西、甘肃、河南等省都有实例留存至今。

在佛教石窟的窟龛外部雕凿仿木构的佛殿形貌建筑,就是在山崖面开凿窟龛时,先在窟室前的位置开凿平面呈横长方形的窟廊,于窟廊前檐雕凿一排檐柱,通常是四根,然后在檐柱的柱头雕出斗栱,承托阑额和由后面伸出的梁,其上部雕出仿木构的檐檩,最上面的崖面上浮雕出单檐庑殿顶,并雕出屋脊、鸱吻和瓦垄。从正面观看,呈现在人们面前的俨然是一座单檐庑殿顶佛殿,它是模拟具有中国民族建筑特征的佛殿外观的产物,也反映出外来的佛教石窟艺术逐渐中国化的总趋势。因此,这种窟室外部雕凿仿木建筑佛殿的做法首先出现于云冈第二期石窟,并非偶然。

公元 460 年,在当时北魏都城平城以西的武州塞,凿山石壁,为皇室开窟,开始掀起中原一带佛教石窟营建的热潮。当时开凿的五所石窟即今云冈石窟中的第 16 ~ 20 窟,习称“昙曜五窟”,是云冈的第一期石窟,它们的形制特点是模拟椭圆形平面、穹隆顶的草庐形式,窟外壁面没有仿木建筑雕刻③。

---

① 宿白:《南朝龛像遗迹初探》,《考古学报》1989 年第 4 期。
② 潘玉闪、马世长:《莫高窟窟前殿堂遗址》,文物出版社,1985 年。
③ 宿白:《云冈石窟分期试论》,《考古学报》1978 年第 1 期。

　　到了云冈的第二期石窟，则在洞窟形制、壁面布局、佛像的服装等方面，都明显地显示出石窟艺术中国化的强烈倾向，特别是佛装改用中原流行的褒衣博带的式样，给人以极为突出的印象①。与此同时，在石窟的外观造型方面，开始出现雕凿仿木建筑佛殿的做法。据分析，云冈第二期的主要石窟有五组，其中四组是"双窟"，即第7、8窟，第9、10窟，第5、6窟，以及第1、2窟；另外一组是三个窟，即第11、12、13窟。这一期石窟开凿的时间约自文成帝以后到孝文帝太和十八年（494年）迁都洛阳以前，即公元465～494年②。在这五组洞窟中，明显保留有仿木建筑佛殿外貌的有两组，即第9、10窟和那个三个一组洞窟中居中的第12窟。在第9、10窟的窟室前面，左右布置有双塔，在双塔之间雕出檐柱，隔成六开间的殿堂正面，也可以说，是在9窟和10窟两窟前各有三开间的殿堂前廊。因系"双窟"，故又将前廊接连成一体，但檐柱的雕饰仍分为两组。每窟前居中的当心间的左右檐柱，雕刻成大象负千佛柱，断面八角形，上托栌斗承托阑额。左右次间的檐柱，则雕成大象背负须弥山的形象。阑额以上还隐约可见原雕有仿木斗栱，再上面的殿顶部分已残泐无存。另一组三个洞窟中，仅居中的第12窟外部雕凿完成，而其左右的第11、13两窟均未完成。第12窟的窟室前面，雕成四柱三开间的佛殿外貌。四檐柱断面八角形，周匝均饰千佛龛，柱基座高1.5米。柱头栌斗上承阑额，其上斗栱殿檐部分已风化剥蚀，但最上的殿脊部分尚有残迹可寻，保存有殿脊及两端的鸱尾和中央的鸟形脊饰残迹，脊下还有部分筒瓦、板瓦瓦垄的残迹③。正脊长约3.6米，距地面高约9米。在12窟前室西壁雕有佛殿形龛，正是四柱三开间单檐庑殿顶的形制。檐柱也雕成八角形千佛龛柱，其上栌斗上承阑额，再上柱头为一斗三升斗栱，补间雕出叉手。为了佛龛华美，将斗栱雕成伏兽或忍冬等变形图案。在殿顶正脊两端雕出鸱尾，正中为鸟

① 杨泓：《试论南北朝前期佛像服饰的主要变化》，《考古》1963年第6期。
② 宿白：《云冈石窟分期试论》，《考古学报》1978年第1期，第26～27页。
③ 云冈石窟文物保管所、文物保护科学技术研究所：《云冈石窟建筑遗迹的新发现》，《文物》1976年第4期。

形脊饰。这座佛殿龛正好为复原该窟窟前所雕斗栱殿檐部分的原貌，提供了准确的参考资料。

关于云冈第 9、10 窟的开凿时间，据《大金西京武州山重修大石窟寺碑》所记可以推定，它是孝文帝初期宠阉钳耳庆时（王遇）于"太和八年（484 年）建，十三年（489 年）毕"工的石窟[①]。而第 12 窟的造像服饰、风格和窟前立面等，都与第 9、10 窟接近，其凿建年代应大致相近。这时正处于太和十八年（494 年）迁都洛阳的前夕，孝文帝正锐意推行包括服制改革在内的一系列改革措施，因此模拟具有中国建筑特色的佛殿外观的石窟造型，首先被北魏皇室显贵在云冈新开的大型豪华石窟所采用，开一代风气之先河。

继太和初年云冈出现模拟佛殿外观的石窟造型以后，在北魏晚期乃至西魏和北周、北齐时，在龙门、麦积山、天龙山等石窟续有雕造。龙门石窟的唐字洞和石窟寺洞，在窟门上方都雕有屋脊、瓦垄等仿木结构，但形制较简单[②]，因此北朝晚期模拟佛殿外观的石窟造型，主要实例存在于麦积山石窟和天龙山石窟，其中麦积山石窟的是西魏、北周时期的典型作品，天龙山石窟则显示了北齐时期模拟佛殿雕刻的艺术风格。

在甘肃天水麦积山石窟，现存洞窟中窟前石雕仿木建筑佛殿外貌的有第 1、4、5、28、30、43、49 等七窟，另外，第 3、168 窟外部雕作廊形（图一）。其中雕凿于北魏时的有第 1 窟；第 28、30 窟是东西并列的"双窟"，其雕凿时间约在北魏后期或西魏初期；第 43 窟和第 49 窟雕凿于西魏；第 4 窟雕凿于北周；第 5 窟雕凿时间最晚，为隋窟。凿建于北魏至西魏的五座洞窟，都凿建成有四檐柱的面阔三间的单檐庑殿顶佛殿的形貌，檐柱的断面多作八角形，只是西魏时的第 49 窟檐柱刻作凸起的瓜棱形，是值得予以注意的。除第 1 窟未雕出庑殿顶外，其余各窟都雕有庑殿顶，并雕出鸱尾和瓦垄。总的看来，造型简洁质朴，没有云冈石窟曾出现的华美

---

① 宿白：《大金西京武州山重修大石窟寺碑校注》，《北京大学学报》1956 年第 1 期。
② 丁明夷：《龙门石窟》，《中国大百科全书·考古学》，中国大百科全书出版社，1986 年，第 286 页。

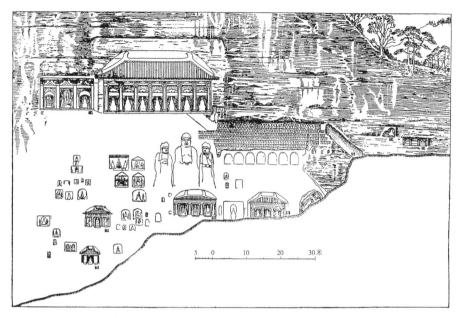

图一　麦积山石窟东崖各窟廊建筑雕刻复原示意图（傅熹年复原）

的柱础等装饰。其中仅第43窟较为特殊，装饰风格与众不同，在柱头栌斗之上的一斗三升斗栱，将斗刻成由仰莲座承托的宝珠形状，栱则雕成卷云状的花茎，显得华丽异常。同时在正脊两端的鸱尾之间，雕有树枝形饰物。由该窟将斗栱雕成花茎宝珠，令人联想起云冈第12窟内佛殿形龛曾将斗栱雕刻成伏兽或忍冬等变形图案，应属同样的装饰手法[1]。第43号窟被推定是西魏文帝乙弗皇后的瘗窟，或许其华美的外观，与该窟系由皇室修建有关。第4窟为北周大都督李允信出资营造的七佛阁，距地面高约50米，可惜檐柱多已崩落，仅有左右两侧的两根保存至今，可知为立于覆莲柱础上的八角形檐柱。崖壁上雕出的单檐庑殿顶，也已大部崩毁无存，但还能看到正脊、鸱尾和部分瓦垄。总括起来看，其原状应是有八檐柱、面阔七间的巨大单檐庑殿顶建筑，总面阔达30.48米，檐高近9.5米，可以说是北朝佛殿外貌的洞窟中最重要的一座，它如实地表现出北朝后期已经

---

① 文化部社会文化事业管理局编印：《麦积山石窟》，图版五三，1954年。

中国化的佛殿外貌，对研究北朝木构建筑和石窟演变的历史，都具有重要
意义①。

在山西太原天龙山石窟，现存北齐时期的主要洞窟有第1、10、16等
窟②（图二），三窟的窟室前面都雕有仿木建筑，但上面的殿顶结构已崩毁
不详。一般都是四柱三开间，其中第10、16两窟的檐柱断面呈八角形，雕
刻出覆莲柱础。柱头承栌斗，托阑额，柱头斗栱刻成一斗三升，补间雕出
叉手，上托散斗。这些洞窟的规模都不很大，以第16窟为例，面阔只有
3.64米，高2.02米，其规模无法与北齐皇室在河北邯郸峰峰矿区北响堂
山所开凿的大型石窟相比。如以天龙山石窟北齐诸窟的窟前建筑雕刻，与
麦积山石窟西魏、北周诸窟相比，其基本特征极为近似。这表明它们都是
承袭着北魏窟前佛殿建筑雕刻传统的产物，也凸显了这类窟前建筑雕刻在
北朝晚期盛行的程度。

图二　太原天龙山第16窟立面和剖面图

北朝以后，窟前佛殿建筑雕刻日渐衰落。在隋代还可看到一些实例，
例如麦积山第5窟和天龙山第8窟，仍为四柱三开间的形制，但两处都没

---

① 傅熹年：《麦积山石窟中所反映出的北朝建筑》，《文物资料丛刊》4，文物出版社，1981年，
第168～172页。

② 山西省古建筑保护研究所李裕群：《天龙山石窟调查报告》，《文物》1991年第1期。

有发现殿顶雕刻①。此后，这种窟室外部雕凿仿木结构佛殿外貌的做法不再流行，逐渐为在窟前接连修筑的木构殿堂等建筑所取代。

二

外貌模拟佛塔的窟前石雕仿木建筑，出现的时间比前述模拟佛殿的石窟要晚得多，目前尚无早于北齐的实例，流行的时间又仅限于北齐一代。现存实例只分布在今河北省邯郸市峰峰矿区的鼓山一带，如南、北响堂山石窟和小响堂（即水浴寺石窟）②，因此可视为北齐石窟特有的窟前建筑石雕，具有鲜明的时代特色和地域特征。

在佛教石窟的窟龛外部雕凿仿木构的佛塔形建筑，也是在山崖面开凿窟龛时，先在窟室前的位置开凿平面呈横长方形的窟廊，于窟廊前檐雕凿出一排檐柱，或是不开凿窟廊而将檐柱凸雕在窟室前壁的外壁面上。檐柱常是四根，柱头托阑额和斗栱，再上是模拟铺有瓦顶的屋檐。在瓦檐以上再雕出覆钵状的塔顶，顶上或侧旁分雕塔刹和宝珠立柱等。从正面观看，俨然是一座中国式三开间塔体、上加覆钵顶的佛塔。这种在中国式木构殿堂顶加印度式覆钵塔的做法，也反映着外来的佛教艺术中，佛塔的造型逐渐中国化的趋势。

现存模拟佛塔的北齐石窟，主要有北响堂山第 3 窟（即"北堂"或"北洞"）、第 6 窟（即"中堂"或"中洞"）、第 7 窟（即"南堂"或"南洞"），南响堂山第 1、3 窟和第 7 窟，水浴寺西窟。按其细部形制，又可以分为三种式样。由于北响堂山诸窟前面多有后代营建的石拱等建筑遮挡，而南响堂山诸窟近年清除了后代建筑，窟前原状已被揭露出来，因此，举例时主要用南响堂山和水浴寺石窟的实例。

---

① 傅熹年：《麦积山石窟中所反映出的北朝建筑》，《文物资料丛刊》4，文物出版社，1981 年，第 163 页；山西省古建筑保护研究所李裕群：《天龙山石窟调查报告》，《文物》1991 年第 1 期，第 41 页。

② 邯郸市文物保管所：《邯郸鼓山水浴寺石窟调查报告》，《文物》1987 年第 4 期。

　　第一种式样以水浴寺（小响堂）西窟为代表，在窟室前面未凿建窟廊，只在窟室前壁外壁面凸雕出檐柱。现四根檐柱均已残毁，但从窟东侧柱的残痕可以看出，原雕成宝珠顶束莲柱，柱头上方原雕的仿木构件已残毁，屋檐尚存残迹，可辨出瓦垄。屋檐以上刻平行线构成的叠涩座，其上雕出覆钵顶，上饰有宝珠和忍冬纹，亦仅存残痕。居中两檐柱隔成的当心间，开凿有尖拱门楣的窟门。左右两次间各雕有一龛，内雕力士立像，现均已残毁。在力士像龛以上部位，均开凿有明窗。南响堂山新发现的第1、2窟的窟前仿木建筑雕刻①，也没有开凿窟廊，檐柱凸雕于前壁的外壁面上，同样在当心间开凿窟门，两侧次间分雕上方有明窗的力士龛。其中第2窟两侧的力士龛内雕像可能毁于北周时，在隋代改雕成《滏山石窟之碑》（图三），碑文记明石窟创建于北齐天统元年（565年），由丞相淮阴王高阿那肱出资建成。北响堂山是由北齐皇室开凿的大窟，现在其前有后代建筑遮挡，但从露出的部分可以看出，原似未凿窟廊。以第6窟为例，因该窟规制宏伟，其束莲八角形檐柱径粗体高，下面又设蹲狮负柱，仅柱的后面与壁面相连，故凸出壁面较远，柱头斗栱托出的屋檐又较深远，因此也形成柱廊的效果。其窟门也开在当心间，两侧次间凿力士龛，在力士龛和窟门上方都凿有明窗。北响堂山形制最大的第3窟，为北齐文宣帝高洋所建，形制宏伟，但因窟前砌有后代的石拱券，檐柱情况不明，可能原也与第6窟相似②。

　　第二种式样以南响堂山第7窟为代表，在窟室前开有窟廊，亦作四柱三开间，檐柱为八角形束莲柱，当心间二檐柱雕成狮子负柱，两侧次间的侧柱雕宝装覆莲柱础。柱头雕火焰宝珠，上托阑额，其上为柱头斗栱，雕成一斗三升，上托檐椽，承接瓦顶，雕出筒、板瓦瓦垄。上为叠涩状基座，居中立一金翅鸟，其后和两侧雕出卷云蕉叶，两角垂锋。蕉叶上托出大型覆钵形塔顶，顶正中塔刹作宝珠形，两侧各有一根柱端托莲台宝珠的八角形立柱（图四）。

---

① 邯郸市峰峰矿区文管所、北京大学考古实习队：《南响堂石窟新发现窟檐遗迹及龛像》，《文物》1992年第5期。
② ［日］水野清一、长広敏雄：《響堂山石窟》，東方文化學院京都研究所，1937年。

图三　南响堂山第 2 窟外壁两侧隋刻《滏山石窟之碑》拓片

0 ____ 1米

图四　南响堂山第 7 窟正立面图

第三种式样见于南响堂山的第1、3窟,较为特殊。看来,原设计是雕出一座中国式楼阁状塔,上下两层。第1窟在下层,窟室前壁的外壁雕出四柱三间仿木结构,上承的屋檐的脊部即为上层的地面。可能因岩石结构的关系,将上层的窟室向内推移,但仍基本坐落在第1窟顶上,即第3窟①。第3窟前凿有窟廊,现存两侧檐柱,为八角形束莲柱,下雕覆莲柱础。柱头已残,原雕结构不明。再上方的窟檐尚有部分保存,可以看清瓦垄。檐上有

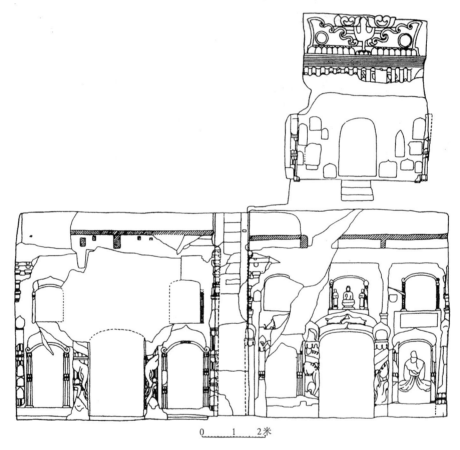

图五 南响堂山第1(下右)、2窟(下左)和3窟(上层)外立面图

① 本文写成后,知道有些建筑史学家认为,第1窟和第3窟只是分雕于上下两层的两处洞窟,下层的第1窟应复原成一座佛殿窟而非塔窟,书此供读者参考,请参阅钟晓青《响堂山石窟建筑略析》,《文物》1992年第5期。

叠涩座，上雕覆钵顶，顶正中雕金翅鸟，两侧雕卷云蕉叶（图五）。从正面仰视，下层的第一窟是楼阁式佛塔的底层，屋檐上呈平座状，其上的第3窟则是塔的上层，再上是塔檐及覆钵顶，呈现出一座两层、上加覆钵的中国式楼阁状佛塔，可见当年凿建时颇具匠心。现存第3窟的窟廊仿木结构及覆钵顶为北齐时凿建，但该窟的窟室内部并未完工而停止修建，唐代利用窟壁开凿了数十个小佛龛。此外，还应特别提出的是，第1窟次间侧柱的柱头斗栱残迹尚存，能看清是雕成五铺作斗栱①（图六），对研究北朝建筑史是极珍贵的参考资料。

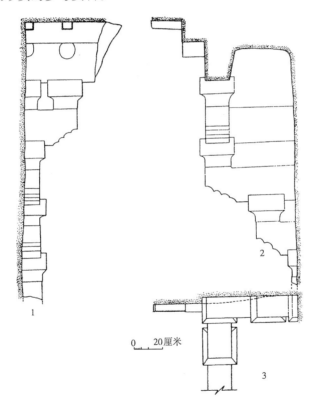

图六　南响堂山第1窟前右侧角柱上斗栱图
1. 正视　2. 侧视　3. 仰视

---

① 邯郸市峰峰矿区文管所、北京大学考古实习队：《南响堂石窟新发现窟檐遗迹及龛像》，《文物》1992年第5期。

三

在依傍山崖开凿的佛教窟龛前面，接连修筑木构的殿堂或重阁等建筑，出现的时间可能略迟于前述在窟龛外部雕凿仿木构的佛殿与佛塔。在中原北方地区，可能在岩石结构不宜精细雕刻的石窟，较早地出现窟前接建的木构窟檐，如敦煌莫高窟，约始自北魏时期。目前所知最早的实例，是20世纪60年代在莫高窟南区中段被清理出土的第487窟，在该窟外壁面窟门南北两侧，对称开有梁孔，每侧3个，梁孔高26～58厘米、宽20～36厘米、深25～45厘米。在窟门两侧下部所开的是两个地栿槽。上述发现清楚地说明，开第487窟时，窟室外有木构建筑，应系窟檐和下面的栈道，时间应在北魏时期，但其规模远比后代修筑的木构窟龛外接建筑小得多①。

在江南地区，佛教窟龛外接木构，约始于公元5～6世纪，现知两个实例，即江苏南京栖霞山龛像和浙江新昌剡溪大佛②。南京栖霞山千佛岩现存有凿刻于公元5世纪末期的无量寿佛像龛，现龛顶前部坍毁，有明代补砌的砖顶和重檐砖石门壁，龛内存高约6米的禅定坐佛像。在龛壁上端有梁孔遗迹，可知在补砌砖顶、门壁之前，接连岩面曾建有木构建筑。浙江新昌剡溪石城山大佛，现佛像全部贴泥饰金，原状已掩，坐像高13.23米，该佛建于齐武帝永明末年至齐明帝建武初年。系露顶龛，敞前壁，龛前接连木阁。据学者研究，"摄山、石城龛像之兴建，可能受有北魏影响；当其竣工并驰誉江南之时，约亦反馈于北方。"③北齐时所建晋阳西山大佛像，遗迹发现于山西太原蒙山北峰开化寺西北2里大肚崖，系露顶开龛，像两侧凿有石孔，原当插置梁栱。北齐所建另一大像，在今河南浚县南大伾山东麓，像高约27米，依山雕造倚坐佛像，现佛前所建三层重阁，是明

---

① 潘玉闪、马世长：《莫高窟窟前殿堂遗址》，文物出版社，1985年。
② 宿白：《南朝龛像遗迹初探》，《考古学报》1989年第4期。
③ 宿白：《南朝龛像遗迹初探》，《考古学报》1989年第4期，第409页。

代重修。上述依山雕像、露顶开龛、接构木阁的龛制，可能仿自南朝①。

唐宋时期，石窟前连筑木构殿阁之风日趋盛行，特别是唐末五代至北宋更盛，目前敦煌莫高窟保存的古代木构窟檐实例，主要是这一时期所修建。莫高窟现存唐宋窟檐五座，其中晚唐一座，在第 196 窟前；北宋初四座，在第 427、431、437、444 窟窟前。但 196 窟的窟檐顶部已无存，其余四座尚大致保存完好②。此外，对莫高窟殿堂遗址的发掘中，共发现基址 22 座（图七），其中第 98、100、108、85、22、44、45、46 窟前基址是五代时修筑的，第 61、55、53、25 窟前基址是宋代修筑，第 35、38、39、467、27～30、130 窟为西夏修筑，第 61、22、21、85 窟的窟前基址又经元代重修过③。综合上述资料可以看出，当时在窟前接构木构殿堂时，先筑台基。多利用开窟时凿出的大量碎石，填充于台基中，再填土，并在台基前沿和左右两侧沿立面包砖。然后在台基上构筑木构殿堂，以窟室的前壁用作殿堂的后壁。台基多呈横长方形，台面遗有铺地方砖，多为各型莲花图案，也有的以火焰宝珠为题材。根据留存下来的柱础等遗迹可知，原殿堂一般是四柱三开间，进深一至三间。其中最大的一座在第 130 窟前，其下层殿堂遗址面阔五间，达 18.8 米，进深三间，为 6.75 米（图八）。除构筑殿堂的台基外，也有规模较小、为修筑木构窟檐所筑的基址，为土石基址，地面设有起支撑和加固作用的两道地栿槽遗迹。在第 44、45、46、39 窟的窟前遗址，就是这类窟檐的基址。由于被发掘的台基遗址上的木构建筑早已无迹可寻，只能依据目前尚存的木构窟檐予以想象复原。

敦煌莫高窟现存的五座古代木构窟檐，都作四柱三开间，当心间开门，两侧次间设直棂窗。其内进深较短，只是形成平面横长方形的窟廊。但从正面观察，其立面外观与四柱三开阔的窟前殿堂形貌相同（图九）。其中属于晚唐的第 196 窟的木构窟檐，顶部无存，现存屋顶是 20 世纪 50 年代所补修。其余四座宋初修筑的窟檐，顶部保存尚好（图一○）。所用

---

① 宿白：《南朝龛像遗迹初探》，《考古学报》1989 年第 4 期，第 409～410 页。

② 萧默：《敦煌建筑研究》，文物出版社，1989 年，第 269～301 页。

③ 潘玉闪、马世长：《莫高窟窟前殿堂遗址》，文物出版社，1985 年，第 8～80 页。

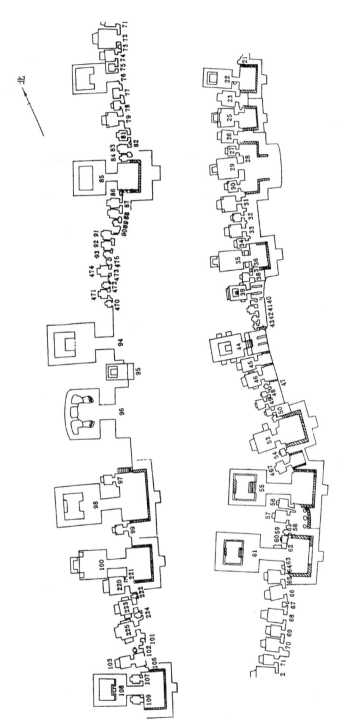

图七 敦煌莫高窟窟前遗址分布示意图

斗栱分为两类，一类是用于规模较小的第437、444窟，柱头斗栱为五铺作双抄；另一类见于规模稍大的第427、431窟，斗栱为六铺作三抄（图一一）。两类都不用昂，系单栱计心造，最外跳头不用令栱，也无要头，且只设柱头铺作，没有设补间铺作。其所以不用昂，可能是为了增加斗栱总高①。窟檐

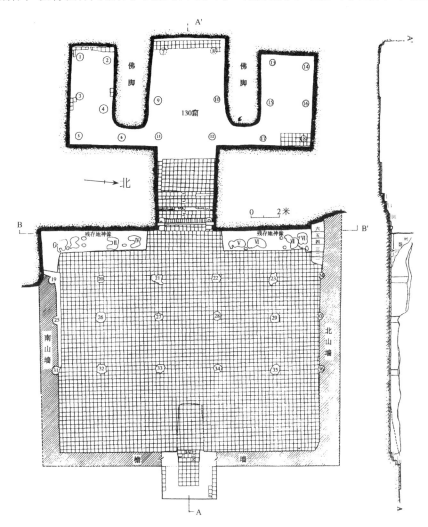

图八　敦煌莫高窟第130窟窟前下层殿堂遗址平、剖面图

1~18. 窟内柱孔遗迹　19~36. 窟前殿堂遗址柱孔与柱础　一至三为砖台阶　一至六为土台阶

---

① 萧默：《敦煌建筑研究》，文物出版社，1989年，第288页。

图九　敦煌莫高窟第 427 窟窟檐外景

的顶部，三座为四阿式，仅第 444
窟为悬山顶，屋角完全没有角翘，
是较值得注意的做法①（图一二）。
在第 431 窟窟檐顶上，保存着以草
泥塑出的正脊和鸱尾，其上端又伸
出有勾首向内的鸟头，尖喙内弯，
形貌特殊②。

　　上述四座宋初修筑的木构窟
檐，还有一个共同的特点，就是它
们后接的洞窟都不是宋初所凿建，
而是将前代佛窟加以重修，然后又
修建（或系重修）窟前的木构窟
檐。其中第 431、437 窟两窟原凿建
于北魏，431 窟在唐代即已重修过。
第 427 窟是隋代开凿的洞窟，第 444
窟凿建于盛唐时期③。上述情况说
明，到了公元 10 世纪，石窟的开凿已趋衰落，而重修前代佛窟并修建窟前
木构的殿堂或窟檐相当流行。除了敦煌莫高窟以外，在前代石窟前修筑木
构殿堂，在其他著名的石窟寺也颇盛行，其中规模较大的首推辽代在云冈
石窟建造的 10 座大寺。

　　据《大金西京武州山重修大石窟寺碑》，在辽兴宗、道宗时期（1031～
1100 年），曾在云冈石窟进行过规模宏大、历时 10 年的修建工程，建造了
10 座大寺，即"一通乐、二灵岩、三鲸崇、四镇国、五护国、六天宫、七

① 萧默：《敦煌建筑研究》，文物出版社，1989 年，第 297～298 页。
② 这种式样的鸱尾，在五代宋初可能曾经流行过，后蜀主孟知祥墓出土的石鸱尾即为这种式样，
　 参看成都市文物管理处《后蜀孟知祥墓与福庆长公主墓志铭》，图八，《文物》1982 年第 3
　 期，第 17 页。
③ 敦煌文物研究所整理：《敦煌莫高窟内容总录》，文物出版社，1982 年，第 158～159、162～
　 163、156～157、165 页。

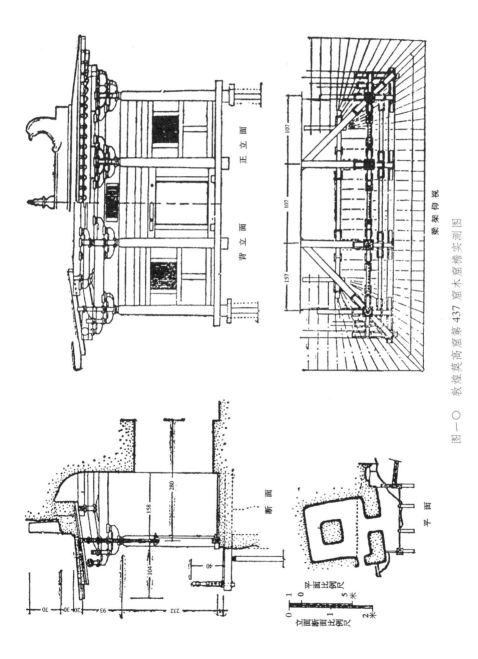

图一〇 敦煌莫高窟第 437 窟木窟檐实测图

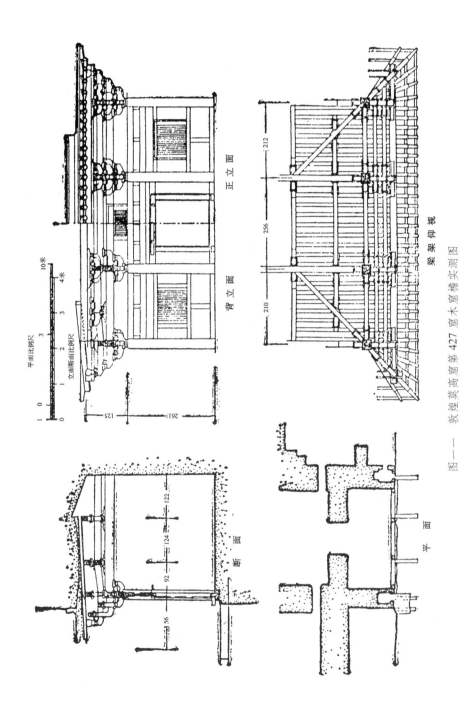

正 立 面

背 立 面

梁 架 仰 视

断 面

平 面

平面比例尺

立面断面比例尺

图—— 敦煌莫高窟第 427 窟木窟檐实测图

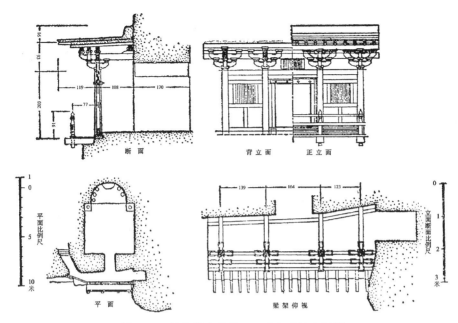

图一二 敦煌莫高窟第 444 窟木窟檐实测图

崇福、八童子、九华严、十兜率"。这 10 座大寺应是后接石窟、前建木结构殿堂而建造的，其具体方位约当第 1～20 窟①。现存于石窟崖面的许多用以安装木构的凿孔，就是当时的遗存。1972 年，在第 9、10 窟前基岩面上发现了一片柱础群，在东西 30、南北 13 米的范围内，发现方柱础 8 个，圆柱础 16 个（图一三）。8 个方形柱槽底面凿成覆盆式圆形柱础，它们分布在距洞窟前壁 4.3 米处的一条东西轴线上，其位置正好与第 9、10 窟前壁上方残存的 8 个梁孔相对应，表明原曾在窟前接筑过一座面阔七间的木构窟檐②。在这些柱础上面，又压有一层铺地砖，所铺范围东西宽 24.65米，南北深 11 米。并在第 9、10 窟前室窟顶发现 6 个排列有序的梁槽遗迹，方向与洞窟相垂直。每个梁槽底面还凿有 1～2 个小方槽，其两侧又凿

---

① 丁明夷：《云冈石窟》，载《中国大百科全书·考古学》，中国大百科全书出版社，1986 年，第 636 页。
② 云冈石窟文物保管所、文物保护科学技术研究所：《云冈石窟建筑遗迹的新发现》，《文物》1976 年第 4 期，第 89～90 页。

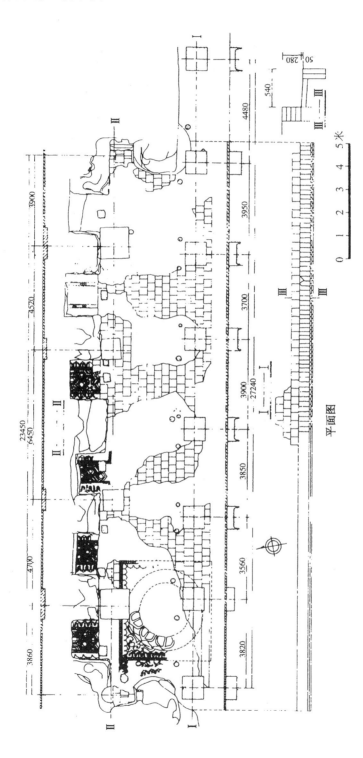

图一三 大同云冈石窟第 9、10 窟前庭发现的柱础群

有对称的三角形槽。推测梁槽为安放窟檐大梁所开，小方槽为在梁底安设起固定作用的木榫而开，三角形槽则是为防止梁架前倾安设的"托脚"的底槽。这一组梁槽正与窟前地面上紧靠列柱的 6 个柱础位置相当，原应建有一座五开间的窟檐①。据推测，这五开间的木构窟檐应建于辽代，当与前面所述金代石碑所记辽代十寺有关，至于其下压的面阔七间的窟檐，修筑时间应更早些，或为唐代所修建。

宋、辽以后，中国佛教石窟的凿建基本停止，到明清等朝，仍有在石窟前修筑木构建筑之举，今天我们在一些石窟寺前所看到的木构殿阁，多是这时所修筑。由于时代过晚，上距石窟凿建的年代过久，故此这些晚期建筑与宋辽以前构筑的窟前建筑不同，与石窟本身没有多大联系，有的仅可起到对造像的遮护作用，甚至有的还破坏了石窟的原有风貌。在这些明清修筑的建筑物中，值得重视的如云冈石窟第 5、6 窟前清顺治八年（1661 年）重修的木构四层殿阁②，敦煌莫高窟第 96 窟（即北大像）窟前附岩而建的木构九层楼（清代和民国时期重修）等，对今日云冈和敦煌莫高窟的景观起了一定的作用。

（原载《洛阳考古四十年——一九九二年洛阳考古学术研讨会论文集》，科学出版社，1996 年。后收入《汉唐美术考古和佛教艺术》，科学出版社，2000 年。后又收入《梵宫——中国佛教建筑艺术》文集，上海辞书出版社，2006 年）

后记 20 世纪 80 年代，吴梦麟参加了由佛教协会会长赵朴初倡议而组成的《梵宫——中国佛教建筑艺术》编委会，她来约我为该书写稿，盛情难却，但我不治中国古代建筑史，只能选与考古学有关的题目，且该书已定收入宿季庚师所撰《汉地佛寺布局初探》一文，所以又无法考虑与佛

---

① 云冈石窟文物保管所、文物保护科学技术研究所：《云冈石窟建筑遗迹的新发现》，《文物》1976 年第 4 期，第 90～91 页。

② 《中国石窟·云冈石窟》（一），图版 4、25，文物出版社、平凡社，1989 年。

寺遗迹考古发掘的题目。因此，与吴梦麟反复商讨，认为石窟寺前建筑遗迹与田野考古调查发掘关联较多，故此选《中国古代佛教石窟的窟前建筑》为题。文稿写好后，迟迟不见该书有起动的迹象。转眼到了 1992 年，叶万松约我与陈公柔、周永珍、叶小燕几位一起去洛阳，参加"洛阳考古四十年学术研讨会"，仓促间赶写不出论文，就以这篇现成的文稿送到会议为发言稿，后被编入《洛阳考古四十年——一九九二年洛阳考古学术研讨会论文集》。但是到了 2005 年，《梵宫》编委会重新启动该书出版事宜，所以本文经重新配图后再收入 2006 年由上海辞书出版社出版的《梵宫——中国佛教建筑艺术》之中。因此本文的选题、撰写和刊出，都离不开吴梦麟的督促和帮助，谨此致谢。

跋鄂州孙吴墓出土陶佛像

　　孙吴的武昌城址，在今湖北鄂州①，故鄂州境内多见孙吴时期墓葬，近年屡被发掘清理②。鄂州孙吴墓中，亦常出土有与佛教造型艺术有关的遗物，诸如以佛像为饰的青瓷器，有熏、酒樽、唾壶③，以及饰有佛像的夔凤青铜镜④。这些发现不断引起学者的注意⑤。1992年，在鄂州市石山乡塘角头村南清理了几座墓葬，有的墓中出有孙吴永安四年（261年）铭墓砖。其中的4号墓，是一座具有横前堂和矩形后室的孙吴墓（图一），在墓中由前堂通往后室的甬道西侧，放置有一尊佛坐像（图二），佛像两侧胁侍有两个侍立的陶俑。这是有关孙吴佛教资料的又一重要发现，值得注意⑥。

　　早在20世纪50年代，就已在江苏南京和湖北武昌等地发掘清理的孙吴墓葬中，获得过与佛教艺术有关的遗物。例如1955年，在南京赵士岗的孙吴凤凰二年（273年）墓中，发现有罐腹贴塑小佛像的谷仓罐⑦，佛像杂侧于持节仙人与仙禽神兽之间。还发现过3件模印的小型佛坐像⑧，可

① 蒋赞初等：《湖北鄂城六朝考古的主要收获》，《中国考古学会第四次年会论文集（1983）》，文物出版社，1985年，第285～286页。

② 鄂州发现的孙吴墓资料，仅在《考古》上发表的就有三篇。鄂城县博物馆：《鄂城东吴孙将军墓》，《考古》1978年第3期；鄂城县博物馆：《湖北鄂城四座吴墓发掘报告》，《考古》1982年第3期；鄂州市博物馆：《湖北鄂城吴晋墓发掘简报》，《考古》1991年第7期。

③ 蒋赞初等：《湖北鄂城六朝考古的主要收获》，《中国考古学会第四次年会论文集（1983）》，文物出版社，1985年，第292～293页。

④ 湖北省博物馆等：《鄂城汉三国六朝铜镜》，图版81，文物出版社，1986年。

⑤ 王仲殊：《关于日本的三角缘佛兽镜——答西田守夫先生》，《考古》1982年第6期。

⑥ 湖北省文物考古研究所：《湖北鄂州市塘角头六朝墓》，《考古》1996年第11期。

⑦ 赵士岗，有的考古报告中又称为"赵史岗"。该墓编号为第7号墓，见江苏省文物管理委员会《南京近郊六朝墓的清理》，《考古学报》1957年第1期。

⑧ 江苏省文物管理委员会：《南京六朝墓出土文物选集》，上海人民美术出版社，1959年。彩色照片后收入《佛教初传南方之路文物图录》，图36，文物出版社，1993年。

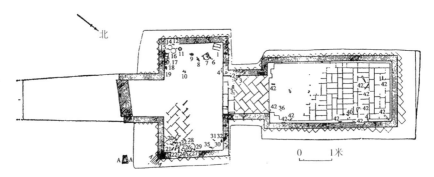

图一　湖北鄂州塘角头4号孙吴墓平面及佛像出土位置图
2. 釉陶侍俑　3. 釉陶佛像

能是原贴附于器物上的饰件。又如1956年，在武昌莲溪寺孙吴永安五年
（262年）校尉彭卢墓中，出土有鎏金铜饰片，其上镂刻有立姿菩萨装佛教
造像①，这种杏叶状垂饰，明显是马具中用于鞶带的饰件。这些有关佛教
艺术的资料，当时便引起了学者的注意。我还曾注意到，上述永安五年墓
中随葬的4件青釉坐俑（图三），都在额部眉心间有凸出的圆形物，并指
出它应与佛教中的"白毫相"有关②。此后，江南的孙吴、西晋墓中，陆
续有与佛教艺术相关的遗物出土，主要是贴塑有小佛像的青瓷器或陶器，
以及饰有佛教艺术图纹的青铜镜。

图二　湖北鄂州塘角头4号孙吴墓
出土釉陶佛像

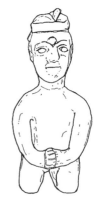

图三　湖北武昌孙吴墓
出土青釉坐俑

① 湖北省文物管理委员会：《武昌莲溪寺东吴墓清理简报》，《考古》1959年第4期。
② 杨泓：《国内现存最古的几尊佛教造像实物》，《现代佛学》1962年第4期，第33页。

孙吴时期贴塑有小佛像的陶瓷器，多发现于曾经是孙吴都城的武昌（今湖北鄂州）和建业（今江苏南京）地区，在盛产青瓷的浙江境内也有出土①。这类陶瓷器中，又以贴塑有小佛像的谷仓罐（魂瓶）最值得注意。关于谷仓罐，有以下几点应加注意。首先，贴塑有小佛像的谷仓罐，多发现于江苏、浙江等地的孙吴墓之中，目前还没有关于湖北境内孙吴墓随葬有这种器物的报道，那里随葬的以小佛像为饰的青瓷器，只有少量的熏、酒樽或唾壶②，这或许反映着地区习俗的差异。其次，堆塑有人物、鸟兽、楼阁的谷仓罐，一般认为是由东汉晚期已流行的五联罐（壶）③ 发展演变而成，在孙吴墓随葬品中出现的时间，应在吴大帝孙权赤乌年间以后，在死于赤乌十二年（249 年）的孙吴右军师左大司马当阳侯朱然墓中，尚没有谷仓罐随葬④。在南京幕府山清理的两座五凤元年（254 年）墓中，也还是用五联罐随葬⑤，而不见谷仓罐的踪迹。目前所知最早随葬堆塑人物、鸟兽、楼阁的谷仓罐的孙吴纪年墓，是浙江嵊县大坟山太平二年（257 年）建中校尉潘亿墓⑥。至于在谷仓罐上出现贴塑小佛像的时间，则更迟一些，约在孙吴末帝孙皓凤凰至天册年间。这种贴塑小佛像的陶瓷谷仓罐，在江南的西晋墓中继续流行，在太康年间和元康年间的纪年墓中都有出土。迄今所知出土贴塑小佛像的谷仓罐纪年最晚的墓葬，是浙江萧山发现的东晋元帝永昌元年（322 年）墓⑦，可说是以贴塑佛像谷仓罐随葬的尾声。最后，观察已出土的贴塑小佛像的陶瓷谷仓罐，大致可分辨出三种不同型式，其区别在于贴塑佛像的位置不同。第一种是将小佛像贴塑在罐腹，与

① 有关江苏、湖北、浙江等地出土的贴塑有小佛像的陶瓷器，多已收录于南京博物院等编《佛教初传南方之路文物图录》中，文物出版社，1993 年。
② 蒋赞初等：《湖北鄂城六朝考古的主要收获》，《中国考古学会第四次年会论文集（1983）》，文物出版社，1985 年，第 292～293 页。
③ 东汉墓出土五联罐（壶），可参看奉化县文管会等《奉化白杜汉熹平四年墓清理简报》，《浙江省文物考古所学刊》，文物出版社，1981 年；吴玉贤《浙江上虞蒿坝东汉永初三年墓》，《文物》1983 年第 6 期。
④ 安徽省文物考古研究所等：《安徽马鞍山东吴朱然墓发掘简报》，《文物》1986 年第 3 期。
⑤ 南京市博物馆：《南京郊县四座吴墓发掘简报》，《文物资料丛刊》8，文物出版社，1983 年。
⑥ 《佛教初传南方之路文物图录》，图 58，文物出版社，1993 年。
⑦ 《佛教初传南方之路文物图录》，图 106，文物出版社，1993 年。

仙人、神兽等间杂在一起，例如前述南京赵士岗凤凰二年（273 年）墓所出土的谷仓罐。第二种是将模制的小型坐佛像立塑在罐上部周沿，周环排列。例如，1987 年在浙江鄞县栎斜村东山出土的一件，在罐上部后侧立塑六尊小坐佛，呈半环形排列①。也有的谷仓罐，除上部立塑外，在罐腹还贴塑小佛像。第三种是除在谷仓罐上部周沿立塑小佛像以外，还在顶部最上层塑出的楼阁之中，当户立塑小佛像。最典型的代表，是江苏南京甘家巷东的高场 1 号墓随葬的黑釉陶谷仓罐②。从出土墓葬的年代观察，第一种出现时间最早，约自孙吴凤凰至天册年间，沿续于西晋。目前发现时代最晚的东晋永昌元年墓谷仓罐，也还是将小佛像贴塑于罐腹。后两种出现的时间迟于第一种，约在孙吴末至西晋之际，第三种似又略迟于第二种③，且发现的数量也最少。

在江南地区，发掘出土的饰有佛教图纹的青铜镜为佛像夔凤镜，最典型的式样，是在铜镜柿蒂形纽座的四瓣内饰以佛像。例如，湖北鄂州五里墩孙吴墓出土铜镜④，在三瓣内装饰坐于莲台上的佛像，莲台两侧附龙首，佛像有项光；另一瓣内，坐佛为半跏思惟状，下坐莲台，佛侧后立一执伞侍者，佛前有跪拜的供养人。与之近似的是 1960 年湖南长沙左家塘出土铜镜⑤，但三瓣中坐佛两侧的胁侍是肩披羽毛的羽人，羽人是汉魏画像中常见的仙人形貌；另一瓣内也是后侧有执伞侍者的半跏思惟状坐佛，但佛前跪拜的供养人头有项光。此外，在江苏、浙江等地发现的另一些夔凤镜，虽缺乏佛像，但在镜缘内侧连弧纹带的弧形中，时有飞天图像，或者是可

---

① 《佛教初传南方之路文物图录》，图70，文物出版社，1993 年。
② 金琦：《南京甘家巷和童家山六朝墓》，《考古》1963 年第 6 期。
③ 高场 1 号墓，简报中认为是孙吴墓，见《南京甘家巷和童家山六朝墓》第 305 页。其时代应在吴末晋初或西晋，参见宿白《三国—宋元考古》（上），第 46 页、第 44 页图四二说明，北京大学历史系考古教研室 1974 年铅印本。
④ 湖北省博物馆等：《鄂城汉三国六朝铜镜》，图版 81，文物出版社，1986 年。
⑤ 该镜见刘廉银《湖南省长沙左家塘西晋墓》，图版捌：8，《考古》1963 年第 2 期。有关该镜的论述，依据王仲殊《论吴晋时期的佛像夔凤镜》，《中国考古学研究——夏鼐先生考古五十年纪念论文集》，文物出版社，1986 年。

能表示黄道十二宫的"巨蟹"等图像，也与佛教艺术有关①。

概言之，江南地区出土的孙吴至西晋时有关佛教造型艺术的遗物品种与数量虽已不少，但其中还没有真正的为佛教信徒顶礼供养的佛教造像。在大量的谷仓罐和一些青铜镜背的装饰图纹中，佛像出现在神仙或神兽等图像之中，还未摆脱中国本土的神仙思想和早期道教的附庸状态。人们将佛教造像饰于马具中鞘带的饰件上，用作酒樽的附饰，甚至以佛像作为支承香熏的足，或贴饰盛痰的唾壶。这些近于亵渎的做法，表明当时吴地民众心目中，并没有将佛像尊为礼拜的圣像，而是看重其带有异域风情的装饰造型，这可视为吴地手工业的工艺特点之一。凡此种种，应是真实地反映出孙吴中期以后佛教向江南传播的情况。

孙吴建国之初，佛教并未流行于江南，据慧皎《高僧传》卷一，支谦在东汉末避地于吴，"时孙权已制江左，而佛教未行"②。支谦乃于黄武元年（222年）至建兴（252～253年）中，翻译佛经。后来，康僧会因为"吴地初染大法，风化未全"，乃于赤乌十年（247年）到达建业。当时吴地还从未见过佛教僧侣的形象，"时吴国以初见沙门，睹形未及其道，疑为矫异"③。僧会以舍利神异说服孙权，孙权为其建塔，"以始有佛寺，故号建初寺，因名其地为佛陀里。由是江左大法遂兴"④。大约与支谦同时，天竺人维祇难与同伴竺律炎于黄武三年（224年）到达武昌，将《昙钵经》（即《法句经》）梵本译为汉文⑤。上述事例都表明，佛教初传江南吴地，是在孙权当政初年；而开始建立佛寺，已在公元247年以后。虽然已开始建寺译经，但其影响有限，远未能成为民众普遍虔信的宗教。因此在孙吴中期以后，佛教艺术造型的影响在江南日渐扩展，但主要是用作装饰器物的图纹，缺乏真正的礼拜像。直到东晋南朝时期，佛教才成为上自帝

---

① 王仲殊：《论吴晋时期的佛像夔凤镜》，第256～268页。
② 释慧皎：《高僧传》，中国佛教典籍选刊本，1992年，第15页。
③ 释慧皎：《高僧传》，中国佛教典籍选刊本，1992年，第15页。
④ 释慧皎：《高僧传》，中国佛教典籍选刊本，1992年，第16页。
⑤ 释慧皎：《高僧传》，中国佛教典籍选刊本，1992年，第21～22页。

王下至普通百姓虔信的宗教，孙吴西晋时江南地区以佛教造像为器物装饰图纹的习俗，才为之改观，孙吴西晋时流行于江南的饰有佛像的谷仓罐乃至酒樽、熏、唾壶等陶瓷器，以及以佛教造像为装饰图纹的青铜镜等，从此绝迹。

还应注意到，自孙吴末年以来，吴地民众对佛教的认识也在逐渐深化，这从贴塑于谷仓罐上佛像位置的变化也可以反映出来。前述第一种谷仓罐上，贴塑的小佛像都在罐腹，与仙人（羽人）、神兽奇禽乃至水生动物等相间排列，明显不受尊重，也是作为神仙思想和早期道教附庸状态出现的。第二种谷仓罐，将小佛像立塑于罐上部，相对而言，其位置较之贴塑罐腹已受尊重。第三种谷仓罐，不仅将小佛像立塑于罐上部，而且将小佛像放置在全罐最高处的楼阁室内，则有一种尊敬供奉之意。这或许反映出，在吴地普通百姓心目中，佛的形象日益受到尊敬和崇信。因此，这次鄂州孙吴墓出土的陶佛像非常值得重视。第一，这尊像是迄今孙吴至西晋墓中出土、没有贴附于其他器物的独立的佛教造像；第二，这尊像被有意识地陈放在通往后室的甬道中；第三，在佛像两侧又各放置有胁侍的立俑，更显佛像的主尊地位。可以说这已经是"一铺三尊像"格局的雏形，应是表明死者（或其家族）对佛像的尊崇，这尊佛像可能具有作为礼拜像的含意。这一发现对研究孙吴末年佛教在民间的传播，以及吴地民众对佛教崇信的程度，都是极为重要的新资料。

（原载《考古》1996 年第 11 期。后收入《汉唐美术考古和佛教艺术》，科学出版社，2000 年）

百济定林寺遗址初论

　　1979～1980 年，韩国忠南大学校博物馆对韩国扶余市内的定林寺遗址进行了大规模发掘，揭示出这处百济时期的佛教寺院的平面布局，并在讲堂西南的回廊处发现有小型影塑残像，发掘报告已在 1981 年发表①。在报告书中将这些影塑残像定为"陶俑"，并初步指出这些俑像具有中国南北朝时期人物的造型特征，显示着与中国南北朝有文化联系②。约略同时，从 1979 年开始，中国社会科学院考古研究所对北魏洛阳城内永宁寺遗址进行发掘，直到 1994 年工作结束，曾在 1981 年发表了木塔塔基的发掘简报③，正式发掘报告出版于 1996 年④。永宁寺塔基出土影塑残像多达 442 件，将百济定林寺影塑残像同与之相距千里之外的北魏永宁寺的同类影塑残像相比较，不但造型特征相同，连它们的大小尺寸都完全一致，这不能不引起学者的关注⑤，因此有必要进一步探研。

---

① ［韩］尹武炳：《定林寺址发掘调查报告书》，忠南大学校博物馆、忠清南道厅，1981 年。

② 《定林寺址发掘调查报告书》，第 67～68 页。

③ 中国社会科学院考古研究所洛阳工作队：《北魏永宁寺塔基发掘简报》，《考古》1981 年第 3 期。

④ 中国社会科学院考古研究所：《北魏洛阳永宁寺——1979～1994 年考古发掘报告》，中国大百科全书出版社，1996 年。

⑤ 1985 年，定林寺出土影塑残像曾在日本奈良飞鸟资料馆"日本和韩国的塑像"展中展出，坪井清足为展览图册所作序言中，已谈到百济定林寺出土群像中的北朝样式的女人俑，与北魏洛阳永宁寺塔基出土的塑像相似。见飞鸟资料馆《飛鳥資料館図録第 14 冊·日本と韓国の塑像》，1985 年。

一

百济定林寺位于今韩国忠清南道扶余郡扶余邑东南里，在百济后期都城泗沘城遗址内的中央位置。日本侵占朝鲜时期，曾于1942～1943年对定林寺遗址进行过一次调查发掘。在那次调查发掘中，发现了带有铭文的瓦，瓦铭反文直书13字："大（太）平八年戊（戊）辰定林寺大藏当草"（图一）。太平为辽圣宗耶律隆绪年号，八年为公元1028年，相当于高丽第八代显宗十九年。表明是高丽时期重修寺庙时所烧制，又说明此寺原名定林。韩国建国后，1979～1980年，忠南大学校

图一 百济定林寺遗址出土残瓦铭文

博物馆正式对定林寺遗址进行发掘，总计发掘120天，发掘清理了中门、佛殿、讲堂、回廊等遗址（图二），获得了石雕佛像、影塑残像以及瓦当、瓦等遗物①。到1984年，门前的水池遗址（图三）发掘完毕②，从而揭露出定林寺的平面布局和主要建筑基址。

定林寺总平面呈长方形，坐北面南，居中的中轴线上由南向北设置中门、佛塔、佛殿和讲堂，四周围以回廊。在中门前设南门，南门前的东、西两侧各开有水池。南门遗址北距中门址24米，仅存部分石筑基坛。水池分为东、西两部分，中间铺设通道，宽约1.9米，通道正在全寺中轴线上。水池的东池面积略大，平面呈横长方形，东西长15.3、南

---

① ［韩］尹武炳：《定林寺址发掘调查报告书》，忠南大学校博物馆、忠清南道厅，1981年。

② 详见尹武炳《扶余定林寺址莲池遗迹发掘报告书》，《百济研究》第133～233页，忠南大百济研究所，1987年。本文所用韩文资料，承金镇顺、李正晓两位博士收集和口译。

北

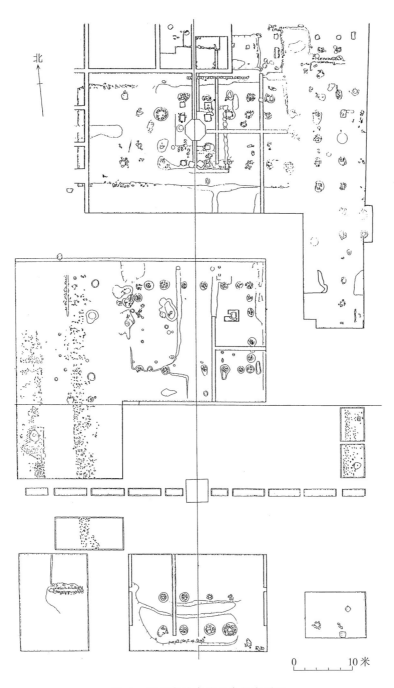

0   10 米

图二　百济定林寺遗址发掘实测图

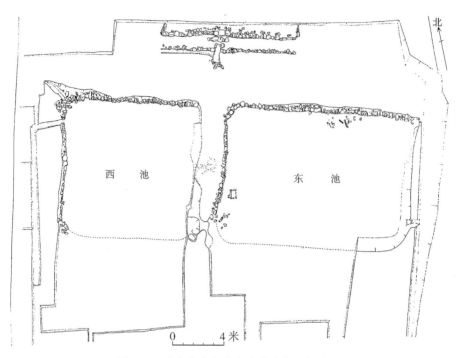

图三　百济定林寺门前水池遗址发掘实测图

北长 11 米，池北壁和西壁所砌护石保存较好；西池略小，平面近方形，东西长 11.2、南北长 11 米，池北壁和西壁所砌护石亦保存较好。中门基址东西长 13.1、南北长 7.1 米，保存有两列 8 个积石柱础，原中门建筑应为面阔三间、进深一间。中门以北，相距 19.98 米（中心距离，下同）处，现存一座高 8.33 米的五级石塔。石塔以北，相距 26.27 米处为佛殿基址，东西长 20.55、南北长 15.6 米，也保留有部分积石柱础，原建筑应为面阔五间，进深三间。佛殿以北，相距 31.7 米处为讲堂基址，讲堂曾在高丽时期重建过，东西长 24.64、南北长 10.7 米，原建筑面阔七间、进深三间。现基址中央还保留有高丽时期的石雕八角形莲座，全高 5.62 米，直径 1.7 米。目前莲座上安放有 1 件高丽时代的石佛坐像。经发掘获知，百济时期创建的殿基东西长 27.05 米，南北长 13.1 米。回廊东西全长 52.2 米，南北全长 83.5 米，廊宽 4.2 米，自中门东西两侧北折到讲堂东西两侧，形成围护佛塔、佛殿、讲堂的长方形院落。形成前塔后佛殿、讲堂四周廊庑的平面布局（图四）。

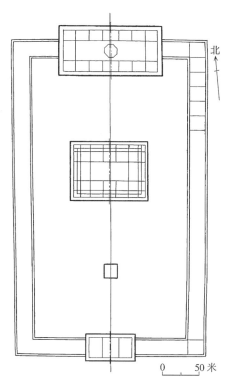

图四　百济定林寺平面布局图

在佛殿以西的西回廊处，出土1件滑石雕小型佛像，为一佛二菩萨三尊像，但仅存佛和左胁侍菩萨的下半部和右胁侍的足部。又在佛殿的东北隅发现有陶佛像的残片，残碎过甚，只能看出佛像的耳部和部分发髻，可能原为等身高的陶佛像。在回廊的西南隅，发现废弃后被埋藏的泥塑残像，数量较多。报告书中发表了85件，其中较多的是身躯残片或装饰残件，较完整的头像近20件，有佛像、比丘像及世俗人像，有戴笼冠或小冠的头像，也有卷发的胡人像等。佛头像残高5～11厘米，比丘及世俗人头像残高多在4～6厘米。它们应是原寺中影塑损毁后遭废弃的。

百济定林寺使用的瓦当，主要是莲花纹瓦当，单瓣八叶，花芯莲房饱满，莲瓣宽肥，当径11厘米左右（图五）。板瓦的纹饰多为绳纹、席纹、格子纹或平行线纹。

关于现存寺址内的五级石塔是否与定林寺创建时同时建造的问题，学者有不同的看法。有人认为原建的

图五　百济定林寺遗址出土莲花纹瓦当

是木塔，后来改为石塔①，但现存石塔仍为百济时期遗物。

二

  北魏洛阳永宁寺，坐落在洛阳城内宫城以南御道西侧。孝文帝迁都洛阳时，已规划在中轴线旁建皇家大寺，并且预留了位置②，但直到孝明帝熙平元年（516 年），才由灵太后胡氏主持修建。神龟二年（519 年）九级木塔已建成，塔内塑像应完成于正光元年（520 年）七月以前③。但到永熙三年（534 年），木塔即遭火灾而毁废。据《洛阳伽蓝记》所记，永宁寺建有木构九层高塔，塔后有可比拟皇宫中太极殿的佛殿，四周筑院墙，四面各开一门。另有僧房楼观一千余间④。经考古勘探和发掘，塔、佛殿、院墙和三面的门址均已究明，只是文献所记千余间僧房楼观的遗址，迄今尚未查到。

  据探测，永宁寺院墙以土夯筑，平面呈长方形，南北长 301 米，东西长 212 米，墙体宽约 1.5 米。外表施白灰墙皮，上涂朱色。在保存较好的西南角院墙，发现有墙体加厚的现象，形成南北长 15.8 米，东西长约 7 米的夯土基址。因此推测，原来寺院四角可能有角楼一类建筑。院墙四面均有门，但北门因修铁路等已遭破坏，无迹可寻。南门为永宁寺正门，筑于南壁中央处，现存夯土台基东西长 45.5 米，南北长 19.1 米，上存 3 列、每列 8 个方形黄砂"础痕"，其中西北角的 3 个和西南角的 1 个已无存。

---

① ［韩］金正基：《弥勒寺塔定林寺塔——建立时期的先后》，《考古美术》第 164 期，韩国美术史学会，1984 年，第 2～8 页。

② 神龟元年（518 年）冬，司空公、尚书令、任城王元澄奏曰："仰惟高祖，定鼎嵩瀍，卜世悠远。虑括终始，制洽天人，造物开符，垂之万叶。故都城制云，城内唯拟一永宁寺地，郭内唯拟尼寺一所，余悉城郭之外。"《魏书·释老志》，第 3044 页。

③ 神龟二年（519 年）八月，崔光曾上表，谏阻胡太后登九层佛图，可知木塔营建已竣工。但表文称"今虽容像未建，已为神明之宅"，又可知塔内尚未设佛像。详见《魏书·崔光传》。又胡太后被幽禁于正光元年（520 年）七月，故推测塔内塑像应在此前已完成。参看《北魏洛阳永宁寺——1979～1994 年考古发掘报告》，第 143 页。

④ （魏）杨衒之：《洛阳伽蓝记校释》，周祖谟校释，中华书局，1963 年，第 19～24 页。

由此可推知，原南门为面阔七间、进深二间的宏大建筑，正与《洛阳伽蓝记》所记"南门楼三重，通三道，去地二十丈，形制似今端门"[1] 的宏伟壮观相当。进入南门，在中轴线上为前塔后殿的布局。南门北距木塔塔基92米。木塔的塔基大致保存完好，为由地下至地面的多层的巨大夯土台基，地基夯土面与寺院地面大致取平，东西长101.2米，南北长97.8米，深入地下厚度超过2.5米。地基中心部位为正方形夯土基座，四周包砌青石，每边总长38.2米，座高2.2米。基座四面居中，各开宽约4.5米的斜坡漫道，表面原铺砌有青石板。台基之上保存分五圈排列的方形柱础，总计124个。在自外数第二圈柱础内，用土坯垒砌实心方柱体。方柱体的南面（正面）和东西两侧各开5座弧形佛龛，北面不设龛，或许原设登塔木梯。木塔北约60米，建有佛殿，已遭严重破坏，仅能测知夯土殿基东西长54米，南北长25米。永宁寺院墙东西两门，规模小于南门，均开于院墙偏南处，正对木塔塔基东西两侧的漫道。东门遗址破坏严重，仅能测知位置。西门基址平面呈"凸"字形，东西长18.2米，南北长24～30米，东距塔基72米。这表明，永宁寺是以佛塔为中心、前塔后殿的平面布局（图六）。

对永宁寺塔基的发掘中，获得数量多达1560余件彩塑残件，因遭火灾高温焚烧，泥塑已坚硬如陶质。按形体大小可分为三类。大型像包括等身像和比等身更大的塑像；中型像小于等身像，身高约1～1.4米；小型像的身高多数在50厘米左右。各型像无一完整的，但中、小型像有的头部尚保存完整；小型像有的虽缺头部，但身躯保存尚较完整。从残存头像观察，有佛像、菩萨像和比丘像。还有世俗人像，其中有戴笼冠或小冠侍臣，梳各式发髻的仕女，也有戴兜鍪的武士，扎巾着帽的胡人，等等。这些小型像应是塔内影塑礼佛图像损毁后的残件。

永宁寺遗址出土的板瓦和筒瓦多为素面，少数带有绳纹。瓦当图案以莲花纹为多，花瓣8～10个，瓣形较窄。也有的莲瓣宝装，且周绕一圈联珠

---

① 《洛阳伽蓝记校释》，第22～23页。

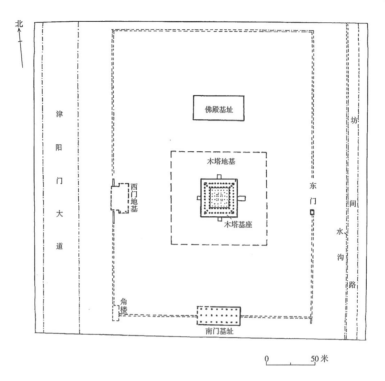

图六　洛阳北魏永宁寺遗址平面图

纹。还有瓦当在莲芯有生出化生的莲花化生图案，似为佛寺所特制（图七）。此外，还有兽面纹、忍冬纹和云纹瓦当。

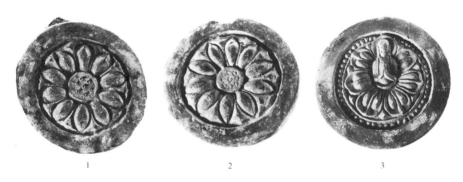

图七　北魏永宁寺遗址出土莲花纹和莲花化生瓦当
1. T1：3027　2. T30：3156　3. T1：3047

三

　　比较北魏洛阳永宁寺和百济定林寺的平面布局和出土影塑残件等遗
物，可以看出它们有许多共同之处。

　　两寺的平面布局都是在佛寺中轴线上依次建造寺门、佛塔和佛殿，正
是东晋南北朝以来中国佛寺流行的前塔后殿的布局①。但是也有不同之处，
就是北魏永宁寺明显以九级木塔为全寺中心，寺正门及东、西门都相对木
塔开设。百济定林寺虽亦为前塔后殿，但并不以塔为中心，且于佛殿之后
建有宏大的讲堂，这是永宁寺所没有的。

　　两座佛寺建筑物上使用的瓦当，主要都是南北朝时期普遍使用的莲花
纹瓦当，瓦当中心是花芯，为正视的圆形莲实，其上有多枚圆形的莲子，
周绕莲瓣。不同之处在于莲瓣的造型，定林寺瓦当莲瓣宽肥；而永宁寺瓦
当的莲瓣相对瘦长，且有的莲瓣宝装，还有的莲芯出化生（图七：3）。

　　在北魏永宁寺和百济定林寺出土的影塑残件中，最为相似的要属戴笼
冠的人头像，以定林寺首部 A（残高 6.7 厘米）与永宁寺 T1：1034（残高
8.2 厘米）两像相比较，除了后者形体略大外，其余如笼冠样式和人物面
相都大致相同（图八）。永宁寺出土的笼冠头像中，有一件（T1：1104）的
冠前塑出蝉珰，冠后插笔，更表明这类人像的身份，应为帝王身边的侍中
等近臣。因为这类戴笼冠的人像面相娇好，过去多误视其为女像②，这次
永宁寺出土的笼冠像中，已发现有的面相虽然娇好，但颏下塑出修剪整齐
的胡须，如 T1：1084、T10：1124 均如此，表明那只是美少年熏香剃面后的
容貌③。两寺出土影塑残像中年轻的比丘头像，也极相似，如定林寺首部 G

---

① 宿白：《东汉魏晋南北朝佛寺布局初探》，《庆祝邓广铭教授九十华诞论文集》，河北教育出版
　　社，1997 年，第 31～49 页。
② 参看《飛鳥資料館図録第 14 册・日本と韓国の塑像》，序与第 39 页。
③ 李力：《北魏洛阳永宁寺塔塑像的艺术与时代特征》，《汉唐之间的宗教艺术与考古》，文物出
　　版社，2000 年，第 353～375 页。

1　　　　　　　　　　2　　　　　　　　　　3

图八　百济定林寺与北魏永宁寺影塑
1. 百济定林寺影塑（首部 A）　2. 北魏永宁寺影塑（T1：1034）　3. 北魏永宁寺影塑（T1：1104）

与永宁寺 T1：1003，只是前者形体略
小（图九）。其他如戴进贤冠的人头
像，以定林寺首部 D 与永宁寺 T10：
1123 两像相比较，只是后者冠翼上部
已残断，其余大致相同（图一〇）。
至于一些身躯残件，也可以观察到许
多造型相似之处。永宁寺 T7：2685 显
示的衣带宽博凸腹的体态，在定林寺
下半身 N 也表现明显（图一一）。定

图九　百济定林寺与北魏永宁寺影塑
1. 百济定林寺影塑（首部 G）
2. 北魏永宁寺影塑（T1：1003）

林寺上半身 B 更与永宁寺 T1：2014 所塑出的服饰特点极为相似（图一二）。
总之，百济定林寺发现的影塑残像与北魏永宁寺出土的影塑残像的造型，
确实具有不容忽视的共同特征，说明两者之间在文化上存在着密切的
联系。

四

百济定林寺的平面布局，特别是影塑的造型，与北魏永宁寺在文化上
有密切联系，这是否反映出当时北魏与百济之间存在密切的交往？答案是

图一〇　百济定林寺与北魏永宁寺影塑
1. 百济定林寺影塑（首部D）　2. 北魏永宁寺影塑（T10∶1123）

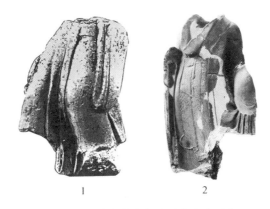

图一一　百济定林寺与北魏永宁寺影塑
1. 百济定林寺影塑（下半身N）　2. 北魏永宁寺影塑（T7∶2685）

图一二　百济定林寺与北魏永宁寺影塑
1. 百济定林寺影塑（上半身B）　2. 北魏永宁寺影塑（T1∶2014）

否定的。因为在当时的历史条件下，百济想要与北魏交往是极为困难的，陆路有高句丽阻隔于两国之间，同时高句丽与百济长期处于战争状态，而高句丽又与北魏王朝交往密切。以北魏孝文帝在位时为例，据《魏书·高祖纪》，在延兴二年至五年、承明元年、太和元年和三、八、九至十九、二十二年，都有高句丽遣使朝献的记录，有的一年中有两次甚至三次①，总数超过30次之多，足见高句丽与北魏交往之密切。当时北魏置诸国使邸，南朝齐使第一，其次就是高句丽，足见对其重视。太和十五年（491年）十一月，孝文帝在得知高句丽王高琏死讯后，还为其"举哀于城东行宫"。与之相比，太和年间仅记录了一次百济遣使来魏，但北魏出使的官员却没能抵达百济，因而两国并没有能建立联系。

百济这次遣使到北魏，目的是请求北魏压制其宿敌高句丽，时在延兴二年（472年）。《魏书·高祖纪》："八月丙辰，百济国遣使奉表请师伐高丽"②。《魏书·百济传》对百济王余庆所遣使者弗斯侯、余礼等所上表文记述较详细，表中叙述，百济与高句丽虽然同源出夫余，但至高句丽王钊时，两国开始发生战争，经过连年战祸，财殚力竭，因此请求北魏皇帝"若天慈曲矜，远及无外，速遣一将，来救臣国，当奉送鄙女，执扫后宫，并遣子弟，牧圉外厩。尺壤匹夫不敢自有"。还保证北魏出兵时，"当率所统，承风响应"。表文中又尽数高句丽的罪状，特别是高句丽"或南通刘氏，或北约蠕蠕，共相唇齿，谋陵王略"。还送来一马鞍，说是遭高句丽沉海杀害的中国使者的遗物。孝文帝并未答应百济的请求，他在回答的诏文中指出："卿所送鞍，比校旧乘，非中国之物。不可以疑似之事，以生必然之过。"又说："但以高丽称藩先朝，供职日久，于彼虽有自昔之衅，于国未有犯令之愆。卿使命始通，便求致伐，寻讨事会，理亦未周。"但

---

① 据《魏书·高祖纪》，孝文帝在位时，有20年中曾有高句丽遣使朝献的记录。其中一年中1次的，有太和八、十、十一、十三、十四、十七至十九、二十二诸年；一年中2次的，有延兴二至五年、承明元年、太和元、三、九、十五诸年；太和十二年的二、四、八月和十六年的三、六、十月，都记有高句丽遣使事，每年多达3次，总次数达33次。第136～184页。

② 《魏书·高祖纪》，第137页。

是孝文帝认为，百济僻远，冒险朝献，所以对其使者礼遇优厚，并"遣使者邵安与其使俱还"，"又诏（高句丽王）琏护送安等"。但是北魏的使臣并没有能够抵达百济。"安等至高句丽，琏称昔与余庆有仇，不令东过，安等于是皆还。乃下诏切责之。五年，使安等从东莱浮海，赐余庆玺书，褒其诚节。安等至海滨，遇风飘荡，竟不达而还。"① 自此以后，北魏与百济之间再也没有任何接触②。

《三国史记·百济本纪》将此事系于盖卤王（庆司）十八年，所引百济王上北魏皇帝表文及孝文帝诏文等，均同于《魏书·百济传》，只是文末加有"（百济）王以丽人屡犯边鄙，上表乞师于魏，不从，王怨之，遂绝朝贡"③。

从上述情况可知，北魏与百济之间基本没有官方联系，就算有民间交往，也受高句丽和大海阻隔，困难重重。因此其间同样缺乏文化联系，百济定林寺影塑自难是受北魏影响的结果。由于二者的艺术造型又如此近似，答案只能是二者同受同一来源之影响，也就是当时中国南朝的影响。北魏永宁寺雕塑深受南朝影响，学者早有论述④，百济与南朝的交往，亦多文献与实物例证，现再概述于下。

---

① 《魏书·百济传》，第 2217~2219 页。
② 《南齐书·东南夷·百济传》曾记，齐授百济王牟大为都督百济诸军事、镇东大将军的同一年，"魏虏又发数十万攻百济，入其界，牟大遣将沙法名、赞首流、解礼昆、木干那率众袭击虏军，大破之。"所记不实。按《南史·百济传》，授牟大"镇东大将军"乃"齐永明中"时事，当时北魏正值孝文帝迁洛改制之际，无暇顾及与之未建联系的小国百济，更不可能派遣数十万大军赴辽东，穿越高句丽去攻打百济。
③ 参见（高丽）金富轼撰《三国史记》卷二五，韩国景仁文化社影印 1927 年朝鲜史学会排印本，1995 年，第 253~255 页。
④ 宿白先生在《北朝造型艺术中人物形象的变化》一文中指出："以张僧繇为代表的南朝新风，大约在梁武帝中期，其影响已及于北魏新都洛阳。……摹拟南朝新式样，自然又成为北朝艺坛的时尚。于是，北魏皇室营建的永宁寺塔内，在神龟二年（519 年）八月以后不久，兴造了头部长 7 厘米、身高 15 厘米等与萧梁人物形象极为接近的一批塑像。"见《中国石窟寺研究》，文物出版社，1996 年，第 351 页。李力在《北魏洛阳永宁寺塔塑像的艺术与时代特征》一文中，据此进行了一些具体的比较和分析。

五

　　从公元 5 世纪初期开始，百济已越海，与中国江南的东晋和南朝历代政权建立了密切的联系。据《宋书·百济传》记载，东晋安帝"义熙十二年（416 年），以百济王余映为使持节、都督百济诸军事、镇东将军、百济王"①。刘宋取代东晋后，宋武帝刘裕即改百济王镇东将军进号镇东大将军②，由第三品进升至第二品③，表明当时对百济很重视。此后南齐亦封百济王为使持节、都督百济诸军事、镇东大将军④。梁代齐后，天监元年（502 年），以百济王牟太为征东将军，"寻为高句骊所破，衰弱者累年，迁居南韩地。普通二年（521 年），王余隆始复遣使奉表，称累破句骊，今始与通好"。余隆即百济武宁王，从此百济与梁交往日益密切，梁改封余隆为使持节、都督百济诸军事、宁东大将军、百济王。文化之间的交流也日趋繁荣，"中大通六年（534 年），大同七年（541 年），累遣使献方物，并请涅槃等经义、毛诗博士，并工匠、画师等，敕并给之"⑤。

　　有关百济受东晋、南朝文化影响之深，表现在佛寺布局造像和墓葬制度两方面最为明显。佛教初传百济，在沈流王即位时，当东晋孝武帝太元九年（384 年），胡僧摩罗难陀自东晋来到百济，受到沈流王礼敬，于次年春二月创建佛寺于汉山，百济佛法始于此⑥。到萧梁时期，百济不但佛寺建筑和造像受到南朝影响，还曾在百济为梁帝建寺。《三国遗事》卷三记

---

① 《宋书·夷蛮·百济传》，第 2393 页。
② 《宋书·夷蛮·百济传》，第 2394 页。
③ 据《宋书·百官志》，诸大将军为第二品，诸征、镇至龙骧将军为第三品，第 1260～1261 页。
④ 《南齐书·东南夷·百济传》之上半篇缺佚。《册府元龟》九六三："齐高帝建元二年三月，百济王牟都遣使贡献。诏曰：宝命维新，泽被绝域。牟都世藩东表，守职遐外，可即授使持节、都督百济诸军事、镇东大将军。"应为《百济传》缺页中佚文。见中华书局校点本校勘记注［六］，第 1020 页。
⑤ 《梁书·诸夷·百济传》，第 804 页。
⑥ 《三国史记·百济本纪》，第 248 页。

载："于大通元年（527 年）丁未，为梁帝创寺于熊川州，名大通寺。"注
云，"熊川即公州也"。当时公州属百济版图，丁未年为圣王五年①。宿白
先生指出，按《南史·梁本纪》中记大通之名，系"取反语以协同泰"，
同泰为梁武帝于大通元年（527 年）创建有九级浮图的皇家大寺。百济为

图一三　韩国公州邑班竹洞百济寺庙遗址
出土"大通"铭文残瓦

梁帝所创大通寺，或亦有取法同泰
之规制②。现在韩国公州邑班竹洞
发现的寺庙遗址，出土有百济时期
的莲花纹瓦当以及押印"大通"
铭文的残瓦（图一三），可能即为
大通寺址③。但是该遗址中百济时
期的遗迹只保存有讲堂遗址，推测
其南原有佛殿址和佛塔址。另一些
百济时期的佛寺遗址，则保存有较
完好的平面布局，其中仿效南朝佛

寺前塔后殿、殿后设讲堂、周绕回廊布局的佛寺，有扶余邑西琴江川西岸
的金刚寺址、陵山里古寺址④、军守里古寺址⑤等（图一四）。也有不设佛
塔而只有佛殿和讲堂的布局，如扶余邑东南里古寺址⑥。上述遗址出土的
瓦当，都是莲瓣宽肥的莲花纹瓦当，莲花的造型和南京地区南朝莲花纹瓦
当和莲花砖纹造型极为近似。各佛寺遗址中出土的佛教造像不多，且多为
残像，但仍可看出南朝造像对百济佛像的影响。例如扶余邑东南里古寺址

---

① 《三国遗事》将此事系于"原宗兴法"条，见崔南善增补本第 129 页，韩国瑞文文化社，1999
　　年。谓为新罗法兴王事，大同元年当法兴王十五年，当时熊川（公州）为百济版图，故大通
　　寺应为百济圣王所立，时武宁王逝世不久，正是梁与百济交往最密切的时期。
② 宿白：《东汉魏晋南北朝佛寺布局初探》，《庆祝邓广铭教授九十华诞论文集》，第 45 页。
③ ［日］大川清：《百济の考古学》，日本雄山阁，1972 年。
④ 宿白先生在《东汉魏晋南北朝佛寺布局初探》的附录"百济、新罗佛寺遗迹资料"中，对金
　　刚寺址和陵山里古寺址的情况有概要介绍，《庆祝邓广铭教授九十华诞论文集》，第 46 页。
⑤ ［日］石田茂作：《扶余军守里废寺址发掘调查》，朝鲜古迹研究会《昭和十一年度古迹调查
　　报告》，1937 年，第 45～55 页。
⑥ ［日］石田茂作、斋藤忠：《扶余东南里废寺址发掘调查》，朝鲜古迹研究会《昭和十三年度
　　古迹调查报告》，1940 年，第 36～46 页。

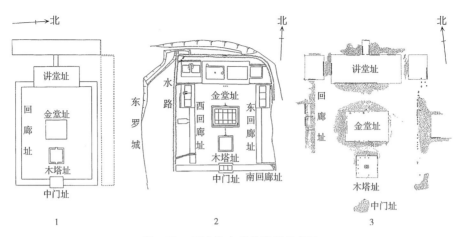

图一四　百济佛寺遗址平面示意图
1. 金刚寺址　2. 陵山里古寺址　3. 军守里古寺址

出土的蜡石雕菩萨像残躯，其服饰、项圈等造型，都与四川成都市西安路梁天监三年（504 年）比丘释法海造无量寿像的胁侍菩萨相似①。

在墓葬制度方面，公元 6 世纪时百济出现的砖室墓，特别是使用模印花纹砖的大墓，明显是接受南朝文化的产物，其中以韩国忠清南道公州郡公州邑宋山里墓群最值得注意。这一墓群至少已发掘 9 座墓葬，多数是横穴式石室墓（1~5 号坟）和竖穴式石椁墓（7、8 号坟），只有第 6 号坟以及位于第 5 号坟和第 6 号坟中间的武宁王陵，是两座砖室墓②。都是平面呈长方形的拱券顶砖筑墓室，前设甬道，墓壁砌筑，使用了模印莲花和网纹图案的花纹砖，以三顺一丁的砌法起砌墓壁。在武宁王陵的左、右两壁和后壁，还砌有直棂假窗，窗的上部都砌有桃状火焰形灯龛，龛内置瓷灯盏（图一五）。在墓的前方，还设有砖砌的下水道③。这些方面都与中国南朝陵墓酷似，说明它们完全是按照中国南朝的墓制营建的④。在宋山里第 6

---

① 成都市文物考古工作队、成都市文物考古研究所：《成都市西安路南朝石刻造像清理简报》，《文物》1998 年第 11 期。
② 参看［韩］金基雄《百济の古坟》，日本学生社，1976 年。
③ 大韩民国文化财管理局：《武宁王陵》，永岛晖臣慎日译本，日本学生社，1974 年；贾梅仙：《朝鲜南部武宁王陵简介》，《考古学参考资料》第 6 册，文物出版社，1983 年，第 66～80 页。
④ 参看［日］冈内三真《百济武宁王陵と南朝墓の比较研究》，《百济研究》1980 年第 11 期。

号坟的墓砖侧面，还曾发现有汉字铭文"梁官瓦为师矣"①，更表明连制砖都曾得到来自梁朝的匠师的指点。武宁王陵中也出现有局部彩绘，在桃状火焰灯龛周缘涂朱红色，并绘有青色的卷草纹饰。在第 6 号坟的砖壁上，还按东、南、西、北四个方位，绘出四神图像（图一六），青龙、白虎等的形态特征，也与东晋、南朝墓壁画和拼镶砖画中的龙、虎相同②。均可证明，当时百济请求梁派工匠、画师的记载，确是历史事实。

墓葬内随葬的物品，更鲜明地显示出南朝文化的影响。在武宁王陵中，放置有石质墓志和买地券③，都是依照中国习俗，并且全用汉字书写。

1　　　　　　　　　　　　　　　　　　2

图一五　百济武宁王陵
1. 武宁王陵墓室　2. 武宁王陵墓壁灯龛

---

① 该砖现存韩国忠南大学校博物馆。参看韩国忠南大学百济研究所《百济の古瓦》，图版 170，日本学生社，1976 年。

② 宋山里第 6 号坟所绘青龙、白虎的形态特征，接近东晋霍承嗣墓壁画，特别是白虎前肢的姿态相同。参看云南省文物工作队《云南省昭通后海子东晋壁画墓清理简报》，《文物》1963 年第 12 期。江苏丹阳南朝拼镶砖画上的龙、虎图像参看姚迁、古兵《六朝艺术》，图版一八〇、一八九、一九〇，文物出版社，1981 年。

③ 武宁王陵葬于乙巳年（525 年），放置武宁王石墓志和买地券各 1 件；己酉年（529 年）葬入王妃时，又在买地券背面加刻王妃墓志。

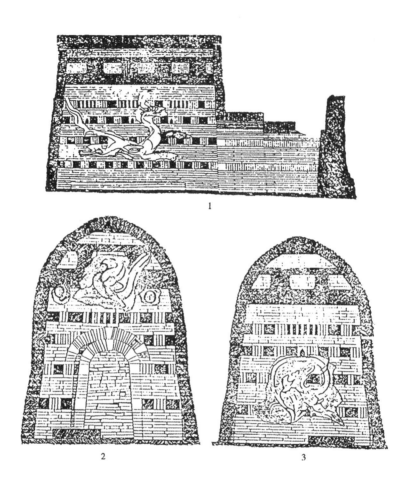

图一六　韩国公州邑宋山里第6号坟四神壁画
1. 青龙　2. 朱雀　3. 玄武　4. 白虎

特别是墓志，从形式到内容都仿效中国南朝的墓志，而且志文中的"宁东大将军"，也正是梁武帝赠予的官职。墓内的石雕镇墓兽，是仿效南朝墓中的镇墓兽的形貌雕制的。随葬的瓷器和铜镜，有些应是由南朝输入的物品①。

综上所述，中国东晋南朝特别是萧梁与百济的交往十分密切，南朝文化更对百济有深远的影响。

六

在北魏与百济之间没能建立官方联系，而南朝与百济交往密切的大的历史背景下，可以确定百济定林寺的影塑像并非受到北魏永宁寺影塑像影响，答案应该是百济定林寺和北魏永宁寺两处的影塑，分别是先后受到南朝影响的产物。

为了进一步说明百济定林寺是深受南朝影响而修建的佛寺，再将有关的文献和实物资料简析如下。

定林寺的平面布局，是在中轴线上依次排列中门、佛塔、佛殿和讲堂，周绕回廊。中门距佛塔、佛塔距佛殿、佛殿距讲堂之间距离的比例为4：5：6。讲堂前庭院空间明显大于佛殿前和佛塔前。而且讲堂的面阔大于佛殿，讲堂创建时，台基面阔27.05米，佛殿台基面阔仅为20.55米。如果与北魏永宁寺平面布局对比，虽然二者都在中轴线上依次排列寺门、佛塔和佛殿，同为前塔后殿的布局，但永宁寺明显以佛塔为中心，正门和东西两侧门均正对佛塔，佛殿后并无讲堂建筑。据《洛阳伽蓝记》，殿内"中有丈八金像一躯，中长金像十躯，绣珠像三躯，金织成像五躯，玉像二躯。作工奇巧，冠于当世"②。看来似与佛塔同为观像礼佛的场所，缺乏专供讲经的讲堂，或许与当时南方佛教偏尚玄学义理，而北方重在宗教行

---

① 铜镜参看［日］樋口隆康《武宁王陵出土镜と七子镜》，《史林》卷55第4号，1972年7月。瓷器可参看贾梅仙《朝鲜南部武宁王陵简介》，第78页。
② 参看《洛阳伽蓝记校释》，第21页。

为有关①。南朝帝王特别是梁武帝，深重涅槃之学，作疏并自讲②。所以
《梁书·武帝纪》说他"笃信正法，尤长释典，制《涅槃》《大品》《净
名》《三慧》诸经义记，复数百卷。听览余闲，即于重云殿及同泰寺讲说，
名僧硕学，四部听众，常万余人"。因此，《武帝纪》中多有去佛寺讲经的
记述。例如中大通三年（531 年）"十一月乙未，行幸同泰寺，高祖升法
座，为四部众说《摩诃般若波罗蜜经》义，讫于十二月辛丑"。中大通五
年（533 年）"二月癸未，行幸同泰寺，设四部大会，高祖升法座，发
《金字摩诃波若经》题，讫于己丑"。两次讲经用时都长达 7 天之多③。而
《魏书》记北魏帝后去石窟佛寺，则多系礼佛，缺乏帝王用数天时间去佛
寺升法座、讲授经义之记录。可能因为此，同泰寺和永宁寺虽然同为南北
皇家大寺，前者在寺院主要位置构筑讲堂，但永宁寺遗址中轴线上的主要
位置缺少讲堂。主要接受中原地区影响的高句丽领域内的佛寺，其平面布
局也以佛塔为中心。占地面积最大的当属平壤市力浦区龙山里的定陵寺址
（图一七），总面积为 37000 平方米左右，由左右系列的三个部分组成，中
央是佛寺主体，中门内居中为八角形的塔基，其左、右侧和殿后面各有一
佛殿址，后殿两侧各有一楼阁基址，可能分别为钟楼和藏经阁，在塔和佛
殿间缺乏讲堂建筑。在佛殿后面（北面）有供居住的带有回廊的房舍遗
址，从这里越过沟渠上架的渡桥，可径至后面龙山上的"东明王陵"④。据
认为这座寺庙修建的时间与高句丽迁都平壤的时间相近，也与北魏文成帝
复法、诏诸州郡县于众居之所各听建佛图一所的时期相当。在平壤大城区

---

① 汤用彤先生在论佛教之南统与北统时，已指明："至晋末宋初，拓跋氏自代北入主中原。秦凉
佛教，颇受兵残。自后政治上形成南北之对立，而佛教亦且南北各异其趣。于是南方偏尚玄
学义理，上承魏晋以来之系统。北方重在宗教行为，下接隋唐以后之宗派。"详见《汉魏两晋
南北朝佛教史》第 487 页，中华书局，1955 年。

② 《汉魏两晋南北朝佛教史》，第 703～712 页。

③ 《梁书·高祖纪》，第 75、77 页。

④ 本文草就后，宿白先生指出，文中应补入高句丽定陵寺遗址，并将有关资料请人带给我，现
遵嘱补入。参见［朝］朴晋煜《朝鲜考古学全书（中世篇·高句丽）》第三章第一节，《历史
与考古信息·东北亚》2001 年第 2 期，第 56～58 页。关于寺名"定陵"，该文作者认为，与
"东明王陵"有关，但"定陵"与"定林"是否有关，尚待研讨。

的金刚寺址等高句丽佛寺遗址，也是前塔后殿的平面布局①。均表明高句丽佛寺平面布局与中原北朝佛寺布局有密切关系。因此百济定林寺与北魏永宁寺平面布局的差异，正说明百济定林寺是仿效当时南朝佛寺修筑而成。

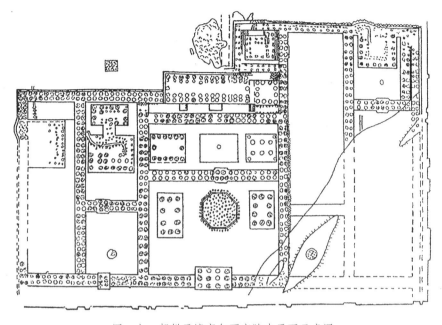

图一七　朝鲜平壤高句丽定陵寺平面示意图

　　百济定林寺的寺名，很可能亦源于南朝，仿自南朝都城建康钟山当时有名的上定林寺。宿白先生曾指出："钟山上定林寺创于宋元嘉十二年（435年）或元嘉十六年（439年），齐梁以还，律师僧祐、《成论》僧柔、《摄论》法泰等高僧多止此寺，诵经宣讲。11世纪以寺久废，有僧善鉴移寺额改建于方山，今钟山寺址已无踪可寻，韩国定林之遗迹，或可仿佛其一二。"②

　　百济定林寺遗址的出土物中，有1件残石造像（图一八），原应为佛三尊像，但仅存主尊佛像的下半身和两侧胁侍菩萨。右侧菩萨仅存一双赤足和下踏的莲台；左侧菩萨头部及双足已无存，身躯保存尚好。主尊的佛衣褒衣

① 《历史与考古信息·东北亚》2001年第2期，第57页。
② 宿白：《东汉魏晋南北朝佛寺布局初探》，《庆祝邓广铭教授九十华诞论文集》，第45页。

博带样式，下摆宽博，向左右扩展，衣纹居中，呈下凹纹悬垂。其特征与四川成都西安路出土梁天监三年（504 年）比丘释法海造像（H1：7）、中大通二年（530 年）比丘晃藏造释迦像（H1：3）主尊佛衣样式及衣纹特征相同①。胁侍菩萨所着帔帛腹前交叉的样式，也近于释法海造像（图一九）。明显是仿效南朝的造像。出土瓦当的莲花纹莲瓣宽肥，明显与北魏永宁寺的莲花瓦当不同，目前虽然缺乏南朝佛寺遗址出土的瓦当材料，但是在南京钟山南朝坛类建筑遗存一号坛出土瓦当中，Ⅳ型莲花纹瓦当的花瓣宽肥。同时南京地区南朝大墓中使用的花纹砖，颇多莲花纹砖，有的莲瓣宽肥，如南京西善桥油坊村大墓墓壁使用的花纹砖中，有的莲花纹正是花芯为圆莲房，上布莲子，周绕 8 瓣肥宽莲瓣②。在河南邓县南朝画像砖墓中，更不乏莲瓣宽肥的莲花纹砖③。这些均可作为定林寺莲花纹瓦当艺术造型受南朝影响的旁证。

图一八　百济定林寺出土　　　　图一九　成都梁天监三年
残石三尊像　　　　　　　　释法海造像（H1：7）

① 成都市文物考古工作队、成都市文物考古研究所：《成都市西安路南朝石刻造像清理简报》，《文物》1998 年第 11 期，第 10 页和 6～7 页。
② 罗宗真：《南京西善桥油坊村南朝大墓的发掘》，《考古》1963 年第 6 期。
③ 河南省文化局文物工作队：《邓县彩色画象（像）砖墓》，文物出版社，1958 年。

综上所述，百济定林寺确应为仿效南朝佛寺所营造，从佛寺平面布局到造像艺术特征，无不反映出南朝文化艺术的深远影响，是当时百济与中国南朝交往密切的物证，对研究古代中韩交往的历史无疑具有重要价值。在缺乏南朝佛寺遗址的考古发掘的情况下，与南朝关系密切的百济佛寺考古勘察和发掘资料，也对推测南朝佛寺布局提供了有用的参考资料。还应注意到，远隔大海互无联系、年代又有先后的北魏永宁寺和百济定林寺，由于同样仿效南朝的造型艺术，竟能塑造出造型特征如此相似的佛寺影塑，说明当时北方和周边邻国对南朝艺术的仰慕是超出今人想象的，能够按原样移植于北方及邻国百济，这是永宁寺和定林寺出现造型特征雷同的影塑的原因。南朝艺术有如此深远的影响力，过去对此估计不够充分，今后应予注意。

（原载《宿白先生八秩华诞纪念文集》，文物出版社，2002 年。后经重排，增补注文，收入《中国古兵与美术考古论集》，文物出版社，2007 年）

后记　宿季庚师八十华诞时，以徐苹芳为首的学生准备编纪念文集。当时季庚师明确告诉我们，学生们给邓广铭先生编纪念文集时，集中收录的每篇文章，邓先生都亲自审阅，经邓先生同意后才可以收入，以保证文集中每篇论文都具有一定的学术水平，因此他也要和邓先生一样，要亲自审稿。为了减轻季庚师的负担，又决定送来的论文先由徐苹芳初审，通不过就退回重写或另送他文。徐苹芳初审通过后，再送宿先生复审，通过后才可编入纪念文集。当时我所以选百济定林寺遗址进行论述，是因为季庚师在《东汉魏晋南北朝佛寺布局初探》中，曾将"百济、新罗佛寺遗迹资料"列为文末附录，其中简介了百济定林寺遗迹。我因去韩国访问时，曾多次考察定林寺遗址，并检视出土的塑像，并由韩国博士生金镇顺等协助检索了有关考古报告和研究文献，从而撰著了本文，以作为季庚师论文的补充资料。文成后经徐师兄同意，后送季庚师过目，然后收入纪念文集中，为老师祝寿。

四川早期佛教造像

20 世纪 60 年代初，北京关心中国佛教艺术的诸先生，已经注意到探究中国早期佛教造像这一学术课题。当时阎述祖（文儒）师替中国佛教学会为锡兰（今斯里兰卡）撰著中国石窟寺艺术，他住在广济寺，经常于晚上叫我去研讨写作中的问题，常与巨赞法师和赵朴初聊天，当时谈及已发现的早期佛教造像等问题。为此我曾应约在中国佛教学会所办《现代佛学》1962 年第 4 期发表了《国内现存最古的几尊佛教造像实物》一文，但囿于当时资料的限制，难以做进一步探讨。从那以后，随着文物考古事业的发展，不断有新的有关中国早期佛教造像的资料被发现，开拓了人们的眼界，也吸引了一些考古学者的注意力，陆续发表了一些探究性的文章，获得了比以前更多的成果，但是也产生了一些新的问题。随着新的文物考古资料的发现，有关探讨将会日益深入而得出更为切合实际的结论。

四川地区的佛教造像遗存极为丰富，但以唐宋及其以后时期的资料占绝大多数。这里所谓的"早期"，指汉至南北朝时期的造像资料，又可以区分为前后两个时期。前期包括东汉至三国蜀汉时期；后期是南北朝时期，至北周领有蜀地时为止。

四川地区已发现的东汉至蜀汉时期与佛教造型艺术有关的资料，主要发现于古代墓葬之中，又以下述两类资料最多，其一是墓室雕刻出的图像；其二是墓内随葬品上的装饰图像，在这类图像中，又以"摇钱树"的陶座上以及铜铸枝干上的图像为主。

谈到汉魏时期的与佛教造型艺术有关的文物资料时，我认为必须首先区别它们是当时佛教信徒供养礼拜的佛教造像，还是仅仅受到佛教艺术影响出现的装饰性图像。这一区别，对当时当地佛教是否已真正作为一种宗教流行的分析，也是至关重要的，但是这一点却常被人们忽视。

为说明上述问题，可举大家熟知的一些考古资料为例。武昌莲溪寺吴永安五年（262年）墓出土的刻有菩萨装佛教造像的鎏金铜饰片（图一），明显是马具中用于鞯带的饰件。吴、西晋青瓷器上贴塑的小型佛像，具有明显的莲座和狮子座，头光和衣纹也表明确是佛教造像，它们较多地出现在随葬的谷仓罐（或称"魂瓶"）之上，但也出现在唾壶（图二）等用具之上。有的魂瓶腹部，佛像甚至与鱼鳖等图像共列。六朝青铜镜背的装饰图案中，佛像有时出现在神仙、神兽图像之中。上述资料只能表明，当时的造型艺术品已受到佛教艺术的影响，甚至将其列入神仙图像的行列，但并不十分尊敬，绝不是人们顶礼供养的佛教造像。因为虔信佛教的信徒，绝不会将佛像用于装饰马具以及盛痰的唾壶。这也表明，在三国西晋时期，佛教虽已开始在江南地区传播，也开始建立寺塔，但是其影响有限，并不像以后东晋南朝时期江南地区那样，佛教成为自帝王乃至普通百姓虔信的宗教。

图一　湖北武昌莲溪寺孙吴墓出土　　图二　江苏南京孙吴青瓷佛像纹唾壶
鎏金铜佛像纹鞯带饰片

对于在古代墓室画像中出现的与佛教艺术有关的图像，情况也大致相同。在和林格尔壁画墓、沂南画像石墓等东汉时期图像中，与佛教艺术有

图三　河南新郑出土春秋时期
青铜立鹤莲花方壶

关的图像，都是作为中国本土的神仙思想和早期道教的附庸状态出现的。但到佛教真正流行以后就不同了，例如在吉林集安高句丽族早期墓的壁画中，如长川1号墓内，不但绘有佛像和菩萨像，而且绘出在佛像前墓主人跪拜顶礼的图像。

此外，对于一些可能与佛教艺术有关的图像，也必须进行具体分析。多年前在北京举行的连云港孔望山摩崖造像学术讨论会上，我的朋友马雍曾向我挑起关于胡人形象与佛教艺术造像关系的争论。十分明显，胡人形象在汉代的画像和陶俑中经常出现，因此，不能认为胡人的出现必然与佛教有直接的联系。与之相类似的装饰图像，还有莲花和大象，它们自先秦时已是中国图像艺术题材，如大家熟知的先秦青铜器中的象尊与立鹤莲壶（图三），它们都与佛教艺术无关。因此，当莲花和大象等造型在汉魏时期艺术品中出现时，要进行具体分析，以辨明它们是否确与佛教艺术的影响有关。

基于上述分析，目前发现于四川地区的东汉至蜀汉的文物中，尚难肯定有真正是佛教信徒供养礼拜的尊像。已知的考古资料中墓室雕刻的图像以及"摇钱树"座和树干上的佛像，应是受到佛教艺术影响而出现的艺术作品。

先看墓室雕刻出的图像，主要有乐山麻浩1号崖墓坐佛像（图四）和柿子湾崖墓的坐佛像，后者残损较甚，但麻浩墓中的佛像保存较好。佛像刻于墓内前室东壁门楣石上，与佛像平行布置的图像，是一个赤足的垂钓者。将佛像与钓鱼人对应雕刻，很难说明佛像是受供奉的位置。至于刻成的时期，据该墓考古简报作者分析，应是蜀汉时期的作品①。

再看"摇钱树"座和树干的佛像。其中最著名的一件，是 20 世纪 40 年代发掘的彭山东汉崖墓出土的陶座，座上塑出一坐佛和两身胁侍立像（图五）。"摇钱树"枝干上的铜佛像，值得注意的标本有绵阳何家山 1 号东汉崖墓的出土品（图六）和忠县涂井蜀汉墓的出土品（图七）。关于"摇钱树"，也有学者认为或许是"社树"，甚或与距汉代几个世纪以前的三星堆青铜神树相联系。但不论是哪种说法，都与真正的佛教教义无关，至少没有脱离附庸于其他宗教信仰的位置。

总之，在今日四川境内虽然发现有一些接受佛教造型艺术影响的文物资料，但截至目前，还缺乏在东汉或蜀汉时期已存在佛教作为独立的宗教信仰的文献记录或实物证据。这一问题，仍是有待今后继续进行探索的难解的课题。

图四　四川乐山麻浩 1 号墓墓门　　　　图五　四川彭山东汉墓出土陶
　　　石佛浮雕像　　　　　　　　　　　　摇钱树座上佛像

---

① 乐山市文化局：《四川乐山麻浩一号崖墓》，《考古》1990 年第 2 期。

图六　四川绵阳何家山 1 号
东汉崖墓出土铜佛像摇钱树干

图七　四川忠县涂井 14 号蜀汉
崖墓铜摇钱树干佛像

进入南北朝时期，四川地区出现了真正的佛教造像。根据目前所了解的资料，这时期的造像与前述东汉至蜀汉时期那些受佛教造型艺术影响而产生的文物，并没有任何直接联系。目前已知的四川地区的南北朝时期佛教造像，主要有两批资料，第一批是出土于茂汶县（今茂县）和成都市的石刻造像，第二批是广元千佛崖石窟等处的造像。

先观察一下第一批造像。茂县的造像有齐永明元年（483 年）纪年，现已残损，经拼合复原，是一通四面都有造像的造像碑，以正面和背面的两大龛像为主，一为弥勒佛，一为无量寿佛（图八）。

图八　四川茂县出土南齐永明　　　　图九　四川成都万佛寺出土
元年释玄嵩石造像碑背面　　　　　梁普通四年康胜造石释迦像

　　成都市的南北朝石刻造像，主要出土于西门外万佛寺旧址，从清末到
20世纪50年代，陆续有出土，现藏四川省博物馆的超过200件。其中南
北朝时期带有纪年铭文的至少有8件，而最早的南朝宋元嘉二年（425年）
净土变石刻已流失国外。现存万佛寺旧址出土的有南朝纪年像5件，均为
梁代造像，为普通四年（523年）康胜造释迦石像一龛（图九）、中大通
元年（529年）鄱阳王世子造释迦像一躯、中大通五年（533年）上官□
光造□释迦□□一龛、大同三年（537年）侯朗造佛像一躯、中大同三年
（实为太清二年，548年）观世音造像一龛。还有北朝纪年造像两件，均为
北周造像，为保定二年至五年（562～565年）益州总管柱国赵国公招敬造
阿育王造像一躯和天和二年（567）菩萨造像残躯一件。后来又陆续在成
都的西安路、商业街等几处发现佛教石造像埋藏坑，出土石造像中纪年最
早的是齐永明八年（490年）释法海造弥勒成佛像，齐建武二年（495年）
释法明造观世音成佛像（图一〇），还有记明为"阿育王"像的梁太清五
年（551年，太清只有三年，实为大宝二年）柱僧逸造像（图一一），丰
富了关于成都地区南朝石造像的文物资料。

图一〇　四川成都商业街出土齐建武　　　　图一一　四川成都出土梁太清
二年释法明造石观世音成佛像　　　　　　五年柱僧逸造石阿育王像

综观上述南朝齐、梁纪年造像，从其面相、造型、服饰的特征，十分明显是接受以南京为中心的南朝造像风格的产物。最突出的是削肩的体型和佛像的服饰。

削肩的体型是佛像中国化的一项重要革新，从云冈石窟的早期造像，可以看出体型是宽肩呈端平的形貌，较明显地保留着印度佛教造像原有的特征。但是在东晋到刘宋时，著名的雕塑家戴逵、戴颙父子，不断改进佛像雕塑的技艺，使其更符合于中国百姓的审美观点。据唐张彦远《历代名画记》卷五记载，戴逵"曾造无量寿木像，高丈六，并菩萨。逵以古制朴拙，至于开敬，不足动心，乃潜坐帷中，密听众论，所听褒贬，辄加详研，积思三年，刻像乃成"。其子戴颙，开始创作有削肩体型的佛像。据《宋书·隐逸传》："自汉世始有佛像形制未工，逵特善其事，颙亦参焉。宋世子铸丈六铜像于瓦官寺，既成，面恨瘦，工人不能治，乃迎颙看之。颙曰：'非面瘦，乃臂胛肥耳。'既错减臂胛，瘦患即除，无不叹服焉。"瘦而削肩的造型自宋初开始流行。茂县的南齐永明造像，正是仿效刘宋时最流行的造型。万佛寺遗址出土的萧梁造像，依然沿袭这一传统。

佛像服饰的变化，更是佛教造像日益中国化的标志，1963 年我已在《试论南北朝前期佛像服饰的主要变化》一文中详加论述①。刘宋和萧梁纪年造像所着双领下垂的宽博大衣，内衣结带的服制，正是东晋南朝时流行的服制，可以从南京及丹阳六朝墓中《竹林七贤和荣启期》拼镶砖画所绘人物，清楚地看出这类服制的特色。

因此，从造像的体型及服饰特征可以看出，成都一带的南朝造像，是由长江下游向上游传播的产物。

图一二　四川广元皇泽寺北朝石窟

① 参见杨泓《试论南北朝前期佛像服饰的主要变化》，《考古》1963 年第 6 期，第 330～337 页。

北周夺取四川地区以后，佛教造像自然受到北周造像风格的影响。萧梁的细密和北周的粗放质朴汇成新的造像风格，通肩而衣纹弧垂的造型增加，与北周中心地区的造像相比，具有较浓郁的地方色彩。

四川地区的南北朝时期的石窟造像，发现于川北地区，其风格与成都一带的石刻造像不同，不是源于长江下游的南朝造像的直接影响，而是源于北魏后期中原造像的影响，虽然在魏孝文帝迁洛后，北魏的佛教造像深受南方的影响，但是终与南朝造像存在区别。经过关陇，由汉中再入川北，产生了受北朝影响而雕凿的石窟造像。

川北的南北朝石窟造像，主要发现于广元的千佛崖和皇泽寺两处石窟，经广元市文物管理所和中国社会科学院宗教研究所的佛教室联合调查，并发表了调查报告①。千佛崖的北朝洞窟，主要有大佛窟（编号第7窟）和三圣堂（编号第21窟）。前者作马蹄形平面，约开凿于北魏晚期；后者是三壁三龛窟，约凿建于西魏至北周时期。皇泽寺的北朝洞窟，主要有中心柱窟（编号第45窟）（图一二）和迎晖楼上的第28窟，约凿建于西魏至北周时期。对于上述石窟，丁明夷同志进行过研究②，指出这些洞窟为马蹄形平面，包括穹隆顶形窟、中心柱窟及三壁三龛窟等三种窟形，奠定了以后隋唐四川石窟造像发展的基础，直到唐中宗、睿宗时期仍流行这三种主要窟形，可见其影响之深远。

（本文原为1992年"峨眉山与巴蜀佛教文化学术讨论会"的发言稿，原刊《寻常的精致》文集，辽宁教育出版社，1996年。后收入《汉唐美术考古和佛教艺术》，科学出版社，2000年。后又收入永寿主编的《峨眉山与巴蜀佛教——峨眉山与巴蜀佛教文化学术讨论会论文集》，宗教文化出版社，2004年）

---

① 广元市文物管理所、中国社会科学院宗教所佛教室：《广元千佛崖石窟调查记》和《广元皇泽寺石窟调查记》，均见《文物》1990年第6期。
② 丁明夷：《四川石窟杂识》，《文物》1998年第8期；丁明夷：《川北石窟札记——从广元到巴中》，《文物》1990年第6期。

山东博兴出土的北朝石雕菩萨立像

北朝石雕菩萨立像（图一），1976 年 3 月出土于山东博兴的一处窖藏中，系张官大队农民推土垫房基时偶然发现。在窖藏坑中，整齐地埋藏有

图一　山东博兴出土北朝石雕蝉冠菩萨像

229

多件古代佛教造像，包括石雕和瓷塑佛教造像。当时现场遭破坏，出土造像散失民间。后来当地文物部门展开工作，并收回 67 件造像，其中就有这件青石雕菩萨立像。这处窖藏的佛教造像，由常叙政、李少南写成文物简报，发表于《文物》月刊 1983 年第 7 期①。

令人遗憾的是，这件全高达 1 米多的菩萨立像，竟然轻易地被从博兴偷盗出境，后在英国出现，并被日本滋贺县 MIHO 博物馆收购并展出。幸而该造像出土后，常、李两位及时写出文物简报发表，使得造像被盗出国后，有充分的证据可以证明它是中国被盗的文物。后来经过国人和中国政府的努力②，还有国际上对中国友好的友人的帮助③，这件珍贵的造像终于安全地回归故里，这使国人倍感欣慰。

1976 年，在山东博兴县城东北发现一处窖藏，出土的石刻造像经文物部门收回的共计 67 件，内有造像碑 1 件、较为完整的造像 25 件、残头像 18 件（佛头 9 件、菩萨头 9 件），以及残像座 12 件、带足榫 11 件。其中 9 件刻有纪年铭文，分别为东魏武定五年（547 年）、八年（550 年）和北齐天保元年（550 年）、乾明元年（560 年）、太宁二年（562 年）、天统二年（566 年）和四年（568 年）、武平元年（570 年）。表明这组石刻佛教造像的年代在东魏到北齐时期，约从公元 547 年至 570 年。其中刻工最精的一件，就是这件曾经被盗运出国的青石雕刻的菩萨立像。该像头高 18 厘米，身高 100 厘米，附有圆形头光，直径 54 厘米。1976 年以后到 1984 年，博兴县文物管理所又陆续在那处遗址先后获得石造像、铜造像和瓦当等文物，出土的石、铜造像共达 200 件，主要为北朝时期所制作，并考察清楚出土地点原是建于隋代以前的龙华寺遗址④。

---

① 常叙政、李少南：《山东省博兴县出土一批北朝造像》，《文物》1983 年第 7 期。
② 王立梅：《挚爱与奉献——我所参与的中国文物对外交流》，文物出版社，2008 年，第 137 ~ 146 页。
③ 李力：《失踪国宝要回家——一封神秘来信道出失踪国宝的下落》，《中国文物报》2001 年 1 月 14 日；李力：《神秘人推动国宝回家——菩萨造像流失海外 14 年归国之路曲折传奇》，《北京青年报》2008 年 1 月 22 日第 4 版。
④ 山东省博兴县图书馆李少南：《山东博兴出土百余件北魏至隋代铜造像》，《文物》1984 年第 5 期；山东省博兴县文物管理所：《山东博兴龙华寺遗址调查简报》，《考古》1986 年第 9 期。

在北朝中晚期，从北魏神龟年间到东魏至北齐时期（约518～577年），随着北魏都城洛阳建造皇家大寺永宁寺时兴起的佛教造像艺术新风①，在今河北、山东等地区都出现了雕造佛教造像的高潮。山东地区的造像中心是今青州市，这与当地自东晋十六国至南北朝时期的历史地位有关。青州市在东晋十六国时期称"广固"，南燕慕容超在此建都，刘裕灭南燕，收复青州，筑东阳城。到南北朝时，刘宋取代东晋领有青州。公元469年，北魏将慕容白曜攻陷东阳城，青州地区又归入北朝版图。东魏至北齐时期，因为从军事上要南防南朝，西距西魏至北周，所以青、齐等州所在的山东地区，是其重要的后方战略基地，与太原地区一同被视为"霸业所在，王命是基"②。山东地区还可以通过海路与南方联系，便于吸收当时南朝文化的影响。因此，当时青州地区的经济文化都有很大发展，佛教文化更是日趋兴盛，所以这一地区在北朝晚期能够出现雕造佛教造像的高潮③。

青州市有关北朝石刻造像的主要考古发现，是龙兴寺址的窖藏佛教造像。龙兴寺为唐代寺名，北齐时称"南阳寺"，为当时城中正东之"甲寺"④。遗址位于青州古城西门南部，占地近3万平方米。在该寺遗址范围内，曾多次发现过北朝时期的贴金彩绘石造像⑤。1996年更在寺址中轴线北部大殿后5米处，发现一处面积近67平方米的窖藏坑，从坑中清理出佛教造像200余尊，其时代自北魏，经历东魏、北齐、隋、唐，直至北宋年间，但最具学术价值的是北朝时期的贴金彩绘石造像⑥。由于南阳寺为城中之甲寺，可视为当时青州佛教活动的中心，所以寺中造像当可视为北朝晚期青州石雕佛教造像的代表作品。

① 宿白：《北朝造型艺术中人物形象的变化》，《中国石窟寺研究》附录二，文物出版社，1996年。
② 《北齐书·文宣纪》，第51～52页。
③ 杨泓：《关于南北朝时期青州地区考古的思考》，《中国古兵与美术考古论集》，文物出版社，2007年，第255～267页。
④ 北齐武平四年娄定远所立《司空公青州刺史临淮王像碑》。参见孙新生《山东青州北齐〈临淮王像碑〉》，《文物》1999年第9期。
⑤ 青州市博物馆：《山东青州发现北魏彩绘造像》，《文物》1996年第5期；青州市博物馆夏名采、刘华国、杨华盛：《山东青州出土两件北朝彩绘石造像》，《文物》1997年第2期。
⑥ 山东省青州市博物馆：《青州龙兴寺佛教造像窖藏清理简报》，《文物》1998年第2期。

　　青州市出土的北朝时期石雕佛教造像，除上述龙兴寺遗址的发现外，在青州市城东兴国寺故址也曾采集到残佛教石造像近 40 件[①]。令人遗憾的是，青州的北朝时期佛教石造像，过去曾有些流失海外，其中亦不乏精品[②]。

　　除青州市有关北朝石雕佛教造像的考古发现外，在其周围的临朐、诸城、博兴、广饶[③]、高青[④]和更北的无棣[⑤]，都有关于北朝石造像的考古发现，这表明北朝时青州地区[⑥]以东阳城（今青州市）为中心，佛教文化的发展十分兴盛。上述诸地出土的佛教石造像，最值得重视的有三组遗物，分别发现于临朐、诸城和博兴。1984 年，在临朐上寺院村原明道寺舍利塔塔基地宫中，出土佛教石造像残块 1200 余块，其中有 18 件残像有纪年铭文，还有 1 件"沂山明道寺新创舍利塔壁记"石碑[⑦]。诸城市于 1988～1990 年兴修体育中心时，发现一处古代佛寺废址，出土佛教石造像残体超过 300 件[⑧]。至于博兴出土的造像，就是本文前面引述的一组遗物。

　　综观青州地区出土的北朝佛教石造像，其中纪年最早的一件是据传出土于青州市西王孔庄的张宝珠造像，纪年为正光六年（525 年），为背屏式三尊像，高 220 厘米[⑨]。龙兴寺窖藏出土石佛像中，纪年最早的一件是永安二年（529 年）韩小华造弥勒像，还有一件是太昌元年（532 年）比丘尼惠照造弥勒像[⑩]。龙兴寺遗址的北魏晚期造像身躯匀称，面相额方颐圆，显露丰腴之态，眉长目细，直鼻小口，嘴角微翘略含笑意。造像石材因地域特色采用青州当地灰黑色调的青色石灰石，但雕刻精致，且大多原敷色

---

①　夏名采、庄明军：《山东青州兴国寺故址出土石造像》，《文物》1996 年第 5 期。

②　台北故宫博物院编辑委员会：《雕塑别藏——宗教篇特展图录》，1997 年 7 月。

③　东营市历史博物馆赵正强：《山东广饶佛教石造像》，《文物》1996 年第 12 期。

④　常叙政、于丰华：《山东省高青县出土佛教造像》，《文物》1987 年第 4 期。

⑤　惠民地区文物管理组：《山东无棣出土北齐造像》，《文物》1983 年第 7 期。

⑥　本文所述南北朝时的青州地区，系泛指南朝宋时的青州领域，北朝北魏以降的青州，并扩及其北齐州领域，其中心在今山东青州市及淄博、临朐、潍坊一带。

⑦　临朐县博物馆：《山东临朐明道寺舍利塔地宫佛教造像清理简报》，《文物》2002 年第 9 期。

⑧　诸城市博物馆：《山东诸城发现北朝造像》，《考古》1990 年第 8 期；杜在忠、韩岗：《山东诸城佛教石造像》，《考古学报》1994 年第 2 期。

⑨　山东省博物馆：《北魏正光六年张宝珠等造像》，《文物》1961 年第 12 期。

⑩　青州市博物馆：《青州龙兴寺佛教造像艺术》，图 1～9，山东美术出版社，1999 年。

彩保存完好。多见大型有背屏的三尊像和单体立姿像。上述青州地区从北魏正光年间以降佛教造像出现的艺术新风，应系源自当时都城洛阳的影响。

在对洛阳北魏永宁寺遗址九级浮图基址的考古发掘中①，获得了超过1500件彩塑残件，包括等身像或比等身像更大的塑像残块，以及1米左右高度的中型塑像残块和小型影塑残像，保存较完好的残头像表明，当时造像的面部特征大致是"面相方圆，长眉细目，直鼻大耳，小口薄唇，表情含蓄，隐现庄严慈祥之容"②。特别是细而微上斜的眼睑间不刻画睛珠，嘴小而两嘴角微翘，略含笑意，最具传神特色。这些造像大约塑制于神龟二年（519年）八月到正光元年（520年）七月之间③。永宁寺为孝明帝之母灵太后胡氏所立皇家大寺，塑像自然代表了当时塑工最高水平，也反映出当时引领潮流的时代风尚。

永宁寺塑像面相方圆一改此前北魏造像削瘦的新风，源于南朝艺术风格的变化，也就是由顾恺之到陆探微的清瘦造型，转向以张僧繇的丰腴面相，即由重"骨"转向重"肉"，由密体向疏体的转变④。在北魏皇室的带动下，模仿南朝造型新风自然向都城洛阳以外地区迅速扩展，至迟在正光年间，已传遍青州等地，其传播速度相当之快。

青州市龙兴寺窖藏出土佛教石造像，到北齐时青州造像更具特色，出现宽肩细腰，衣薄透体的新造型。从东魏晚期开始，一种有别于"褒衣博带"佛衣的佛教造像遂渐兴起，到北齐时则趋于流行。造像面相圆润丰满，而且肩胛宽厚而腰身细瘦，多单体立姿。佛衣贴身，质薄透体，衣纹舒朗简洁，多作双线，纹褶舒叠下垂，有的甚至平素不刻衣纹，仅以彩绘表现衣饰细部，更显薄衣贴身，衣下肌体隐现，近于画史所描述的"出

① 中国社会科学院考古研究所：《北魏洛阳永宁寺——1979～1994年考古发掘报告》，中国大百科全书出版社，1996年。

② 中国社会科学院考古研究所：《北魏洛阳永宁寺——1979～1994年考古发掘报告》，中国大百科全书出版社，1996年，第149页。

③ 中国社会科学院考古研究所：《北魏洛阳永宁寺——1979～1994年考古发掘报告》，中国大百科全书出版社，1996年，第143页。

④ 宿白：《北朝造型艺术中人物形象的变化》，《中国石窟寺研究》附录二，文物出版社，1996年。

水"之姿。佛衣外饰彩绘，多画出田字框格，又多用朱红色。又常在田字格内绘人物图像，或在田字格内减地浅浮雕各种人物图像。与佛像衣饰刻划趋简不同，菩萨像的佩饰却日渐繁缛，刻工亦趋精细，出现项圈串饰和璎珞组成的复杂项饰，有的全身披悬网状璎珞，两腿间垂饰宽带，装饰华美，亦涂金饰彩。从东魏晚期到北齐时在青州广泛流行的佛衣贴体甚至不施衣纹的立像，目前在东魏—北齐都城邺南城遗址却很少发现，只在青州地区发现，数量众多，已成当地石造像的主流，应系青州地区石佛造像的特色。

青州地区兴起的这种北齐薄衣透体的造像新风，明显带有中印度秣菟罗艺术风格。究其原因，或与青州与南朝文化交往密切有关，也与当时北齐皇室深染胡俗，受西域昭武九姓中曹国画师影响有关。上述两方面的影响汇集于此，又结合青州当地造像之传统，所以出土北齐石像中，薄衣立佛数量众多，形制繁杂，雕工精美，显示出青州造像领先时代之风尚。

博兴龙华寺遗址窖藏出土的石刻佛教造像，纪年为东魏武定五年（547 年）至北齐武平元年（570 年），也就是青州地区造像由北魏晚期影响的东魏造型，转化为北齐薄衣透体造像新风的时期。

自日本回归的这件博兴出土的菩萨立像，虽然缺乏纪年铭，但从面相到体态，都近于青州龙兴寺出东魏天平三年（536 年）邢长振造释迦三尊像和尼智明造三尊像（图二）的胁侍菩萨。将博兴这件造像与青州地区出土的同类造像相比，其雕造工艺更为精细，天衣褶纹颇显流畅自然，佩饰的璎珞疏密得体。其身躯微向前倾，头部造型更为传神，面相方圆，弯眉细目，微翘的嘴角饱含笑意，使信众观后更感亲切慈祥，顿生皈依之情，的确是青州地区单体菩萨造像中的佳作。这件菩萨雕像还有与众不同之处，就是在头上所戴宝冠正中多安置化佛或宝珠的位置，雕出一只双目朝上、两翅下垂、伏卧的蝉纹，类似当时世俗官员冠上的蝉纹金珰。金珰在两晋墓中常有随葬。例如，南京郭家山东晋温氏家族墓第 12 号墓中出有金珰，蝉翼镂空，造型精致（图四）。据墓志判断，所葬死者为散骑常侍、新建开国侯温式之[①]。

---

① 南京市博物馆：《南京市郭家山东晋温氏家族墓》，《考古》2008 年第 6 期。

图二　山东青州龙兴寺出土东魏天平　　　图三　山东青州龙兴寺
三年尼智明造石佛像　　　　　　　出土北朝蝉冠菩萨石像

蝉纹金珰又常是伴从皇帝身旁的近臣如侍中等戴用①。在北魏洛阳皇室大寺永宁寺塔基遗址出土的小型泥塑中，有原为帝后礼佛行列的侍臣头像，其中就有戴金珰笼冠的人像（图五）。或许因当时僧侣将佛比拟人间皇帝，所以在佛的胁侍菩萨冠上雕饰蝉珰。

在菩萨宝冠上饰蝉纹是罕见的，至今只有在青州地区北朝石雕造像中发现两例。一例是博兴出土的菩萨立像，另一例出土于青州龙兴寺窖藏中，其体高、造型及服饰大致与博兴菩萨相近，但残损较甚，双足已断，且头光缺失（图三）②。博兴菩萨背后所附圆形头光完整无缺，亦颇为难得。因此，博兴出土的这件石雕菩萨立像，堪称国宝级文物，国人对其实应倍加珍惜。

① 孙机：《中国古舆服论丛》（增订本），文物出版社，2001 年，第 173～177 页。
② 青州市博物馆：《青州龙兴寺佛教造像艺术》，图 148，山东美术出版社，1999 年。

图四　江苏南京郭家山东晋 12 号
墓出土金蝉珰

图五　北魏洛阳永宁寺塔塔基
出土泥塑金珰笼冠头像

失窃的北朝菩萨立像得以重返故乡，是国人、国际友人和国家文物局有关官员共同努力的结果。但是，对于体高超过一米的硕大石雕文物竟能轻易地被盗出国，又不能不对保管者的不负责任和其上级主管官员的不作为深感痛心，祈望能接受这类惨痛的教训，使今后国宝级文物被盗的事件不再发生。

（原载国家文物局主编《追索流失海外的中国文物》，文物出版社，2008 年）

后记　国家文物局编（《追索流失海外的中国文物》一书时，约我撰写本文，系因我参与了将从山东博兴被盗出国的文物的追索，详情请参阅本文第 230 页注③所引李力所发表的两篇文章，不赘述。体量这样大的石刻造像，从文物保管单位被人轻易盗窃，并偷运国外，真令人痛心疾首，希望这样的事今后不再发生。

中国佛教美术考古半世纪

　　20世纪50年代以前，对于散布于中国境内丝绸之路沿线的佛教艺术遗迹的勘察发掘，主要被控制在西方的探险家和学者手中。特别是当日本侵略军占领了中国中原北方的广大地域后，日本学者得以对云冈石窟进行了大规模的勘测研究工作。在大后方，中国的学者在极端困难的条件下，仍然对敦煌莫高窟进行编号保护和全面测绘①。

　　中华人民共和国成立以后，随着文物考古工作的蓬勃开展，半个世纪以来，对佛教艺术的考古工作不断有新的收获。在学术研究方面，最重要的成就是在北京大学宿白教授领导下建立了中国石窟寺考古学，清楚地表达了中国考古学家对中国历史考古学的一个分支——中国石窟寺考古研究的一些基本概念和方法。中国石窟寺考古主要有四个研究程序：考古学的清理和记录，洞窟、造像、壁画的类型组合与题材的研究，分期分区的研究，关于社会历史的、佛教史的和艺术史的综合研究②。自1957年至今，考古学者先后对响堂山石窟、敦煌莫高窟、云冈石窟、克孜尔石窟、河西诸石窟、栖霞山石窟和龙门石窟进行石窟寺考古。

　　有关中国石窟寺考古的研究成果，限于篇幅，笔者仅就半个世纪以来在田野调查发掘中有关佛教艺术的考古收获做概要的介绍，包括中国石窟寺窟前遗迹的发掘、佛寺遗址的发掘、佛寺遗址造像窖藏的发掘以及佛塔

---

① 石璋如：《莫高窟形》，"中研院"历史语言研究所田野考古报告之三，台北"中研院"历史语言研究所，1996年。
② 徐苹芳：《中国石窟寺考古学的创建历程——读宿白先生〈中国石窟寺研究〉》，《文物》1998年第2期，第54~63页。

基址地宫舍利的发掘。

一 石窟寺窟前遗迹的发掘

从 20 世纪 60 年代至 80 年代，曾对甘肃敦煌莫高窟的窟前遗迹、河北邯郸南响堂山石窟的窟檐遗迹和山西大同云冈石窟的窟前遗迹进行过清理发掘。

敦煌莫高窟的窟前遗迹，前后清理过 22 座殿堂遗址，分别属于五代、宋、西夏、元等不同时代，其中时代较早的如 98 窟、100 窟前的台基遗址，是五代曹氏统治敦煌时所修筑（图一）。规模较大的如 130 窟前西夏

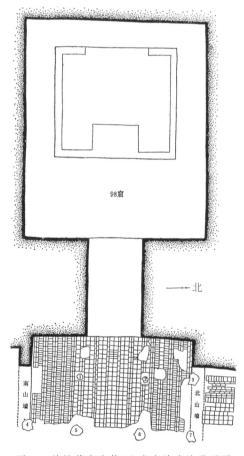

图一　敦煌莫高窟第 98 窟窟前遗址平面图

时修筑的殿堂基址，地面铺砖保存尚好，在后侧还保留有地神塑像残迹。在这些遗迹出土的遗物，以砖等建筑材料为主，有些方形花砖的装饰图案复杂多变，极富装饰效果①。

值得注意的是，在第125、126窟窟前的清理发掘中，在崖壁裂缝中发现了北魏时期的佛像刺绣残件（图二）②。残存部分有横幅花边、一佛二菩萨说法图、发愿文及供养人，在像下发愿文中绣出纪年和人名，纪年为"□□十一年"，还有"广阳王"字样，可知应为孝文帝太和十一年（487年）。刺绣的衬地是两层黄绢中夹一层麻布。除边饰的圆环缠卷忍冬纹等图案外，佛像、供养人、发愿文以及空余的衬地部分整个都用细密的锁绣法全部绣

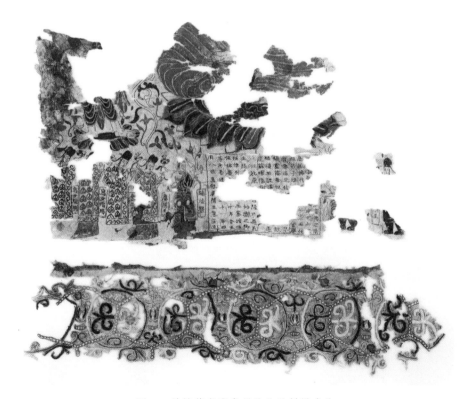

图二　敦煌莫高窟发现的北魏刺绣残件

① 潘玉闪、马世长：《莫高窟窟前殿堂遗址》，文物出版社，1985年。
② 敦煌文物研究所：《新发现的北魏刺绣》，《文物》1972年第2期。

图三　河北邯郸南响堂山石窟第 1 窟窟檐复原示意图（钟晓青绘制）

出，使用了红、黄、绿、紫、蓝等多种颜色，彩纹艳丽，并使用了两三晕的配色方法，更增强了形象的质感。据发掘者推测，这件绣品不是敦煌当地所制作，应是来自当时的北魏都城平城，确实是一幅代表当时刺绣工艺水平的佳作。

南响堂山第 1、2 窟窟前的崖面，曾被后世砖砌的券洞所遮掩，1984～1985 年拆除砖砌券洞，使多年被遮盖住的窟檐原貌重新展现出来，可见两窟前均雕成面宽四柱三间的仿木构建筑窟檐①。檐柱凸雕于前壁的外壁面上，在当心间开窟门，左右两侧次间分雕上方有明窗的力士龛。特别是在

① 邯郸市峰峰矿区文管所、北京大学考古实习队：《南响堂石窟新发现窟檐遗迹及龛像》，《文物》1992 年第 5 期。

第 1 窟次间侧柱的柱头斗栱遗迹尚存，为目前在中国发现的年代最早的五铺作斗栱①，对中国古代建筑史的研究提供了极为珍贵的资料（图三）。另外引人兴趣的是，在第 1 窟上方山崖雕造的第 3 窟，基本上坐落在第 1 窟顶上，该窟原雕有窟廊及窟檐，尚有部分保存，可看清瓦垄，檐上有叠涩座，上承覆钵顶，正中立金翅鸟，两侧饰卷云蕉叶。从正面仰视，第 3 窟和第 1 窟上下结合成一体，呈现出一座两层上加覆钵顶的中国式楼阁状佛塔，可见当年凿建时颇具匠心。此外，在第 2 窟两侧揭出的力士龛中，原雕像可能毁于北周时期，到隋代改雕成《滏山石窟之碑》（图四），碑文记明石窟创建于北齐天统元年（565 年），由丞相——淮阴王高阿那肱出资建成，对响堂山石窟建窟历史的研究，具有重要的史料价值（参见本书《中国古代佛教石窟的窟前建筑》图三《滏山石窟之碑》拓片）。

图四　河北邯郸南响堂山第 2 窟窟门及左右侧隋代碑龛

---

① 钟晓青：《响堂山石窟建筑略析》，《文物》1992 年第 5 期。

云冈石窟的第3窟，是一座北魏时开始凿建但没有完工即遭废弃的洞窟。在20世纪90年代，对该窟前北魏开凿时遗留下的未完工的基岩地面进行揭露，清理了该窟的前室，并对后室进行探查①。过去学者多认为，古代开窟是自上而下开凿，而且一边开凿洞窟，一边雕刻佛像，所以造成有的造像上身略大而下体短小，以致比例不协调。通过对第3窟的清理，弄清楚是先凿窟形，预留造像的坯料，以后再详加雕造。同时在开凿岩石时，还有计划地凿成方形或圆形的坯料，以为用于其他建筑的石材。此前还曾于1972年对第9、10窟前的基岩面进行过清理，发现过一片柱础群，在东西30、南北13米的范围内，发现方柱础8个、圆柱础16个。8个方柱础分布在距洞窟前壁4.3米处的一条东西轴线上，其位置正好与第9、10窟前壁上方残存的8个梁孔对应，表明当时窟前接筑过一座面阔七间的木构窟檐。在这些柱础上还发现压有一层后来的铺地砖，所铺范围东西宽24.65米，南北深11米，再对应崖面上的梁槽遗迹，表明原来曾是一座五开间的木构窟檐②。据推测，上层的五开间窟檐与《大金西京武州山重修大石窟寺碑》所记辽代兴宗、道宗时期（1031～1100年）所建十寺有关，下层所压七开间的窟檐则可能为唐代所修建。1992～1993年，为了配合保护维修与窟前降低硬化地面工程，还对昙曜五窟前地面等进行过清理（图五），出土过大量北魏石雕残件等遗物③。

二 佛寺遗址的发掘

对中国古代佛寺遗址的考古发掘，主要收获是北朝时期佛寺遗迹的揭露，有洛阳北魏永宁寺的发掘和东魏北齐邺城佛塔遗址的发掘。

① 云冈石窟文物研究所、山西省考古研究所、大同市博物馆：《云冈石窟第3窟遗址发掘简报》，《文物》2004年第6期。
② 云冈石窟文物保管所、文物保护科学技术研究所：《云冈石窟建筑遗迹的新发现》，《文物》1976年第4期。
③ 张焯：《云冈石窟的历史与艺术》，刊于云冈石窟研究院编《云冈石窟》卷首，文物出版社，2008年。

图五　1992～1993 年山西大同云冈石窟 20 窟窟前发掘清理现场

北魏迁都洛阳以后，于孝明帝熙平元年（516 年）由灵太后胡氏主持修建皇家大寺永宁寺，神龟二年（519 年）九级木塔已建成，塔内塑像应完成于正光元年（520 年）七月以前①。

永宁寺坐落在洛阳城内宫城以南御道西侧，据《洛阳伽蓝记》所记，永宁寺建有木构九层高塔，塔后有可比拟皇宫中太极殿的佛殿，殿内"中有丈八金像一躯，中长金像十躯，绣珠像三躯，金织成像五躯，玉像二躯。作工奇巧，冠于当世"②。四周筑院墙，四面各开一门。另有僧房楼观一千余间。北魏永熙三年（534 年）永宁寺木塔遭火灾毁废，在地面上保留有高大土丘遗址。20 世纪 70 年代，对永宁寺开展考古勘探发掘工作③。现知永宁寺院墙以土夯筑，平面呈长方形（图六），南北长 301、东西长

---

① 神龟二年（519 年）八月，崔光曾上表谏阻胡太后登九层佛图，可知木塔营建已竣工，但表文称"今虽容像未建，已为神明之宅"，又可知塔内尚未设佛像。参见《魏书·崔光传》。又胡太后被幽禁于正光元年（520 年）七月，故推测塔内塑像应在此前已完成。
② （东魏）杨衒之著，周祖谟校释：《洛阳伽蓝记校释》，中华书局，1963 年，第 21 页。
③ 中国社会科学院考古研究所：《北魏洛阳永宁寺——1979～1994 年考古发掘报告》，中国大百科全书出版社，1996 年。

212 米，墙体宽约 1.5 米。外表施白灰墙皮，上涂朱色。推测原来寺院四角可能有角楼一类建筑。院墙四面均有门，但北门因修铁路等工程已破坏无迹可寻。南门为永宁寺正门，筑于南壁中央处，为面阔七间、进深二间

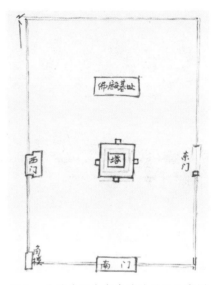

图六　北魏洛阳永宁寺遗址平面示意图

图七　北魏洛阳永宁寺塔基遗址第三次发掘鸟瞰

的宏大建筑。进入南门，在中轴线上为前塔后殿的布局。南门北距木塔塔基 92 米。木塔的塔基大致保存完好，为由地下至地面的多层的巨大夯土台基（图七），地基夯土面与寺院地面大致取平，东西长 101.2 米，南北长 97.8 米，深入地下厚度超过 2.5 米。地基中心部位为正方形夯土基座，四周包砌青石，每边总长 38.2 米，座高 2.2 米。基座四面居中各开宽约 4.5 米的斜坡漫道，表面原铺砌有青石板。台基之上保存分 5 圈排列的方形柱础，总计 124 个。在自外数第二圈柱础内，用土坯垒砌实心方柱体。方柱体的南面（正面）和东、西两侧各开 5 座弧形佛龛，北面不设龛，或许原设登塔木梯。木塔以北约 60 米建有佛殿，已遭严重破坏，仅能测知夯土殿基东西长 54、南北长 25 米。永宁寺院墙东、西两门，规模小于南门，均开于院墙偏南处，正对木塔塔基东、西两侧的漫道。东门遗址破坏严重，仅能测知位置。西门基址平面呈"凸"字形，东西长 18.2 米，南北长 24～30 米，东距塔基 72 米。表明永宁寺是以佛塔为中心、前塔后殿的平面布局。永宁寺遗址出土的建筑材料，以瓦类为主，板瓦和筒瓦多为素面，少数带有绳纹。瓦当图案以莲花纹为多，花瓣 8～10 个，瓣形较窄，也有的莲瓣宝装而且周围环绕一圈联珠纹。还有在莲芯生出化生的莲花化生图案瓦当，似为佛寺所特制（图八）。此外，还有兽面纹、忍冬纹和云纹瓦当。

图八　北魏洛阳永宁寺遗址　　　　图九　北魏洛阳永宁寺塔基遗址
　　出土莲花化生纹瓦当　　　　　　　出土大型泥塑佛像头部残件

对永宁寺塔基的发掘中，获得的佛教艺术品是数量众多的彩塑残件，数量超过 1500 件。因遭火灾高温焚烧，泥塑已坚硬如陶质。按形体大小可分为大型像，包括等身像和比等身更大的塑像（图九）；中型像小于等身像，身高 1～1.4 米；小型像的身高多数在 50 厘米左右。虽然各型塑像无一完整的，但中小型像有的头部尚保存完整，小型像有的虽缺头部，但身躯保存尚较完整。从残存头像观察，有佛像、菩萨像和比丘像，还有世俗人像，其中有戴笼冠或小冠的侍臣，梳各式发髻的仕女，也有戴兜鍪的武士，扎巾着帽的胡人，等等。这些小型像应是塔内影塑礼佛图损毁后的残件。因为出自皇家大寺，所以泥像塑制精美，面部造型丰腴得体，弯眉细目，不刻睛球，直鼻小口，嘴角略含笑意，衣纹简洁而飘逸，清楚表明在北魏晚期，接受南朝萧梁以张僧繇为代表的造型新风，在造型艺术中显示出新的时代风貌。由于这些小型泥塑与韩国百济定林寺出土泥塑造型相近似，它们一直被视为体现公元 6 世纪时中韩文化交往的实物例证①。

东魏北齐邺城（邺南城）的佛寺遗址位于今河北临漳县赵彭城村西南约 200 米处，北距邺南城南墙约 1300 米，在邺南城中轴线（朱明门大道）延长线的东侧。目前考古发掘工作还没有结束，但寺中的塔基已发掘完毕②。

塔基方形（图一〇），与永宁寺塔基同样是由地下和地上两部分构成，地下基槽为正方形，边长约 45 米。地上部分边长约 30 米，尚存 3 圈柱础遗迹。其形制应略小于永宁寺木塔。值得注意的是，在塔基中央发现了刹柱础石（图一一），其下设砖函，可能原瘗藏舍利等，惜早遭盗掘一空。虽然这座佛寺的平面布局还不清楚，但因佛塔形制与永宁寺近似，且时间相近，也可能具有同样的平面布局。对于与塔基有关的寺院遗址的发掘工作，现在仍在继续进行中。

---

① 杨泓：《百济定林寺遗址初论》，《宿白先生八秩华诞纪念文集》，文物出版社，2002 年，第 661～680 页。
② 中国社会科学院考古研究所、河北省文物研究所　邺城考古队：《河北临漳县邺城遗址东魏北齐佛寺塔基的发现与发掘》，《考古》2003 年第 10 期。

图一〇　河北临漳邺南城遗址赵彭城佛塔遗址鸟瞰

图一一　河北临漳邺南城遗址赵彭城佛塔塔基出土刹柱石础和舍利砖函

除了上述两处已被大面积揭露的北朝佛寺遗址外，也曾对北魏平城时代的两座佛塔的基址进行过探查，分别为位于今山西大同方山的思远佛图和被压在辽宁朝阳辽塔下的思燕佛图基址。思远佛图已清理了方形的塔基，以及周围的围墙和山门、佛殿、僧房等遗迹，出土有富贵万岁铭瓦当、莲花化生瓦当等，还有许多绘彩泥塑残件，仍显示着北魏平城时期造像的特征①。

三 佛寺遗迹造像窖藏的发掘

在古代佛寺遗址内常可发现埋有佛教造像的窖藏坑，主要有两种情况：一种是在中国历史上发生大规模毁佛事件时，掘坑将破坏的佛教造像填埋其中；另一种是后代僧人等做功德，将形貌已损毁的造像掘坑瘗藏，有时还会在坑上建塔供养。前一种如在 20 世纪 50 年代清理的河北曲阳修德寺遗址的窖藏佛教石造像②和四川成都万佛寺废址窖藏佛教石造像③，后一种如 20 世纪末清理的山东临朐明道寺塔基窖藏佛教造像和青州龙兴寺窖藏佛教造像④，特别是临朐出土的《沂山明道寺新创舍利塔壁记》碑，更清楚地说明北宋时当地流行瘗埋古代残像做功德的事实⑤。这些窖藏中常有许多带有纪年铭刻的造像出土，对研究中国古代佛像的艺术造型发展演变，提供了极为重要的实物史料。下面就有关南北朝时期的几项重大的考古发现予以简介。

关于南朝的佛教造像，传世遗物颇为贫乏，在南朝都城所在的南京地区，也一直缺乏有关佛教寺庙遗址等田野考古发掘工作，因此，在四川蜀地有关佛教造像窖藏的考古发现，无疑对了解南朝齐、梁朝佛教造像艺术

---

① 大同市博物馆：《大同北魏方山思远佛寺遗址发掘报告》，《文物》2007 年第 4 期。
② 罗福颐：《河北曲阳县出土石像清理工作简报》，《考古通讯》1955 年第 3 期。
③ 冯汉骥：《成都万佛寺石刻造像》，《文物参考资料》1954 年第 9 期。
④ 山东省青州市博物馆：《青州龙兴寺佛教造像窖藏清理简报》，《文物》1998 年第 2 期。
⑤ 临朐县博物馆：《山东临朐明道寺舍利塔地宫佛教造像清理简报》，《文物》2002 年第 9 期。

造型的发展演变具有重要意义。对于成都万佛寺窖藏出土石造像，近年又进一步作过整理研究①，加上又在成都的西安路②、商业街③等几处佛教石造像窖藏的考古新发现，已经发现自南齐永明八年（490 年）④ 直到梁太清五年（551 年）的多件纪年石造像（图一二），以具有地方特色的红砂岩雕制，大致可以梳理出南朝造像自南齐末到萧梁初，日渐兴盛的以张僧繇为代表的艺术新风发展演进的轨迹。同时从出土的北周领有蜀地后的纪年造像上有北周武帝保定、天和年号，又看到当时南朝与北周文化交融的实物标本。

图一二　四川成都西安路出土梁中大通二年比丘晃藏造石释迦像　　图一三　河北曲阳修德寺出土东魏元象二年惠照造石思惟菩萨像

① 袁曙光：《四川省博物馆藏万佛寺石刻造像整理简报》，《文物》2001 年第 10 期。
② 成都市文物考古工作队、成都市文物考古研究所：《成都市西安路南朝石刻造像清理简报》，《文物》1998 年第 11 期。
③ 张肖马、雷玉华：《成都市商业街南朝石刻造像》，《文物》2001 年第 10 期。
④ 四川地区出土的南朝造像，纪年最早的是茂汶出土齐永明元年（483 年）造像，参见袁曙光《四川茂汶南齐永明造像碑及有关问题》，《文物》1992 年第 2 期，第 67 ~ 71 页。

　　关于北朝佛教造像窖藏的考古发掘，主要集中在古定州地区的河北省定县、曲阳等地，以及古青州地区的山东省青州、临朐、诸城等地。从出土石造像的纪年铭来考察，主要都是北朝晚期的作品，始自北魏孝明帝神龟、正光年间，经东魏到北齐时期。两个地区石造像从材质到造型风格，又各具地方特色。对于西安地区北周的佛教造像窖藏，近年也有发现，显示出与东魏北齐造像不同的地方特色。

　　定州地区的北朝晚期石造像窖藏，主要有两项重要发现。一项是曲阳修德寺废址的石造像窖藏，大约是唐代灭法时埋入的，造像残损较甚，但数量众多，有2200余件，其中有纪年的造像即超过240件，最早的是北魏神龟三年（520年），经北魏、东魏、北齐、隋到唐天宝九年（750年）①，

图一四　河北藁城建忠寺址出土石佛像

图一五　陕西西安湾子村出土
北周大象二年石佛像

① 杨伯达：《曲阳修德寺出土纪年造象的艺术风格与特征》，《故宫博物院院刊》1960年总第2期。

材质精美，为白石，即俗称的汉白玉，但一般形体不大，不见大型单体造像，多双像（如双弥勒、双观音等）、菩萨思惟像（图一三）。另一项是河北藁城城北贾同村建忠（中）寺旧址的石造像窖藏①，虽然出土数量不如前者，但一般形体稍大，有的像超过 80 厘米，双面镂刻，并呈现不同的造像题材，其雕工技术远胜于曲阳修德寺石刻（图一四）。

青州地区的北朝晚期石造像窖藏，主要的两项考古发现，都瘗藏于北宋时期。出土的北朝晚期佛教石造像，最早纪年是北魏正光年间（520～525 年），经东魏至北齐，用当地的青石雕造，体量较大，多体高超过 1 米的单体造像和背屏三尊像，罕见思惟像及双像。到北齐时，更流行薄衣透体的新样式。

在原西魏北周都城长安城遗址（今陕西西安），近年不断有北周佛教石造像窖藏被发现，如西安汉城乡西查村出土的白石菩萨像②、西安灞桥区湾子村出土的大型石立佛③。湾子村出土的石立佛中有一件有纪年铭，为北周大象二年（580 年），是北周武帝灭法 6 年后，静帝复法后的作品（图一五）。这些石刻不仅揭示了北周造像的时代特征，更为探寻隋唐造像的渊源提供了重要资料。

（本文系 2008 年为博士研究生准备的讲座文稿，文内提到的考古发现截止于 2008 年以前正式发表的资料。收入《束禾集——考古视角的艺术史》，中国社会科学出版社，2018 年。收入《束禾集》时，因同书收有关于中国佛塔地宫出土舍利容器艺术造型的专文，故本文略去"佛塔基址地宫舍利的发掘"一节，以免内容重复）

① 程纪中：《河北藁城县发现一批北齐石造像》，《考古》1980 年第 3 期。
② 西安市文物局：《西安北郊出土北周白石观音造像》，《文物》1997 年第 11 期。
③ 赵立光、裴建平：《西安市东郊出土北周佛立像》，《文物》2005 年第 9 期。

什么是美术考古学

一　美术考古学是考古学的分支学科

在《中国大百科全书·考古学》的"考古学"条中，将美术考古学列为"特殊考古学"（使用"特殊考古学"这一名称，是为了与史前考古学、历史考古学、田野考古学等考古学的主要分支相区别）之一，指出"美术考古学是从历史科学的立场出发，把各种美术品作为实物标本，研究的目标在于复原古代的社会文化"。至于美术考古学与考古学的其他分支学科的联系，"考古学"条中也讲得很清楚："由于美术考古学的研究对象在年代上上起旧石器时代，下迄各历史时代，所以它既属于史前考古学的范围，也属于历史考古学的范围。又由于作为遗迹和遗物的各类美术品多是从田野调查发掘工作中发现的，所以美术考古学与田野考古学的关系也相当密切。"[1] 上面引述的这些简明扼要的叙述，对什么是美术考古学已经给出十分明确的答案。如果我们再将以上叙述重述一下，可以认为：

1. 中国美术考古学是中国考古学的分支学科，属于特殊考古学中诸学科之一。

2. 美术考古学的研究对象，是田野考古工作中获得的遗迹和遗物中与美术有关的科学标本。

3. 美术考古学研究的考古标本，其时间上起旧石器时代，经新石

---

① 考古学编辑委员会：《中国大百科全书·考古学》，中国大百科全书出版社，1986 年。

器时代，下迄各历史时代，涵盖了中国古代历史的各个时期。

4. 美术考古学的基本研究方法，是考古学的方法，其基础是考古层位学和考古类型学。同时必须与中国古代文献的分析研究相结合。

5. 中国美术考古学研究的近期目标，是为田野考古工作提供确定编年标准等方面的帮助。最终的目标是从历史科学的立场出发，把各种美术品作为实物标本，以复原古代的社会文化。

6. 最后，重要的一点是，作为一个中华人民共和国的公民，从事中国美术考古学的研究，与历史学和考古学研究一样，要以马克思列宁主义为指导，贯彻爱国主义，排除干扰，敢于宣扬自己民族的传统文明，具有一个真正的中国人的独立的人格。

二　美术考古学的研究对象和目的

美术考古学的研究对象，是田野考古调查和发掘工作中获得的各类与美术有关的科学标本，包括古代的遗迹和遗物。其主要内容，可以概括为与古人现实社会生活有关的考古标本和与古人丧葬有关的考古标本两大类，这也可以说几乎涵盖了田野考古获得的遗迹和遗物的各个方面。如果依照传统的艺术品分类，也可分为建筑、绘画、雕塑、工艺美术和宗教美术五类。

（一）与古人现实社会生活有关的考古标本

与古人现实生活有关的考古学标本，首先是人类生活居住的居室、聚落、城市的遗址，主要注意其构成和规划，特别是进入历史考古学范围的都市平面设计规划。其次是建筑物的功能、工艺技术、外貌特征和艺术装饰。最后是室内陈设、家具的演变、室内的艺术装饰，乃至日用器物的材质、制作与造型。

在与古人现实生活有关的考古学标本中，反映精神文化的标本要予以特殊注意。这包括与祖先崇拜有关的宗庙等祭祀遗迹和遗物，更多的是与宗教信仰有关的古代遗迹和遗物。有关宗教的考古学标本，包括从史前时期与原始宗教（或称巫术）有关的遗迹和遗物，到历史时期的各种宗教遗存，但主要是佛教的遗迹和遗物，包括佛寺佛塔遗址、石窟寺院、各类佛教造像、造像碑和经幢，等等。其中对石窟寺的研究，又可以列为一个单独的考古学分支学科——中国石窟寺考古①。

（二）与古人丧葬有关的考古标本

与古人丧葬有关的考古标本，主要是通过各个时期的墓葬的田野考古调查发掘所获得的，包括地面的陵园建筑和地下的墓室。地面的陵园建筑包括陵园、封土、神道石刻等等。其中的神道石刻和墓园石刻，是重点注意的石刻艺术品。地下的墓室，包括墓室的建筑结构和装饰艺术，装饰艺术中着重于墓室壁画（包括画像石、画像砖和拼镶砖画）；葬具及其装饰艺术；砖石的墓志，以及志文的书法艺术；随葬的实用物品和明器，实用物品包括陶器、青铜器、玉器、漆器、瓷器、金银器、丝织品等等，它们的类型演变、装饰纹样、工艺技巧、时代特征、实用功能以及所反映的不同民族、地区的文化影响，都是美术考古应予注意的问题。明器中最值得注意的则是各种质料的俑、牲畜、家用什物模型和建筑模型。还有墓室附近的从葬坑和葬入的物品。

三 美术考古学的基本方法

美术考古学是考古学的分支学科，所以其主要的研究方法，是与田野考古工作的研究方法相同，最基本的是层位学和类型学。层位学所要解决的主要是断定年代，认清遗迹和遗物在不断演进的历史长河中准确的坐标。类型学则是从分析标本固有的特征，析清其与其他标本的关系，以及

---

① 徐苹芳：《中国石窟寺考古学的创建历程——读宿白先生〈中国石窟寺研究〉》，《文物》1998年第 2 期。

剖明标本发展演进的轨迹。

令人感兴趣的是对田野考古发掘或调查获得的遗物的类型学分析，常常主要依靠遗物中的美术品，其中最突出的例证，莫过于史前考古学中的彩陶纹饰的特征和演变，以及历史考古学中陶俑的形态特征的变化。依据彩陶纹饰的特征和演变，可以相当准确地判定所属考古学文化及其类型，以及其相对年代。20 世纪 60 年代学者据以划分区系类型的论据之一就是特征容易识别的彩陶图案[①]，对仰韶文化庙底沟类型主要文化特征的代表性器物的类型分析，最重要的是植物花纹图案彩陶盆、鸟形花纹彩陶盆和双唇小口尖底瓶，它们都具有特征容易识别、形制发展序列完整的特点，其中前两种器物都是考古学遗物中的美术品。对于植物花纹彩陶图案的分析，主要是"植物花纹中，构图比较复杂，序列完整的有两种：第一种，类似由蔷薇科的覆瓦状花冠、蕾、叶、茎蔓结合成图；第二种，类似由菊科的合瓣花冠构成的盘状花序。自然，它们是一种高度概括的工艺美术图案，不能同写生画相比"。"蔷薇图案是从比较简单朴拙到比较繁复严密，再到松散、简化、分解。鸟纹图案是从写实到写意（表现鸟的几种不同形态），到象征。"它们都各自包括了一个从发生、发展到逐渐消亡的完整过程，成为显示其所属文化类型不同发展阶段的典型特征器物。我们追寻蔷薇图案彩陶在各地的分布，自然廓明了这一文化类型的中心区域和分布范围，为区系类型的研究奠定了基础。至于依据随葬陶俑的类型、特征及其组合变化，进行墓葬埋葬年代的判断，则更为大家所熟悉了。依据纪年唐墓中随葬的镇墓天王俑甲胄的特征，进行排比分析，从而可以阐明唐代明光铠的发展演变规律[②]。因此对于美术考古的深入研究，对考古学本身也是至关重要的事。

进行中国美术考古研究，也要在心中明确中国文明在世界文明史上的地位。要认识中国文明的形成是一个连续的政治程序过程，而且应该记住

---

① 苏秉琦：《关于仰韶文化的若干问题》，《考古学报》1965 年第 1 期。后收入《苏秉琦考古论述选集》，文物出版社，1984 年，第 157~189 页。
② 参见杨泓《中国古兵器论丛》，文物出版社，1980 年，第 53~57 页。

一位著名美国考古学家强调指出的：中国文明形成的方式是世界文明形成的主要形态，所谓世界式的或非西方式的，主要的代表是中国。中国的形态很可能是全世界向文明转进的主要形态，而西方的形态实在是个例外，因此社会科学里面自西方经验而来的一般法则，不具有普遍的应用性。所以，在建立全世界都适用的法则时，我们不但要使用西方的历史经验，也尤其要使用中国的历史经验。根据这些历史事实建立的法则，其适用性会大大加强①。

四　美术考古学与相邻学科的联系与互动

与美术考古学关联最为密切的相邻学科，可以算是艺术史（或称为美术史）的研究，甚至有人乐意把这两个学科混同为一，也有人非常想要把它们主观地捏合成一体。虽然在《中国大百科全书·考古学》的"考古学"条中，早已明确地说清了两者的区别："这（指美术考古学）与美术史学者从作为意识形态的审美观念出发以研究各种美术品相比，则有原则性的差别。"② 但是常被忽视。

应该认识到田野考古调查发掘工作，既有其局限性，又有自己的科学的工作程序。说田野考古调查发掘工作有其局限性，主要是因为每一项田野工作，不论其发掘规模有多大，揭露的范围有多大，但对于那一历史时期的社会面貌来讲，还仅仅能反映出一个范围极小的局部，实可谓"管中窥豹"，仅能看清个别豹斑，难以见到全豹。这还没有论及每处地下的遗迹都曾遭受或多或少的破坏，并不能全部如实保存至今。何况古代的遗迹和遗物并非全都被保留于地下，也不是所有事物都被古人记录于文献中，偶然被保留在地下的遗迹和遗物，也并非在今天已被全部揭露出土，就是今天被揭露出土的部分遗迹或实物标本，也并非全被今人研究辨识清楚。

---

① 张光直：《考古学专题六讲》，文物出版社，1986 年。
② 《中国大百科全书·考古学》，中国大百科全书出版社，1986 年，第 17 页。

基于上述种种原因，导致田野考古工作必然有很大的局限性。尽可能减少工作中的局限性，也是促使考古工作者进一步去探寻和进行新的发掘的动力之一，同时这也正是考古发掘吸引人们兴趣的魅力所在。说到田野考古的科学的工作程序，主要在于每一项田野考古调查发掘工作，都必然经过工作前的准备阶段、从探测到正式发掘的田野工作阶段、将收获的标本转入室内整理的阶段，直至发布初步的阶段性研究成果（一般是发表调查或发掘简报）到完成正式研究成果（一般是发表正式的工作报告）的阶段。至此工作还不能算完结，因为还需要进行后续的研究。

对于从事美术考古的研究者来说，如果能够亲身参与有关的田野考古工作，那是最为理想的选择。如果没有可能亲身参与田野考古，最好能有可能直接接触有关的考古标本，以取得感性的认识。此外，要学会熟练地查阅有关的考古报告，请注意，这里强调的是"查"而不是读，从而获取其中对自己要进行分析和研究的课题最有用的资料。而对于学习和研究其他学科的学者，在参与田野考古等方面似乎很难能做到，即使有机会去考古工作，或参观新获得的考古标本，也很难深入其中。

概言之，美术考古学者的工作是包容在考古学的范畴中，其研究工作也是为了解决考古学的课题，进而去解决历史问题，而不是将有关古代美术的考古标本简单地、狭义地与艺术史联系在一起。但是作为一个美术考古工作者，他的目光不应只局限在自己的工作范围以内，必须不断开扩视野，特别要与从事艺术史研究的学者特别是研究中国古代美术史的学者，增加联系和互动，应该不断从相邻的学科汲取养分，必要时还可以参与有关艺术史的研究课题。同时又必须清醒地认清学科的分野。另外，与国际学术界包括那些从事艺术史的人交流、合作时，"好话，坏话，正确的话，错误的话都要听。特别是对那些反对的话，要耐心听，要让人把自己的话说完"①。只是自己要有主心骨。

① 转引自 1965 年中共中央政治局《农村社会主义教育运动中目前提出的一些问题》，第二十一条。

五　中国美术考古发现史

（一）中国美术考古的萌发期（20世纪初至40年代）

历史迈入20世纪，甘肃敦煌莫高窟"藏经洞"发现了大量古代写本、绘画和其他文物，轰动了中国文化界。可惜没落的封建统治者不懂得也无力保护民族文物瑰宝，敦煌藏经洞的宝藏立即吸引了外国探险者贪婪的目光，不仅敦煌藏经洞宝藏中的精品多流失国外，而且在20世纪的第一个十年中，自甘肃至新疆古丝路上许多重要的遗址和石窟，都屡遭列强的探险队、考察队的践踏和劫掠。直到辛亥革命以后，情况才逐渐起了变化。

进入20世纪20年代，科学的田野考古发掘在中国开始萌发。先是由当时中国政府聘任的外国学者进行工作；接着是中国学者和外国学者共同工作，最著名的是北京周口店旧石器时代遗址的发掘；然后由中国学者主持的田野考古发掘正式开展，其中成果最为辉煌的是始于20年代末的主要由李济先生主持的殷墟发掘[①]。当时中央研究院历史语言研究所考古组对河南安阳殷墟的首次田野发掘始于1928年10月，到1937年，先后进行了共15次发掘，证明这里是商代后期的都城遗址。在历次的发掘中，揭露了殷代的建筑遗迹，发掘了殷代帝王陵墓，清理了殉葬坑和车马坑，从而获得了大量的殷代遗物，诸如青铜器、玉饰、石雕、陶器和占卜的甲骨等等，表明公元前第2千年后期的商殷文化已达到了极高的水平[②]。殷墟发掘出土的遗物中，含有不少美术品，从此伴随着田野考古发掘的兴起，中国美术考古也开始了自己的历史途程。

不幸的是方兴未艾的中国田野考古发掘，被战乱所阻隔，日本帝国主义对中原大地的军事占领，中断了以殷墟发掘为代表的田野考古发掘

---

① 夏鼐、王仲殊：《考古学》，《中国大百科全书·考古学》，中国大百科全书出版社，1986年，第9页。
② 李济：《安阳——殷商古都发现、发掘、复原记》，中国社会科学出版社，1990年。

工作。虽经抗日战争时期大后方学者的努力，曾清理了成都前蜀王建的陵墓①，开展了对敦煌莫高窟的调查和测绘，并对附近古墓进行发掘②，但并不能改变中国田野考古的艰难处境。直到40年代，中国考古学园地仍呈现一片寂寥情景。"中国考古学的发现，可惜现在还寂寥得很。"这是郭沫若先生为米海里司著《美术考古一世纪》中译本写译者前言时发出的慨叹，时为1946年12月16日。那时郭先生还指出："中国应该做的事情实在太多，就考古发掘方面，大地实在是等待得有点不耐烦的光景了。这样的工作在政治上了轨道之后，是迫切需要人完成的，全世界都在盼望着。一部世界完整的美术史，甚至人类文化发展全史，就缺少着中国人的努力，还不容易完成。"③ 以上就是中国美术考古萌发期的惨淡历程。

（二）中国美术考古的成长期（20世纪50年代至80年代）

1949年10月1日，毛泽东主席在北京天安门向全世界宣布中华人民共和国成立，中国人民从此站起来了。在中国美术考古的园地，再也不是外国探险家和"学者"的天堂，新中国的考古工作者开始在祖国大陆各省区辛勤工作，考古园地寂寥的时代成为历史的陈迹。经过十年的努力，新中国考古工作的收获是十分丰富的，有许多重要的发现，一本从学术研究角度综合介绍这十多年来考古收获的专著《新中国的考古收获》已于1961年出版④，它也是考古工作者为了纪念新中国成立十周年对祖国母亲的献礼。在该书的《序言》中特别强调："画像石、壁画、陶俑和各种工艺品的发现，以及石窟寺、古建的勘察，为绘画、雕塑、建筑、工艺美术、音乐、舞蹈、戏曲等艺术史方面的研究提供了丰富的资料。"⑤ 但是这时作为

---

① 冯汉骥：《前蜀王建墓发掘报告》，文物出版社，1964年。
② 夏鼐：《敦煌考古漫记》，《考古通讯》1955年第1~3期；夏鼐：《敦煌千佛洞的历史与宝藏》，《考古通讯》1956年第4期；向达：《西征小记》，《唐代长安与西域文明》，生活·读书·新知三联书店，1957年，第337页。
③ ［德］米海里司著，郭沫若译：《美术考古一世纪》，《译者前言》，新文艺出版社，1954年据群益出版社1948年纸型重印本，第4~5页。
④ 中国科学院考古研究所：《新中国的考古收获》，文物出版社，1961年。
⑤ 《新中国的考古收获》，文物出版社，1961年，第2页。

考古学的分支学科的美术考古学还处于起步阶段，其中以石窟寺考古学的探索最为突出，从 1957 年对河北邯郸响堂山石窟的考古勘察开始，接着又尝试在敦煌莫高窟进行石窟寺考古工作①。

20 世纪 60 年代中期，一场席卷一切的十年浩劫，打断了新中国考古学强劲发展的势头。在那段期间，虽然也有一些重大的考古发现，如河北满城汉墓的发掘（1968 年）②、陕西西安何家村唐代窖藏金银器的发现（1970 年）③、山东临沂银雀山汉简的发现（1972 年）④、湖南长沙马王堆一号汉墓的发掘（1972 年）⑤，但是全面的田野考古和研究陷于停顿。1976 年国家政治重新步入正轨，中国考古学随之重现生机，到 20 世纪 70 年代末，考古学已重现蓬勃发展的势头。当庆祝新中国成立 30 周年的时候，又一本全国性的、综合性的著作《新中国的考古发现和研究》⑥ 问世，向世人展示中国考古的新成就，令外国考古学者感叹："在未来的几个十年内，对于中国重要性的新认识将是考古学中一个关键性的发展。"⑦

（三）中国美术考古的发展期（20 世纪 80 年代至今）

20 世纪 80 年代，以夏鼐为主任的考古学编辑委员会完成了《中国大百科全书 · 考古学》⑧ 的编写，在书中明确了美术考古学是作为考古学分支的特殊考古学之一。后来在《中国大百科全书 · 美术》中补写了《美术

---

① 徐苹芳：《中国石窟寺考古学的创建历程——读宿白先生〈中国石窟寺研究〉》，《文物》1998 年第 2 期。

② 中国科学院考古研究所满城发掘队：《满城汉墓发掘纪要》，《考古》1972 年第 1 期。

③ 陕西省博物馆、文管会革委会写作小组：《西安南郊何家村发现唐代窖藏文物》，《文物》1972 年第 1 期。

④ 山东省博物馆、临沂文物组：《山东临沂西汉墓发现〈孙子兵法〉和〈孙膑兵法〉等竹简的简报》，《文物》1974 年第 2 期。

⑤ 《座谈长沙马王堆一号汉墓 · 关于发掘的重要性》，《文物》1972 年第 9 期。

⑥ 中国社会科学院考古研究所：《新中国的考古发现和研究》，文物出版社，1984 年。

⑦ ［英］格林 · 丹尼尔：《考古学简史》（英文本），1981 年，第 211 页。转引自《新中国的考古发现和研究》，文物出版社，1984 年，第 3 页。

⑧ 考古学编辑委员会：《中国大百科全书 · 考古学》，中国大百科全书出版社，1986 年。

考古学》①。标志着中国美术考古进入发展期。在这一时期，随着田野考古工作的蓬勃发展，所获得的美术品更加丰富，极大地促进了美术考古研究工作的深入开展，中国石窟寺考古取得的成果最为突出②。同时，美术考古的成果日益受到相邻学科的重视，特别是从事中国古代美术史的学者，在他们的研究中已经离不开考古学的新发现。这也促进了考古工作者和美术史工作者之间的亲密合作和互动，为两个学科的进步做出新贡献。

（原载《中国美术考古学概论》，中国社会科学出版社，2008 年）

后记 本文是我与郑岩合著的《中国美术考古学概论》第一章，这一章由我执笔。2006 年，考古所所长兼考古系主任王巍，告诉我社科院启动了"中国社会科学院研究生重点教材工程"，下达任务，各所必须于第二年至少编成一本重点教材。考古所已拟定了若干教材目录，决定让我编第一本《中国美术考古学概论》，书稿必须于一年内完成。当时我正全力组织编写《中国考古学·三国两晋南北朝卷》，工作刚步入正轨。由于我学力有限，不可能同时完成两项任务，就要求所里明确应先完成哪一项，王巍明确地说，先放下《中国考古学》，必须一年内赶写出重点教材。又因我一年内赶写一本书稿，也是力所难为，在考古所内一时找不到合适的人选，所领导同意我找郑岩合写。感谢郑岩的合作，我们能按时完成书稿，2007 年末交中国社会科学出版社，于 2008 年 2 月出版。不知什么缘故，重点教材工程很快就停顿下来，在考古所只编成了我们的一本，下面再没有了。但是由于插入这一本书的撰写，中断了《中国考古学·三国两晋南北朝卷》的正常进展，人员离散，几经周折，只有在与朱岩石共同负担主编工作后，才再度步入正轨，最终该卷一直拖延到 2018 年才正式刊出。

---

① 美术编辑委员会：《中国大百科全书·美术》，中国大百科全书出版社，1991 年，第 522~523 页。
② 宿白：《中国石窟寺研究》，文物出版社，1996 年。

中国古代佛教舍利容器艺术造型演变

——再谈佛教美术的中国化

佛教东传中国以后，初期传入的仅只是经、像，以后逐渐出现佛寺，建造佛塔瘗埋佛舍利的规制也随之传入中国。但是目前在中国发现的古代佛塔，并不与古印度佛教中流行的覆钵形塔相同，而是与中国传统的楼阁式建筑相结合，出现了中国样式的佛塔，原来印度覆钵形佛塔及顶上的相轮等，一般被装饰于楼阁式塔的顶端[①]。在塔基中瘗埋佛舍利的容器及瘗埋规制，也随之不断变化，具有与古印度佛教并不相同的中国特色[②]。当佛教经由中国传往东方的古代朝鲜半岛和日本列岛上的古代国家时，传去的已是经过中国化的佛教，其中佛塔的形貌和瘗埋佛舍利的规制，也概受中国的影响，所以在韩国发现的古代佛教舍利容器，不论是形制还是艺术

---

① 详见本书《漫话佛教艺术的中国化——以佛塔为例》一文。

② 古印度装盛佛舍利的容器，初分舍利时为宝坛（或瓶），后来舍利容器多为尖顶盖的圆形舍利盒或覆钵塔状舍利盒。我在参加日本奈良丝绸之路学术会议时，曾得以观察巴基斯坦送展的坦叉始罗考古博物馆藏坦叉始罗王宫出土的公元1世纪时的舍利容器，是由片岩制成的圆盒，周壁刻有菱格等纹饰组成的花纹带，盒盖周刻莲瓣，莲心凸出形成尖纽，高10.5厘米。盒内放存由金箔包裹的舍利，以及小金盒和珍珠等物。还有两件斯瓦特博物馆所藏手捧舍利盒的石供养人像。其中较早的一件为公元1~2世纪时的雕像，菩萨装，左手捧舍利容器，为尖顶盖圆盒；另一件是略迟些的公元2~3世纪的雕像，为男子立像，双手捧舍利容器，圆盒无盖。还有斯瓦特博物馆藏的公元3~4世纪的覆钵塔形舍利容器，器盖顶树刹。目前所知传世最著名的是迦腻色伽铜舍利盒，造型与前述坦叉始罗出品基本相同，但装饰精美，外壁有雕饰，在盖顶有莲芯托承的佛像，盖顶左右还各有一尊胁侍菩萨。古印度这种舍利容器，在中原地区的佛教遗迹中至今没有发现过。目前只是在新疆库车东北苏巴什雀离大寺遗址曾发现过木胎的舍利盒，形制为尖顶盖圆盒，盒周壁绘有伎乐，但时代并非属于佛教初传中国时期，与中原地区舍利容器的演变并无关联。

装饰，都与中国古代的佛教舍利容器有着密切的联系①。

一

目前在中国中原北方和江南各地发现的古代佛教舍利塔基和其中瘗埋的佛舍利容器，尚缺乏早于公元 5 世纪的遗迹和遗物，这是令人极感遗憾的事。经考古发掘出土的纪年明确的舍利塔基遗址，已是公元 481 年所建河北定县北魏五级佛图的基址②。此后，有关北朝至唐末五代的遗迹，在北魏洛阳永宁寺塔塔基可能也瘗埋有佛舍利，但因历史上早遭盗掘而情况不明③。东魏北齐时邺南城的佛寺塔基，发现在刹础石下有砖砌舍利函，可惜早已被盗一空④。而在江南，目前还没有发现过南朝佛寺的塔基遗址，自然无法获知其中瘗理的佛舍利容器的形貌。此后，隋唐时期的舍利塔基及舍利容器已有较多的考古发现，至今约有 20 项，其中具有代表性的重要发现，有陕西耀县隋仁寿四年（604 年）神德寺塔基及舍利容器⑤、甘肃泾川武周延载元年（694 年）大云寺塔基地宫及舍利容器⑥、陕西临潼唐开元二十九年（741 年）庆山寺塔基地宫及舍利容器⑦、陕西扶风咸通十五年（874 年）法门寺塔基地宫及舍利容器⑧，以及从浙江杭州雷峰塔地宫出土的舍利容器，那已是五代十国时割据杭州地区的末代吴越王钱俶时

① 关于中国古代舍利器对古代韩国的影响，本文从略。详见杨泓《中国古代和韩国古代的佛教舍利容器》，《考古》2009 年第 1 期。
② 河北省文化局文物工作队：《河北定县出土的北魏石函》，《考古》1966 年第 5 期。
③ 中国社会科学院考古研究所：《北魏洛阳永宁寺——1979～1994 年考古发掘报告》，中国大百科全书出版社，1996 年。
④ 中国社会科学院考古研究所、河北省文物研究所 邺城考古队：《河北临漳县邺城遗址东魏北齐佛寺塔基的发现与发掘》，《考古》2003 年第 10 期。
⑤ 朱捷元、秦波：《陕西长安和耀县发现的波斯萨珊朝银币》，《考古》1974 年第 2 期。
⑥ 甘肃省文物工作队：《甘肃省泾川县出土的唐代舍利石函》，《文物》1966 年第 3 期。
⑦ 临潼县博物馆：《临潼唐庆山寺舍利塔基精室清理记》，《文博》1985 年第 5 期。
⑧ 陕西省法门寺考古队：《扶风法门寺塔唐代地宫发掘简报》，《文物》1988 年第 10 期；陕西省考古研究院、法门寺博物馆、宝鸡市文物局、扶风县博物馆：《法门寺考古发掘报告》，文物出版社，2007 年。

所瘗埋①。从北朝至五代，这是中国古代佛教舍利瘗埋制度的一个大的历史阶段。综合这一历史阶段有关中国佛教舍利塔基和所瘗埋舍利容器的考古发现，可以大略将北朝至唐末五代舍利瘗埋制度的发展演变分为四期：即北朝早期，北朝晚期、隋至唐初，唐高宗至武宗灭法，宣宗复法至唐末五代。

第一期，北朝早期的考古发掘资料仅有河北定县北魏太和五年（481）塔基一项。在塔基的夯土中，埋有一件盝顶盖方石函，函高 58.5、长 65、宽 57.5 厘米（图一）。函盖盝顶上刻铭 13 行（图二），记述皇帝和皇后东驾巡狩，次于中山新城宫，发愿命有司以官财建五级佛图，并在塔下瘗埋舍利石函。在石函里放有装盛舍利的玻璃瓶、玻璃钵，还伴随大量的珠玉钱币等，其中还放有 41 枚波斯萨珊朝银币②。这时是直接将盛舍利的石函瘗埋于塔基夯土中，但盛放舍利的容器已经不是原本古印度佛教的样式，而使用了中国传统样式的盝顶盖方函。这表明，当时舍利容器的造型已日渐中国化③。

图一　河北定州出土北魏舍利石函

第二期，北朝晚期、隋至初唐。在这期间，在发掘北魏迁都洛阳后建造的永宁寺塔塔基和东魏、北齐邺城城南佛塔塔基时，都曾在夯土基内发现有可能是瘗埋舍利的遗迹。表明已在塔基设置竖坑或砖函以瘗埋舍利，是否有的已构筑砖室，尚难确定。其中在东魏、北齐邺城佛塔塔基的发现值得注意，在中央塔刹柱础石下面，筑有长、宽、高均约

① 浙江省文物考古研究所：《雷峰塔遗址》，文物出版社，2005 年。
② 河北省文化局文物工作队：《河北定县出土北魏石函》，《考古》1966 年第 5 期；夏鼐：《河北定县塔基舍利函中波斯萨珊朝银币》，《考古》1966 年第 5 期，后收入《夏鼐文集》（下），社会科学文献出版社 2000 年版，第 46～50 页。
③ 由于对佛教东传中国的丝路沿途的早期佛寺遗址（从汉末到十六国时期），目前尚缺乏认真的考古工作，因此无法了解佛塔建筑和舍利容器逐步中国化的过程，所以本文只能从北魏太和年间开始进行研讨。

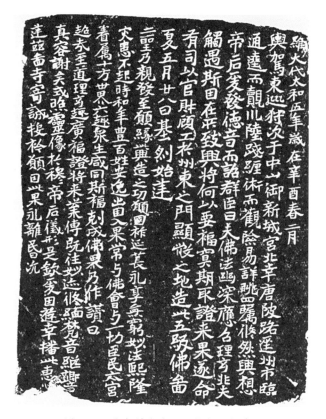

图二　河北定州北魏石函铭文（拓片）

70厘米的正方体砖函，以细腻黑灰色砖砌筑，因早年被盗，函内已空无一物。这一砖函，有可能原为瘗藏舍利所修筑[1]。

隋朝统一以后，文帝杨坚于仁寿元年（601年）下诏在三十州立舍利塔[2]，塔下瘗藏舍利，使中国古代对舍利的瘗藏按皇帝制定的规制执行。据诏书所述，盛置舍利的容器是"以琉璃盛金瓶，置舍利于其内，薰陆香为泥，涂其盖而印之。三十州同刻，十月十五日正午，入于铜函、石函，

---

[1] 中国社会科学院考古研究所、河北省文物研究所　邺城考古队：《河北临漳县邺城遗址东魏北齐佛寺塔基的发现与发掘》，《考古》2003年第10期。

[2] 参见隋高祖《立舍利塔诏》，（唐）释道宣《广弘明集》卷一七，《四部丛刊》初编缩印明刊本，第229页。（唐）释道世《法苑珠林》卷五三《舍利篇·感福部》引《感应缘》亦引述隋文帝诏文，见《四部丛刊》初编缩印明万历刊本，第640页。

一时起塔"①。以后又于仁寿二年（602 年）在五十三个州建塔瘗埋舍利函②，至仁寿四年（604），建立舍利塔的州已达一百余个③，遍及全国。

隋文帝下诏所建舍利塔的遗址，已经考古发掘的有陕西耀县寺坪神德寺塔基④，为仁寿四年（604 年）所建，地当隋时宜州宜君县。在塔基内筑有围护舍利石函的砖墙，石函的四周和盖上均有长方形的护石包裹。舍利石函正方形，每边长 103、高 119 厘米。函盖盝顶，高 52 厘米，盖面篆书"大隋皇帝舍利宝塔铭" 9 字。函盖侧面线刻飞天、花草图案。函内深 33、宽 46.5 厘米，近盖处有深 10、宽 52.5 厘米的二层台，正好将高 10、边长 51.5 厘米的石塔铭嵌置其间（图三）。塔铭 12 行，行 12 字，记述仁寿四年四月八日，送舍利大德法师沙门僧晖，奉皇帝诏于宜州宜君县神德寺奉安舍利敬造灵塔等事宜（图四）。函体四面线刻榜题为"舍利弗""大迦叶""阿难""大目犍连"等弟子在佛涅槃后悲痛情状，以及四天王及金刚力士等护法图像。函内有放置 3 枚舍利的鎏金盝顶铜盒，同时还放有骨灰、隋五铢钱、波斯萨珊朝银币、金环、银环、玉环等宝物。此外，还有内置头发的铜圆盒、内放绿玻璃瓶的鎏金铜方盒、内装骨灰的铜瓶等物。神德寺塔基瘗藏舍利的容器，正反映着隋文帝规范的制度。目前迟于仁寿年间的隋代舍利容器，还有 4 件，为河北正定白店村大业元年（605 年）舍利塔基刻铭盝顶盖素面方石函⑤、河北定县（今定州）宋静志寺塔基地宫重瘗隋盝顶盖方石函和大业二年（606 年）铭铜函（图五）⑥、北京房山云居寺雷音洞大业十二年（616 年）刻铭盝顶盖方石函⑦、山东平阴洪范池舍利塔基盝顶盖方石函⑧，

① （隋）王劭：《舍利感应记》，《广弘明集》卷一七，第 230 页。又见《法苑珠林》，第 640 ~ 641 页。
② （唐）释道世：《法苑珠林》卷五三，见《四部丛刊》初编缩印明万历刊本，第 644 页。
③ （唐）释道宣：《续高僧传》卷二一《释洪遵传》。
④ 朱捷元、秦波：《陕西长安和耀县发现的波斯萨珊朝银币》，《考古》1974 年第 2 期。
⑤ 赵永平、王兰庆、陈银凤：《河北省正定县出土隋代舍利石函》，《文物》1995 年第 3 期。
⑥ 定县博物馆：《河北定县发现两座宋代塔基》，《文物》1972 年第 8 期，第 39 ~ 51 页。
⑦ 北京市文物研究所：《北京考古四十年》第三章第一节《隋舍利函的发现》，北京燕山出版社，1990 年，第 125 页。
⑧ 邱玉鼎、杨书杰：《山东平阴发现大隋皇帝舍利宝塔石函》，《考古》1986 年第 4 期，第 375 ~ 376 页。

造型均相同。皆为盝顶盖方函，刻铭位置亦同，只是有的函面平素，有的刻有精美图像纹饰。可见，自隋文帝仁寿年间规范舍利容器形制以后，基本延续有隋一代。直到唐代初年，舍利容器的瘗藏还沿袭隋代旧制，陕西蓝田唐法池寺旧址出土盝顶盖刻纹方石函即是如此。

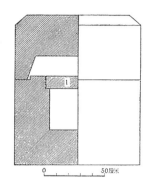

图三　陕西耀县神德寺塔基出土隋石函

第三期，唐高宗、武后时至武宗会昌灭法。唐高宗显庆年间，舍利容器的外貌发生了新变化。这一新变化的创始人是当时的皇后武则天。高宗显庆五年（660年）春三月，将法门寺佛舍利迎往东都洛阳宫中供养。"皇后舍所寝衣帐直绢一千匹，为舍利造金棺银椁，数有九重，雕镂穷奇。"[①] 此

图四　耀县隋石函铭文（拓片）

---

① （唐）释道宣：《集神州塔寺三宝感通录》卷上。后道世于总章元年撰《法苑珠林》，卷五一《敬塔篇》引《感应缘》亦记武后造舍利容器事："皇后舍所寝衣帐，准价千匹绢，为舍利造金棺银椁，雕镂穷奇。"

图五　河北定州宋静志寺塔基地　　　图六　甘肃泾川大云寺塔基
　　　宫重瘗的隋舍利铜函　　　　　　　　出土唐舍利石函

图七　甘肃泾川大云寺塔基出土唐舍利容器

风传开，各地仿效，一时建塔瘗藏佛舍利时，无不按照武后所创新制来制作舍利容器。说明这一变化的考古发现，主要有甘肃泾川贾家庄延载元年（694年）大云寺塔基地宫舍利容器①、陕西临潼开元二十九年（741年）庆山寺塔基地宫舍利容器②、江苏镇江出土的李德裕重瘗长干寺与禅众寺舍利容器③。

---

① 甘肃省文物工作队：《甘肃省泾川县出土的唐代舍利石函》，《文物》1966 年第 3 期。
② 临潼县博物馆：《临潼唐庆山寺舍利塔基精室清理记》，《文博》1985 年第 5 期。
③ 江苏省文物工作队镇江分队：《江苏镇江甘露寺铁塔塔基发掘记》，《考古》1961 年第 6 期，第 302～315 页。

　　大云寺塔基地宫，构筑于武则天主政的大周延载元年（694 年），由当时泾州刺史等官员、寺僧主持修建。地宫砖筑，券顶，南壁有门，前接短甬道，甬道壁绘有壁画。地宫中瘗藏的舍利容器（图六），内外四重，自外第一重为刻铭盝顶盖刻纹大石函，大理石质，高 28.3 厘米；内第二重为顶嵌银莲花的鎏金盝顶盖铜函；第三重为银椁，下设带栏杆的长方形椁座；最内是嵌饰珍珠、金莲等装饰的微型金棺，高 4.6、长 7.1 厘米，重108 克。金棺内铺织锦衬垫，上放有内装 14 粒舍利的玻璃瓶（图七）。

　　庆山寺舍利塔地宫，构筑于玄宗开元二十九年（741 年），由寺僧主持修建。地宫砖筑，前有甬道，壁绘金刚力士。甬道内立通座高 82 厘米的石碑一通，额题"大唐开元庆山之寺"，碑文首题"上方舍利塔记"。地宫四壁绘壁画，安有石门。室内后部及两侧砌须弥座式砖床，其上正中安置由6 件青石构件组成的"释迦如来舍利宝帐"，高 109 厘米（图八），帐内置银椁金棺。银椁高 14.5、长 21 厘米，下设鎏金铜须弥座，椁前挡刻门，贴嵌两身鎏金菩萨夹侍一双佛足，两侧壁嵌十大弟子在佛涅槃后悲泣形貌。椁盖上饰玉石、金莲，周垂珍珠流苏（图九）。椁内置长 14 厘米的微

图八　陕西临潼唐庆山寺塔基地宫出土石释迦如来舍利宝帐

图九　陕西临潼唐庆山寺塔基
地宫出土舍利银椁

图一〇　陕西临潼唐庆山寺塔基
地宫出土舍利金棺

型金棺，棺盖亦嵌饰宝石（图一〇）。金棺内铺锦衾，上放一双带金莲花座的绿玻璃瓶，内置水晶质米粒状"舍利"。

　　李德裕重瘗长干寺与禅众寺舍利容器，是北宋元丰年间被重新瘗藏于镇江甘露寺铁塔地宫之内。长干寺舍利容器，是李德裕任浙江西道观察等使时于唐文宗大和三年（829 年）所制作，共内外四重，为石函（佚盖）、银椁、金棺和小金棺，最内的小金棺仅高 1 厘米，盖长 2.9 厘米，内盛舍利 11 粒（图一一、一二）。禅众寺舍利容器，内外三重，为石函（仅存盖）、银函、金棺，棺内置舍利 156 粒。这些金银舍利容器上的装饰纹样，较以前细密繁缛，以迦陵频伽、云中翔鹤等纹样为主。

图一一　江苏镇江出土唐长干寺
舍利银椁

图一二　江苏镇江出土唐长干寺
舍利金棺

图一三　河南巩县石窟
宝帐形佛龛

图一四　陕西扶风法门寺唐塔
地宫出土石双檐灵帐

　　综合以上诸例，可见自武后首倡以中国传统的棺椁造型制作瘗埋舍利的容器以来，用微型金棺银椁做舍利容器已为唐代高官名僧遵行的规制。只是依制作年代早晚和地点不同，其华美程度及细部装饰有些差异。在瘗入塔下时仿效墓室修筑砖砌地宫，舍利金棺银椁或仍依隋时传统置于大石函中，或置于以石材雕成的灵帐之内，灵帐仿殿堂内所施四柱盝顶宝帐。这种宝帐的造型，也正是继承自北朝时期已在佛殿中供奉佛造像的宝帐，仍旧沿袭着汉魏以来殿堂中使用的盝顶帐的形貌，但在帐顶和帐沿加饰山华蕉叶及垂悬的饰物和流苏，极尽华美之能事。虽无实物留存下来，但可以从石窟中的帐形龛来了解北朝时供奉佛的宝帐的形貌，例如河南巩县石窟第1窟、第3窟中心柱所雕出的宝帐形龛（图一三），就雕刻得精确而华美。唐代的石雕宝帐，如庆山寺的"释迦如来舍利宝帐"。还有比其年代更早的是被重新安置在法门寺塔地宫中的汉白玉雕双檐灵帐（图一四），制作于唐中宗景龙二年（708年）。在敦煌莫高窟的唐窟壁画中，也在涅槃经变画中，可以看到华美的棺椁上面张有装饰华美的盝顶宝帐，如莫高窟盛唐第148窟西壁壁画（图一五）①。

图一五　敦煌莫高窟第148窟唐涅槃变壁画局部

　　此外，在山西、江苏、四川等地发现的一些缺乏纪年的舍利容器，也多是银椁金棺、银椁鎏金铜棺等组合②，也表明以金棺银椁瘗藏舍利已流行全国各地。以中国式样的棺椁制作舍利容器，更符合中国佛教徒的民族习惯，也是佛教艺术中国化的典型例证。

　　第四期，唐宣宗大中复法至唐末。唐武宗会昌灭法，拆寺毁像，舍利和舍利容器自然也在被毁之列，从而中断了唐高宗显庆年间以来以金棺银椁为舍利容器的发展势头。当宣宗恢复佛教地位以后，迎奉舍利和制作舍利容器，也得以恢复和发展。除了沿袭此前的金棺银椁等传统形制以外，在舍利容器造型方面也出现了新变化。扶风法门寺塔地宫出土的唐懿宗供奉佛舍利

---

① 中国壁画全集编辑委员会编：《中国美术分类全集·中国壁画全集·敦煌6·盛唐》，图版一九〇，天津人民美术出版社，1989年。

② 参见杨泓《中国隋唐时期佛教舍利容器》表二，《中国历史文物》2000年第4期。

的八重宝函，是晚唐舍利容器的典型代表，其中七重是盝顶盖方函，最内一重是真金小塔子，造型为单层单檐四门方塔。在河北定州宋静志寺塔基地宫中，还有一件唐代大中四年（850 年）六角单层舍利银塔子（图一六）①。这就表明，盛放舍利的由以贵金属制作的微型棺椁，已改为多重盝顶盖方函内的微型塔子。下面具体观察唐懿宗为供奉佛舍利制作的八重宝函。

　　法门寺唐塔地宫，系模拟唐代帝王墓制建造的前中后三进墓室，唐懿宗供奉的八重宝函（图一七）放置在后室中。自外而内依次是檀香缕金银棱装铰函、银金花钑作函、素银函、银金花钑作函、真金钑花函、金筐宝钿真珠装真金函、金筐宝钿真珠装珷玞石函和真金小塔子（内有银柱子一枚）②。出土时，有一枚指骨舍利套置在真金小塔子内的银柱子上（图一八）。在地宫

图一六　河北定州宋静志寺塔基地宫出土唐鎏金银舍利塔

① 银塔子高 14.5 厘米，重 332 克。壁饰鎏金莲华及云纹，衬以鱼子纹地，壁上刻铭为"静志寺会昌六年毁废，佛像俱焚，宝塔全除。至大中二年再置，兴切修建，舍利出与神合，分明随人心现□。一寺僧众与城隆善友同造银塔子，再安舍利，伏愿法身请泰，葉（业）海长，一切有情，俱会真言。大中四年四月八日比丘□真定□□□于记"。见［日］NHK 大阪放送局编集《正仓院的故乡——中国的金、银、玻璃器展》，图 41，日本写真株式会社，1992 年，第 62 页、130～131 页。

② 本文所述唐懿宗八重宝函名称，均用《监送真身使应从重真寺随真身供养道具及恩赐金银器物宝函并新恩赐到金银宝器衣物》碑文原用名称。

出土的《监送真身使应从重真寺随真身供养道具及恩赐金银器物宝函并新恩赐到金银宝器衣物》碑文中，详记八重宝函的名称和重量。目前八重宝函中，只有最外的檀香函已朽毁，其余均保存完好。在八重函中，真金钑花函和两件银金花钑作函上錾刻佛教造像，真金钑花函正面为六臂如意轮观音（图一九），右面为药师如来，左面为阿弥陀佛，背面为大日如来。第五重的银金花钑作函，左侧为乘狮的文殊菩萨。第七重的银金花钑作函，四壁为四天王（图二〇），各有榜题，正壁是"北方大圣毗沙门天王"，左为"东方提头赖吒天王"，右为"西方毗娄勒叉天王"，后为"南方毗娄博叉天王"。已残损的檀香函上，据说出土时尚见有描金加彩"释迦牟尼说法图、阿弥陀佛极乐世界和礼佛图等"。除懿宗制作的八重宝函外，

图一七　陕西扶风法门寺唐塔地宫出土八重舍利宝函（缺木函）

图一八　法门寺唐塔地宫出土八重舍利宝函最内一重金塔子

图一九　法门寺唐塔地宫出土
八重宝函之真金钑花函

图二〇　法门寺唐塔地宫出土
八重宝函之银金花钑作函

法门寺塔地宫中还有另三组舍利容器，但都是这次封闭地宫时重新配组而成，制作年代多早于懿宗时期。前室的一组舍利容器，为汉白玉方塔、单檐铜塔和金花银棺。中室一组为景龙二年（708 年）汉白玉双檐灵帐、盝顶铁函和金花双凤纹银棺。后室后壁下秘龛一组为铁函、咸通十二年（871 年）比丘智英造金花银真身舍利宝函、银包角檀香木函、水晶椁子（图二一）和壸门座玉棺。此外，还有边觉大师智慧轮所施咸通十二年为盛真身舍利而造的金函和银函。这些容器中，均制作于咸通十二年的比丘智英和智慧轮所作的 3 件宝函，造型均与懿宗宝函造型相同，为盝顶盖方函。特别值得注意的是，比丘智英所作金花银真身舍利宝函（图二二），在函盖及函体均饰佛教造像，据考为金刚界大曼荼罗成身会造像，对研究唐代密宗造像是难得的资料，极具研究价值①。

---

① 罗炤指出，"后室秘龛宝函图像为不空真传摹本"，参见《略述法门寺塔地宫藏品的宗教内涵》，《文物》1995 年第 6 期。

图二一　法门寺唐塔地宫出土水晶椁子

图二二　法门寺唐塔地宫出土比丘智英造金花银舍利宝函

　　由此可见，唐宣宗复法以后到唐代覆亡，除仍沿用金棺银椁瘗藏舍利外，更新兴以多重盝顶盖方函内盛小型塔子为舍利容器，典型代表正是上述唐懿宗为法门寺佛骨舍利特制的八重宝函，还用人间皇帝陵墓墓室的规制修造舍利塔地宫。同时随着佛教密宗的盛行，舍利容器的图像开始出现唐代密宗图像，反映出当时佛教信仰的发展变化①。

法门寺唐塔地宫封闭于咸通十五年（874 年）正月，之后仅过 33 年，唐朝覆亡。此后出现了五代十国的分裂局面。十国中的这些割据一方的小政权的统治者中，已知在浙江杭州的吴越钱氏王朝确曾有制造佛舍利容器、瘗埋塔下地宫之举。已经考古发掘的遗迹是杭州雷峰塔的地宫。是由末代吴越王钱俶所瘗埋，时间已迟至北宋太祖开宝年间，出土砖铭有"辛未"（971 年）、"壬申"（972 年）纪年，说明可能始建地宫已是北宋开宝五年（972 年）或者稍迟。钱俶为奉安"佛螺髻发"而瘗入的舍利容器，为钱仿阿育王所建"阿育王塔"。以塔为舍利容器，仍旧依照李唐晚期皇帝以"塔子"为舍利容器的传统，仅仅塔的形制有所改变。钱俶所造"阿育王塔"，是下设方形基座的方形单层塔，塔檐外出下斜，但是塔顶为平顶，四角伸出高大的蕉叶饰，塔顶中央竖立带相轮的塔刹。在方塔四壁分别浮雕佛本生故事。雷峰塔地宫出土的盝顶铁函中所置阿育王塔为银质鎏金，塔身四壁浮雕的分别为萨埵太子舍身饲虎、尸毗王割肉贸鸽、快目王舍眼、月光王施首等四个本生故事。塔刹上有五重相轮。全塔通高 35.6 厘米（图二三）。

纵观自北魏直到五代十国的吴越，这一历史阶段的舍利容器形貌的变化，都是由皇室（帝王或皇后）所规定施行，或颁行全国，或上行下效而影响各地广泛施行。建塔供奉舍利主持者，概为帝王或贵族高官或佛教大德。这些特点，使佛教舍利容器的造型演变，具有全国统一的特点。一般平民百姓，还缺乏参与建塔瘗埋佛舍利的身份地位。

在瘗藏舍利时，除制工精美的成组合的舍利容器以外，还要放入大量供养佛舍利的珍贵物品，如金银器、玻璃器、瓷器和珠宝，乃至外域传入

---

① 有人认为，法门寺唐塔地宫即为舍利供养的坛场，也是唐密舍利供养曼荼罗的实体，参见吴立民、韩金科《法门寺地宫唐密曼荼罗之研究》，（香港）中国佛教文化出版有限公司，1998 年。也有学者认为，法门寺塔地宫不是曼荼罗，参见中国壁画全集编辑委员会编《中国美术分类全集·中国壁画全集·敦煌 6·盛唐》，图版一九〇，天津人民美术出版社，1989 年，第 53～55 页。

图二三　浙江杭州雷峰塔地宫
出土五代吴越银阿育王塔

图二四　江苏南京大报恩寺遗址
宋塔地宫出土七宝阿育王塔

的金银货币，常常都是制工精美的古代工艺品，也为艺术史研究提供了大
量实物标本。

二

五代以后，北宋时期随着佛教信仰日益世俗化，舍利塔的修建和舍利
容器的制作随之也突破了原有规制，呈现出多样化的趋势，中国古代佛教
舍利塔的建造和舍利容器的瘗埋，进入了一个新的历史阶段。

北宋以后佛教日趋世俗化和民间化，建造佛塔和瘗藏舍利由过去的帝
王高官普及到民间百姓，过去无法参与的市民女眷，都可参与佛塔的修
建。许多佛塔的砖铭中，都可以见到市民女眷施砖修塔的铭文，一些塔基
地宫中瘗埋的舍利容器的铭文也说明，施舍者是平民及其眷属。社会民众
的参与，打破了自北朝至五代那一历史阶段舍利容器形貌全国一统的旧格
局，于是舍利容器形制更加多样，制工精拙不一，其中不乏制工精巧奇丽

者，今日看来亦可誉为古代艺术精品。

此时仍依晚唐遗制，以塔为舍利容器。例如辽宁朝阳北塔天宫出土的单层单檐宝珠顶金方塔①，据"再葬舍利"题记，该塔再葬时间为辽重熙十二年（1043 年）四月八日。在天宫石函中安放"七宝"装饰的宝盖罩着的木胎银棺，金塔置棺内，塔座三重叠涩，上承仰莲瓣，方塔坐落在仰莲上，塔体四周刻佛像，高 11 厘米（图二五）。塔脊和檐下悬垂珍珠穿成的流苏，颇显华美。塔内放装盛舍利的金盖玛瑙小罐，罐内有米粒大小的红、白色舍利各一颗。这件金塔仍存唐代晚期旧制。

另外，吴越王钱俶创制的"阿育王塔"，北宋以后在江南地区仍然盛行。在南京大报恩寺遗址发现的原北宋时长干寺塔基地宫中，在铁函中放置有"七宝阿育王塔"（图二四）②。还在上海青浦北宋隆平寺塔基地宫中，发现在放置舍利容器的木函前，左右各安放一座阿育王塔，质地不同，分别是贴金铅塔和铜塔③。

仍以棺椁瘗埋舍利的北宋遗物，现已发现的时代最早的是开宝九年（976 年）的郑州开元寺塔基内的舍利石棺④。棺长 105 厘米。棺座壶门内雕伎乐和狮子。棺体前挡雕门扉，门旁两侧各立一金刚力士。两侧壁雕十大弟子像，作佛涅槃后悲哀哭泣形貌。依然同于唐庆山寺舍利银椁图像旧制。棺盖刻纪年和施主、匠人姓名："唯大宋开宝九年岁次丙子正月庚寅制造毕工。施主预超妻王氏男赟贝新妇惠氏孙儿合子孙女花哥伴姐。"又"匠人鱼继永"。可见为一户普通人家全家老幼所施舍之物。与之近似的舍利石椁，出土于连云港海清寺阿育王塔地宫内⑤，石椁内置铁盝顶盖方函、银棺、小鎏金盝顶盖方银函。棺、函上均有天圣四年（1026 年）纪年铭

① 朝阳北塔考古勘察队：《辽宁朝阳北塔天宫地宫清理简报》，《文物》1992 年第 7 期。
② 祁海宁、周保华、龚巨平：《南京大报恩寺遗址北区考古发掘》，《2010 中国重要考古发现》，文物出版社，2011 年，第 178～181 页。
③ 陈杰、王建文：《上海青浦青龙镇遗址发掘收获》，《2016 中国重要考古发现》，文物出版社，2017 年，第 158～165 页。
④ 郑州市博物馆：《郑州开元寺宋代塔基清理简报》，《中原文物》1983 年第 1 期。
⑤ 连云港市博物馆：《连云港海清寺阿育王塔文物出土记》，《文物》1981 年第 7 期。

图二五　辽宁朝阳北塔出土辽金舍利塔

刻。银棺盖锤鍱出佛涅槃像，棺体前挡刻两尊甲胄装天王，两侧壁为十大弟子举哀及三梵天像，后挡刻铭。铁函后部又置一银精舍。由刻铭可知，这些舍利容器分别由一些家族阖家出资制作用以祈福。又如河南邓州福胜寺塔天圣十年（1032 年）地宫出土的舍利容器组合中，舍利金棺同样刻出佛涅槃像①。这组容器由石函、银椁和金棺所组成（图二六、二七）。北方辽金时期的舍利棺也有发现。如河北丰润发现过金代银棺②，棺盖平顶，上有铭文："泰和六年，金瓶内有大舍利一颗，惠善施主保住哥、保羊哥、王要沈同施舍利三人。"泰和六年为公元 1206 年。这件舍利银棺，也为普通民众所制作。上述这些舍利容器上的铭刻，十分清楚地反映出北宋以后佛教信仰日趋世俗化的真实情景。

除了传统的盝顶方函、银椁金棺和塔等舍利容器以外，北宋以后随着佛教的世俗化，舍利容器的造型也挣脱了统一的规制，呈现出多样化的倾向。在佛塔地宫中出现多样化的舍利容器，如"宝幢""地宫殿"和"佛

---

① 河南省古代建筑保护研究所、河南省文物研究所：《河南郑州市福胜寺塔地宫》，《文物》1991年第 6 期。
② 陈少伟：《丰润县经幢地宫出土文物》，《文物春秋》2000 年第 1 期。

舍利柜"等。

舍利宝幢，可以举苏州瑞光塔出土的北宋大中祥符六年（1013 年）真珠舍利宝幢为例①。原放置于四壁绘四天王像的木函中，瘗于瑞光塔第三层塔心中。幢高 122.6 厘米，分别以木胎和夹纻胎的描漆雕漆制成，底座

图二六　河南邓州福胜寺塔出土北宋银椁

图二七　河南邓州福胜寺塔出土北宋金棺

---

① 苏州市文管会、苏州市博物馆：《苏州市瑞光寺塔发现一批五代、北宋文物》，《文物》1979 年第 11 期。

八角形，上承须弥山，中心立八角形幢，周绕八柱，上承幢顶，饰以鎏金银丝串珠编成的八条小龙，顶上立白玉、水晶及金银构成的刹杆，杆顶托水晶圆珠。幢身内置乳青色料质葫芦瓶，瓶内盛舍利9粒。宝幢制工精美，为过去所未见，确为北宋工艺美术精品（图二八）。

关于地宫殿，有浙江宁波天封塔地宫出土的南宋纯银"地宫殿"①。在天封塔地宫中置有石函，刻铭纪年为绍兴十四年（1144年），并记"承乡贡进士王居隐与阖宅等备己财先造宝塔第一层及承广慧禅师传法沙门德亨舍古佛舍利一百颗入塔宫殿内"。在石函内放置纯银殿堂模型，为面阔三间、进深两间的单檐歇山顶殿堂，檐下有上书"天封塔地宫殿"六字匾额。通高49.6厘米。制工尚为精细，据铭记为银匠陈资所造作，由明州鄞县东渡门里生姜桥西赵允一家施家财所造。可见这是一件南宋时的民间工艺品（图二九）。

图二八　江苏苏州瑞光寺塔　　　　图二九　浙江宁波天封塔地宫出土宋纯银地宫殿
　　　　出土宋真珠舍利宝幢

---

① 林士民：《浙江宁波天封塔地宫发掘报告》，《文物》1991年第6期。

自铭"佛舍利柜"的舍利容器，出土于河北固安宝严寺塔基地宫。舍利柜银质鎏金，由柜体和基座组成（图三○）[1]。柜体长方形，上盖盝顶盖，通体錾刻纹饰，盖顶面饰团花飞凤，柜体正面居中是护法的天王，两侧为伎乐，侧壁和背面亦为伎乐。基座是须弥座，四角有力士扛托，座上周设栏杆。柜盖内侧刻有铭文："严村宝严寺西史毛贾三村邑众等共办此之佛舍利柜一所，天会十二年五月一日记。"天会为金太宗完颜晟年号，十二年当宋高宗绍兴四年（1134 年）。由铭文可知，银舍利柜为三村民众集体舍制，表明该柜是当时的民间工艺品。

图三○　河北固安出土金代银舍利柜

由以上诸例可以看出，宋辽金时期集资建塔，施舍佛舍利容器瘗藏塔下地宫之举，盛行于民间。而舍利容器造型多样，又常具民间艺术特色。

到公元 13 世纪以后，施舍舍利容器的风气日衰，但直至中国封建社会终结之时，仍有人施造舍利容器。目前所知发掘出土的佛教舍利容器可晚

---

① 河北省文物研究所、河北大学历史系、固安县文物保管所：《河北固安于沿村金宝严寺塔基地宫出土文物》，《文物》1993 年第 4 期。

至清代，如河北丰润曾出土过清代的舍利银棺①。但银棺制工粗劣，外貌类似方匣，素面无纹，盖面阴刻"顺治十八年。大清康熙五十二年二月口日重修"，或许原瘗于顺治十八年，这次于康熙五十二年（1713 年）重瘗。棺右侧阴刻"内有金银瓶大舍利一颗"。这可算是中国古代佛舍利瘗埋制度的余晖。这件银棺，今日看来已无艺术价值可言。

（本文是将原载《考古》2009 年第 1 期的《中国古代和韩国古代的佛教舍利容器》一文，删去论述韩国古代舍利容器的部分，再与原刊《艺术史研究》第 2 辑的《中国佛教舍利容器造型艺术的变迁——佛教美术中国化的例证之一》一文中讲述北宋以后舍利容器的部分内容相结合，并补充了近年出土的部分考古资料，重加修订、润色，收入《束禾集——考古视角的艺术史》，中国社会科学出版社，2018 年）

---

① 陈少伟：《丰润县经幢地宫出土文物》，《文物春秋》2000 年第 1 期。

一个中国考古学分支学科的发展

——从事美术考古五十年的体会

1949 年 10 月 1 日，在天安门前升起五星红旗，毛泽东主席宣布中国人民从此站起来了，中华人民共和国成立。中华大地百废俱兴，新中国进入了工农业建设的火红年代。全国各地掀起了基本建设的高潮。时任文化部副部长、兼任中国科学院考古研究所所长和国家文物局局长的郑振铎，以他文人的笔法写道："中国正在走向国家的社会主义工业化的光明大道。空前的规模宏伟的大工厂，逐渐在全国各地建立着。如林的高耸入云的烟通（筒），处处可以见到。铁路、公路的交通干线也随之而繁密起来；水库、水渠工程的进行，保证了自然灾害不再为患。这是多末（么）令人兴奋的光明灿烂的景象！随着这些大工厂的建立，这些铁路、公路的延伸，这些水利工程的发展，不可避免的都要翻动地面，把埋藏在地下的古墓葬、古文化遗址重新暴露在光天化日之中。……在全国各地因为以上的基本建设工程而出土了的历代文物，在数量上、质量上都是极为惊人的。但这才不过是一个开端。却已是一个不平凡的开端了！随着大规模的国家的社会主义工业化的进展，随着全国各地的各项基本建设工程的以飞快的速度发展着，将会有更多更惊人的发现的。"[1] 夏鼐先生则在肯定成绩的基础上指出："解放以前，由于社会条件的限制，考古学无法发展；因之所留下的考古工作者，人数很少；前年起，虽办了两届训练班，但仍不能适应现今客观的要求，并且配合基本建设工作，需要及时完成清理发掘工作。

---

[1] 郑振铎：《在基本建设工程中保护地下文物的意义与作用》，《文物参考资料》1954 年第 9 期。

所以进行工作是有些困难的。"①

我正是在上述时代背景下，于 1953 年以第二志愿考入北京大学历史系，进入考古专业学习的。我们上课的时候，考古学概论由夏鼐先生负责，旧石器考古是裴文中先生和贾兰坡先生，新石器考古是安志敏先生，商周考古是郭宝钧先生，秦汉考古是苏秉琦先生（现在的年轻人可能会以为教新石器的必然是苏秉琦，其实不是），魏晋以后到隋唐是宿白先生，石窟寺和考古学史是阎文儒先生，古代建筑是宿白先生，人类学和民族志是林耀华先生。考古技术方面全由考古所的先生教，测量是徐智铭，照相是赵铨，绘图是郭义孚，修整是钟少林。考古绘图在 20 世纪 60 年代才转由已经过世的刘慧达先生来教。另外还有些专题的课。给我们讲古文字学的是唐兰先生，讲古代绘画的是徐邦达先生，讲博物馆学的是傅振伦先生。其他如中国史、世界史、亚洲史及中国近代史，都是和当时历史各专业的同学一起学习。我们那个时候，考古专业不是像后来一样单独开历史课，所以那时候学考古的学生的史学基础要好一点。当时教中国史的有张政烺先生，还有邓广铭先生、汪篯先生，可能许大龄是当时最年轻的先生。教世界史的是齐思和、杨人梗、张芝联、胡钟达等先生，教亚洲史的是周一良先生。至于其他专题课，还有翦伯赞先生的秦汉史专题等。所以，我们当时接触了很多历史学界的著名专家。

当时北大考古教研室自己的教员还不是很多，只有宿白先生和阎文儒先生，还有几位年轻的助教，例如吕遵锷和李仰松。到我们快毕业时，又从兰州大学调回来一个叫邹衡的研究生，他们三位年轻教员还没有给学生讲课的资格。多数时候都是考古所、故宫和其他学校的先生们来讲课。这样有一个好处，就是你可以接触很多各个方面的著名学者。虽然他们讲的课与后来那些专门备课、只讲某一个方面的先生们不太一样，但是在北大念书的这段时间，我们的视野还是很开阔的。另外，学校也鼓励我们积极

---

① 夏鼐：《清理发掘和考古研究——全国基建中出土文物展览会参观记》，《文物参考资料》1954年第 9 期。引文中所说的"前年"，指 1952 年。

与考古界的先生接触。1956 年召开"全国考古工作会议",也允许我们学生去旁听。毕业以前的"大跃进"时期,我们还和教师一起编写中国考古学课程的讲义,指定我写的那一部分是魏晋南北朝考古,虽然我只是把上宿白先生课时所做的笔记照抄一遍,但还是起到了巩固学习成果的作用。

我们在北大学习时,中国在国际上处于"社会主义阵营",受到了西方国家的敌视和封锁,学生自然对欧美各国的学术界一无所知。虽然说是向苏联"老大哥"学习,但也读不到有关苏联考古学方面的资料,所以只能全力学习授课老师传授的知识,对以前西方考古学的理论和当时西方考古学新产生的理论一无所知。而且考古学这一学科的特点就是求实,大家都是在田野考古实践中不断探索前进。到 1959 年中华人民共和国成立十周年时,中国考古学界逐渐形成了具有民族文化特色的中国考古学体系。又经过 20 年的曲折发展,到了在夏鼐先生领导下编写《中国大百科全书·考古学》卷时,新中国的考古学体系已基本形成。

作为新中国考古学的分支学科,中国美术考古学正是在这一特定的历史时期不断探索、逐渐形成的。我上学的时候就有"美术考古"这个词,但是对于这个词的内容,大概每个人都有不同的看法。我最早看到"美术考古"这个名称,是读了郭沫若翻译的德国人米海里司的书《美术考古一世纪》。读这书的时候我还在上高中,大概是 1948 年。书的内容讲的是一个世纪里面关于欧洲古典艺术的发现,着重讲建筑和雕塑,与现在我们所说的美术考古不一样。后来我写的《美术考古半世纪》的书名,其实也不是对应米海里司的书名,而是对应那本书里郭沫若先生的序。我在书里使用的"美术考古",是按照夏鼐先生和王仲殊先生写的大百科全书"考古学"词条中的定义。

至于"美术考古"这个概念的使用,20 世纪 50 年代《考古》连载当年的考古学文献目录时,就已经设有美术考古这一类,后来考古学文献目录结集出版之后也有这么一类。那个时候,主持做考古学文献目录的是考古所的资料室,资料室的主任是王世民,而实际上做这些工作的是徐苹芳和陈公柔。他们的这种分类应该是经夏鼐先生同意的,因为那个时候资料室的事情经常要由夏鼐先生来决定。明确地提出美术考古是考古学的分支学科，是在《中国大百科全书·考古学》卷的"考古学"一文中，那应该是这个概念的第一次正式使用。

《中国大百科全书·考古学》卷的编写工作我也参加了，当时为了"美术考古"要不要单列词条问过夏鼐先生。他认为，"美术考古"单独写成一个词条还不成熟，所以这个词条最终没有在考古学卷中出现。后来过了两三年，李松涛参与编写《中国大百科全书·美术》卷时，找我写"美术考古"词条，我就斗胆写了。当时写这个概念是按照考古学的分支学科来写的，严格来讲，是要阐述考古工作中发现的美术品。这与建立考古学的框架体系的考虑有关。当时中国学术界强调考古学是历史学的一部分，所以历史学是一级学科，考古学只是二级学科，是历史学的分支学科，在考古学里面又分出了很多分支学科。这些都是中国考古学独有的现象，与外国的情况很不一样。

中国的考古学在一开始设定的时候就分成了两条线索。其中一条线索是按时代划分，分成史前考古学、历史考古学等不同时期的考古学（《中国大百科全书·考古学》卷也是这样处理的）；另一条线索是跟考古有关的、与其他学科交叉的学科，必须使用自然科学或技术史方面的知识来谈考古学的学科。美术考古就属于这样一个学科，在大百科全书的词条里，实际是叫作特殊考古学，属于第二条线索。

我个人的体会是，美术考古就是考古学的一部分，是用考古学的方法，为着考古学的目的，来研究田野考古中用考古学方法发现的和美术（艺术）有关的科学标本。对它的研究与对生产工具或日用器皿的研究所使用的方法不同，因为它包含了造型艺术在里面，所以它要借助于其他方面的知识，特别是与艺术史的研究结合起来。但它又不是艺术史的研究，因为艺术史属于历史学科，里面有一个历史的概念，一定要解决一个"史"的问题。我不敢说现在美术史学科的先生是否已经解决了这个问题，但至少美术考古的目的不是要解决艺术历史的问题。历史的问题是整个考古学要解决的问题，而不是美术考古这样一个单纯的分支学科能够解决的。也就是说，考古学要全面地解决史学问题，而不是靠美术考古去解决。这样一来，美术考古研究跟艺术史研究的目的就有所区别，它是为考古学本身的研究来分析解决问题的。考古学本身的问题包括建立时空框架、断代等，是以复原古代人的物质文化和精神文化等方面为最终目的，在考古学基础上的综合研究才能够解决史学的问题。但是目前因为考古学的材料是有局限性的，所以任何一个分支学科都不能单独拿出来去解决广义的史学的问题。

总之，中国美术考古学在 20 世纪 50～80 年代形成和发展，囿于当时的历史环境和国内的政治、学术氛围，基本上是在封闭的、与其他国家学术界隔离的情况下形成的（不是我们自我隔离，而是人家对我们封锁，这一点是现今的青年学者无法体会的），是一个土生土长的具有中国特色的考古学分支学科。

2007 年，我和郑岩接受中国社会科学院研究生院的邀请，为博士研究生编写重点教材，撰写《中国美术考古学概论》①。在该书第一章，对什么是美术考古学作了总括性说明（参看本书《什么是美术考古学》）。美术考古学是考古学的分支学科，其研究对象是田野考古调查和发掘中获得的与美术有关的标本，包括遗迹和遗物，其主要内容是与古人社会生活有关的考古标本和与古人丧葬有关的考古标本，几乎涵盖田野考古的遗迹、遗物的各个方面。与美术考古学最为密切的学科，是艺术史（或称美术史）研究，作为一名美术考古工作者，他的目光不应局限在自己的工作范围内，必须不断地开阔视野，要与从事艺术史研究的学者（特别是研究中国古代美术史的学者）增加联系和互动，应该不断从相邻的学科汲取养分，必要时还可以参与有关艺术史的研究课题。同时又必须清醒地认清学科的分野。

（本文为 2009 年"古代墓葬美术研究国际学术讨论会"的发言稿，收入本书时有所修改）

---

① 杨泓、郑岩：《中国美术考古学概论》，中国社会科学出版社，2008 年。

观陕西汉唐墓室壁画札记

西汉都城长安和唐代都城长安都坐落在陕西省。西汉和唐代之间，东汉末年、十六国时期的前赵、前秦和后秦，以及北朝时的北周，都曾以汉长安城为都城。隋代新建都城大兴城，唐代沿袭为都城，改称长安城。因此，陕西地下埋藏的由汉到唐的古代墓葬数量众多，自 20 世纪 50 年代以来，不断有汉唐时期的壁画墓被发掘出土，学者对此论著颇丰。在我写的小书《美术考古半世纪——中国美术考古发现史》中，也曾概略地介绍过①。此后，特别是进入 21 世纪后，陕西更是不断有关于汉唐墓室壁画的重要发现，仅将观画学习所得的一些不成熟的联想，简记于下，以供参考。

一

西汉时期的墓室壁画，以 2004 年发现的西安理工大学 1 号墓（简称"理工墓"）② 和 2008 年西安曲江翠竹园 1 号墓（简称"曲江墓"）③ 最为重要。我曾仔细观察这两座墓的壁画，对两个方面的问题有所思考。

首先应思考的方面，是对比观察那两座墓内壁画的绘制技法，可以看出存在颇为明显的差异。仅就壁画中人物的形貌特点来看，理工墓的人像体量微小而描绘细密（图一），人像体高仅有手掌大小；曲江墓的人像则体量硕大而描绘粗放，人像大致与真人等身高，有的体高甚至超出 2 米（图二）。在技法上，理工墓起稿仔细，还经不断修改，线勾轮廓，笔迹纤

---

① 杨泓：《美术考古半世纪——中国美术考古发现史》，文物出版社，1997 年。
② 西安市文物保护考古所：《西安理工大学西汉壁画墓发掘简报》，《文物》2006 年第 5 期。
③ 西安市文物保护考古所：《西安曲江翠竹园西汉壁画墓发掘简报》，《文物》2010 年第 12 期。

细，着色平涂匀净；而曲江墓仅人像面容线勾轮廓，身体衣服则浓彩平涂，因着色粗放，色块不匀，加之久存地下，遭潮湿斑驳，现在粗一看去似有些浓淡明暗差别，不见线勾轮廓。十分明显，上述两墓壁画的绘制技法，似应分别源于不同的传统。

图一　陕西西安理工大学 1 号汉墓东壁中部壁画（局部）

图二　陕西西安曲江翠竹园 1 号汉墓东壁壁画

图三 湖南长沙马王堆 3 号汉墓帛画 （局部）

先看理工墓壁画，其精致细密的形貌特点，如与现已发现的西汉初年的考古标本相比，不禁令人忆起湖南长沙马王堆西汉初轪侯家族墓出土的帛画（一号墓和三号墓的"非衣"帛画、三号墓椁内悬的帛画），以及漆棺上的漆画①，那些画作明显是传承自先秦楚地绘画的传统（图三）。目前所知西汉崖墓中最早的壁画，为河南永城柿园梁王墓，或许也与楚地绘画传统有联系。在古代史籍中，可以看到西汉初长安宫廷文化中楚风的影响，帝陵从葬的俑群也显示出楚风的影响，我曾在 20 年前写过一篇小文章《汉俑楚风》②，论述过这方面的问题，但是当时依据的考古标本是汉陵陶俑，主要是景帝阳陵从葬坑出土的着衣裸身俑，还缺乏有关绘画的考古标本。现在理工墓壁画的发现，或许可视为楚风在西汉都城长安的影响在绘画方面的表现。这是值得今后继续深入探讨的课题。

---

① 湖南省博物馆、中国科学院考古研究所：《长沙马王堆一号汉墓》，文物出版社，1973 年；湖南省博物馆、湖南省文物考古研究所：《长沙马王堆二、三号汉墓·第一卷·田野考古发掘报告》，文物出版社，2004 年。

② 杨泓：《汉俑楚风》，《文物天地》1992 年第 3 期。后收入《逝去的风韵——杨泓谈文物》，中华书局，2007 年，第 181 ~ 185 页。

再看曲江墓壁画，其粗硕雄浑的风貌自然与前述楚风无涉，当另有渊源。不禁让人联想强秦造型艺术追求壮丽恢宏的时代风貌。但经田野考古发掘获得的秦代艺术品，主要是与雕塑有关的标本，其代表群体自是始皇陵园东侧诸俑坑出土的陶俑群。而与绘画有关的考古标本则较贫乏，目前仅知在秦都咸阳发掘宫殿遗址时，发现的在廊道中残留的壁画。从发表有彩色图版的车马图像①来看，驾车骏马似为浓色平涂，不见明显的轮廓线，奔跑的体姿动感强烈，车马整体雄浑有力（图四）。虽然只是宫殿建筑群体的一处不甚重要的廊道的装饰图像，仍可从一滴水去推想秦宫主要装饰图像粗硕雄浑的风貌。因此，曲江墓壁画的风格是否上承秦制，亦未可知，只有等待今后的田野考古新发现来印证了。

图四　陕西咸阳秦宫壁画马车图像

总体看来，西汉时政经文化的主流是承袭秦制，但文化艺术领域又深受楚风影响，近年西安地区西汉墓室壁画的考古发现，为这方面的探究提供了值得特别注意的新线索。

---

① 咸阳秦宫廊道壁画车马图彩版，参见《中国历代艺术·绘画篇》（上），图版14，人民美术出版社，1994年；陕西省考古研究院：《壁上丹青——陕西出土壁画集》（上），科学出版社，2009年，第2页。

二

对西安新发现的西汉墓室壁画另一方面的思考，是自 20 世纪 60 年代以来，在研究西汉墓室壁画时，论者常是以洛阳为重心，其实囿于当时田野考古发现的局限，中华人民共和国成立前被盗掘而流入洋人手中的残缺的壁画标本，据说都出自洛阳①。而 20 世纪 50 ~ 80 年代，一些令人注意的西汉壁画墓，如烧沟 61 号墓②、烧沟村西"卜千秋墓"③ 等，都发现于洛阳地区。只是到 1987 年，才在西安交通大学附属小学建造教学楼时首次发现一座西汉壁画墓④，且只保留有墓室顶部的天象壁画。又由于烧沟 61 号墓的发掘报告当年在《考古学报》发表后，夏作铭（鼐）师曾发表论文⑤，指出该墓前室脊顶的星象图壁画，是从汉代天官家所区分的"五宫"中，每"宫"选取几个星宿用以代表天体，虽然尚属示意性质，但由此可以了解当时人们对星宫的认识，为我国天文学史提供了重要的资料。同时，时任中国科学院院长的郭沫若，又以诗人的罗曼蒂克，将那座墓中一幅以熊首人身、着衣怪兽为中心的壁画，畅想为"鸿门宴"故事；还将墓门的"神虎食女魃"的图像，演绎为"苛政猛于虎"（图五）⑥。这引起了各方面人士的兴趣，至今仍有美术史研究者承袭郭老"鸿门宴"说⑦。

---

① 分藏于美国波士顿美术馆和英国大英博物馆的两组被盗掘出土的壁画残件，原墓情况无人清楚。如果把它们视为一座或两座壁画墓，表述不够科学。关于这两组壁画残件的图像资料，"八里台"的图像，参见贺西林、李清泉《中国墓室壁画史》，高等教育出版社，2009 年，第 20 页。大英博物馆收藏的一组，参见［德］倪克鲁《大英博物馆收藏的一组汉代壁画》，贺西林译，《考古与文物》2004 年第 5 期。

② 河南省文化局文物工作队：《洛阳西汉壁画墓发掘报告》，《考古学报》1964 年第 2 期。

③ 洛阳博物馆：《洛阳西汉卜千秋壁画墓发掘简报》，《文物》1977 年第 6 期。

④ 陕西省考古研究所、西安交通大学：《西安交通大学西汉壁画墓》，西安交通大学出版社，1991 年。

⑤ 夏鼐：《洛阳西汉壁画墓中的星象图》，《考古》1965 年第 2 期，第 80 ~ 90 页。后收入《夏鼐文集》中册，社会科学文献出版社，2000 年，第 377 ~ 390 页。

⑥ 郭沫若：《洛阳汉墓壁画试探》，《文物精华》第三辑，文物出版社，1964 年，第 27 ~ 29 页。

⑦ 金维诺：《中国美术史论集》，人民美术出版社，1981 年，第 60 ~ 61 页。

图五　河南洛阳烧沟西汉墓墓门壁画

当卜千秋墓壁画发表后，孙作云即撰文认为，其壁画是以升仙为主题，强调了"打鬼与升仙均为汉代地主阶级的主要迷信，二者相辅为用。打鬼是为升仙扫清道路，升仙则是打鬼的终极目的"[1]。至今这一模式仍影响着对汉墓壁画的研究。凡此种种。所以，直到西安汉墓壁画新发现发表为止，论者以洛阳为重心来研究西汉墓室壁画也就不足为奇了。我自己在《美术考古半世纪——中国美术考古发现史》中介绍西汉墓室壁画时，因1996 年以前发现的田野考古标本的局限，也摆脱不了这一程式[2]。

但是以洛阳为重心来研究西汉墓室壁画，我一直受到难以解决的若干问题的困扰。首先，按通常的理解，自古至今，作为全国政治经济中心的都城，自然也是引领当时文化艺术潮流的中心。西汉的都城在长安，文献

① 孙作云：《洛阳西汉卜千秋墓壁画考释》，《文物》1977 年第 6 期。
② 杨泓：《美术考古半世纪——中国美术考古发现史》，文物出版社，1997 年，第 135～136 页。

记载的具有指导教化意义的宫廷壁画，以人物画像为主，其中最重要如西汉宣帝甘露三年（前 51 年）时，在长安未央宫麒麟阁绘功臣像①。此前西汉武帝时，还曾因金日磾母教子有法度，为她在甘泉宫画像②。西汉宫中这些宣扬忠君报国和为人楷模的人像壁画，推测其画幅面积应与壁面相等，人像的体量至少也应是与真人等身，甚至体高还可能超过常人。画工在进行创作时，亦应依所描绘对象形貌真实摹写，据画史中对西汉画工毛延寿等的记述，已能"画人老少美恶皆得其真"，还有的画工"尤善着色"③。或者可以说，西汉时画工在都城长安皇宫中绘制的壁画，代表了当时绘画艺术的最高成就，引导着西汉绘画艺术的新潮流。所以当西汉时砖筑墓室开始流行，砖筑墓墙的壁面为墓室壁画提供了载体以后，墓室壁画开始出现，也应是在当时绘画艺术的中心——都城长安。

其次，洛阳地区的墓室以空心砖为主要结构、只有局部的小面积绘画，仅分布在墓门门额、主室脊顶、隔墙上方横梁房山和后室后壁房山等局部区域，画幅不大，卜千秋墓前室脊顶的壁画虽说是长卷，由 20 块砖组成，但画幅高仅只 52 厘米，而两室主要的完整的壁面则全为空心砖的模印图案。难道在主要壁面不绘壁画，只在顶脊、房山局部装饰些壁画，这真是代表西汉墓室壁画的主要模式？又是个令人困扰的问题。同时，那些墓都只是中型的砖椁墓④，墓内所葬死者的身份都不高，"应属于汉代一般官吏及其眷属的墓葬"⑤，难道西汉墓室壁画真是从当时洛阳地方的下层官吏

---

① 《汉书·李广苏建传》："甘露三年，单于始入朝，上思股肱之美，乃图画其人于麒麟阁，法其形貌，署其官爵姓名。唯霍光不名，曰大司马大将军博陆侯姓霍氏，次曰卫将军富平侯张安世，次曰车骑将军龙侯韩增，次曰后将军营平侯赵充国，次曰丞相高平侯魏相，次曰丞相博阳侯丙吉，次曰御史大夫健平侯杜延年，次曰宗正阳城侯刘德，次曰少府梁丘贺，次曰太子太傅萧望之，次曰典属国苏武。皆有功德，知名当世，是以表而扬之，明著中兴辅佐，列于方叔、召虎、仲山甫焉，凡十一人，皆有传。"第 2468～2469 页。

② 《汉书·金日磾传》："日磾母教诲两子，甚有法度，上闻而嘉之。病死，诏图画于甘泉宫，署曰'休屠王阏氏'。"第 2960 页。

③ （唐）张彦远：《历代名画记》引葛洪《西京杂记》，人民美术出版社，1963 年，第 100～101 页。

④ 称洛阳西汉空心砖和小砖券椁的中型墓为砖椁墓，依照宿白《汉唐宋元考古——中国考古学（下）》，文物出版社，2010 年，第 45～47 页。

⑤ 洛阳区考古发掘队：《洛阳烧沟汉墓》，科学出版社，1959 年，第 240 页。

墓中开始的吗？因为 20 世纪 90 年代以前囿于考古标本，这些问题总是令人困扰而又难寻答案。

上述所有令人困扰的问题，在看到西安曲江墓的壁画以后，似可找到解决问题的初步线索。曲江墓坐落在当时西汉政治经济文化中心的都城长安城郊，墓葬形制为长斜坡墓道竖穴土圹砖室墓，由墓葬规模及出土的玉璧、玉衣片等遗物，发掘者推测，所葬死者生前应是二千石的高级官吏或贵族①。壁画布满整个壁面，画幅高度超过 200 厘米（壁高 220 厘米），画中人像体高一般超过 1 米，有的高近 2 米。全墓室壁画总面积达到 62 平方米。壁画题材除墓室顶部绘天象图外，墓壁则绘帐幔下的人像，门旁是门卫，室壁则是属吏仆婢（图六）。在一捧物女像旁有墨书榜题"小婢□"，更明示该像的身份。应是用这些人物画像显示死者生前家内生活的情景，生活气息浓郁。虽然目前曲江墓尚为孤例，再结合与之艺术风格不同但同样以社会生活题材为主的理工墓壁画，确已开启了窥视西汉都城长安地区墓室壁画艺术的窗口，也已可能以都城长安的考古发现为重心，进而探讨西汉墓室壁画萌发和发展的轨迹。另一方面，虽然墓室壁画并不能代表当时绘画艺术的最高水平②，但从曲江墓那些与真人等身高的人物图像，仍能令我们推想当时长安宫廷中那些名臣画像的风貌，为西汉绘画史研究提供了有重要参考价值的考古标本，其意义是值得肯定的。

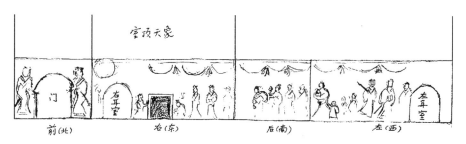

图六　陕西西安曲江翠竹园 1 号汉墓壁画展开示意图

---

① 西安市文物保护考古所：《西安曲江翠竹园西汉壁画墓发掘简报》，《文物》2010 年第 12 期。
② 关于墓室壁画并不能代表当时绘画艺术最高水平问题，我过去有过论述，参见《汉代墓室壁画和汉代绘画史研究》，载《汉代考古与汉文化国际学术研讨会论文集》，齐鲁书社，2006 年，第 321～324 页。

　　以西汉都城长安为重心对当时墓室壁画的探研现在刚刚起步，期望西安的考古学者在今后的田野考古工作中带给我们更大的惊喜。相信随着西安地区西汉墓室壁画考古标本的不断丰富，会不断解除过去由于缺少考古标本而带来的困扰，迎来新的更令人兴奋的研究成果。

三

　　三国时期，由于曹魏帝王力主节葬，东汉年间盛行的大型多室壁画墓，在曹魏政权控制力强的中原、关中地区趋于绝迹[①]。只有边远的东北辽东和甘肃河西地区，三国乃至西晋时期还保留有墓室壁画。西晋覆亡后，更传承至十六国时期。河西地区的十六国时期的墓葬中，还由魏晋时期以一块砖为一幅画面，然后将多幅砖画拼砌一壁组合成一个主题的做法，恢复成整壁绘制壁画，例如甘肃酒泉丁家闸5号墓[②]。

　　在东晋十六国时期，由西北进入内地建立政权的古代少数民族中，匈奴族建立的前赵后期将都城迁至原来汉长安城旧址，后来氐族建立的前秦和羌族建立的后秦都以长安为国都。在发掘长安城宣平门遗址时，曾揭示出后赵时期继续使用该门的遗迹[③]。这座门十六国时期改称"青门"，前秦、后秦时一直延续使用。关于陕西地区十六国时期墓葬的考古发掘，近年来有新的突破，在咸阳文林小区发掘的朱氏家族墓葬中，出土了前秦建元年间的纪年铭砖[④]，为研究关中地区十六国时期墓葬提供了准确的标尺，从而将长安地区十六国墓葬的研究推向了新的阶段。在咸阳和西安等地的十六国墓中，获得有成组合的随葬陶俑群，包括由骑马鼓吹、甲骑具装和牛车、骏马等组成的出行队列，以及舞乐、侍仆和庖厨模型等家居生活组

[①]　关于曹魏节葬问题，参见杨泓《谈中国汉唐之间葬俗的演变》，《文物》1999年第10期。后收入《汉唐美术考古和佛教艺术》，科学出版社，2000年，第1~10页。

[②]　甘肃省文物考古研究所：《酒泉十六国墓壁画》，文物出版社，1989年。

[③]　王仲殊：《汉长安城考古工作收获续记·宣平城门的发掘》，《考古通讯》1958年第4期。

[④]　咸阳市文物考古研究所：《咸阳十六国墓》，文物出版社，2006年。

合。有的陶俑施加鲜艳的绘彩，也有的釉陶制作。这些俑群除时代特征（如甲骑具装俑的出现）外，也显示出上承汉俑、下启北朝俑的传承关系。但是到目前为止，因为已发现的都是土洞墓，仅是用砖封门，所葬死者多下层官吏或平民，还没有发现有关这一时期的墓室壁画的任何线索。

由于还没有发现前秦王公高官等高层人士的墓葬，还不清楚当时是否存在砖筑墓室，更不清楚是否有过壁画。但是前秦盛期已统一北方，特别是灭前凉张氏政权后已领有河西地区，前已述及那一地区自曹魏西晋直到十六国时期壁画墓一直流行，是否这种艺术形式也会对关中地区有所影响，亦未可知。联系到后来北魏分裂，西魏将都城迁来长安，随后北周亦继续以长安为都城。长安地区的西魏、北周墓室壁画，与其东的东魏、北齐有明显的不同，或可视为地域特色，溯其渊源，是否应与其前以长安为都城的十六国政权的墓葬有关？这种推测也不是一点线索都没有。例如北周墓中壁画的特色之一，是在墓道过洞或墓门上绘门楼图像，联系到长安韦曲北原十六国墓在墓道末端照壁上有土刻的多重楼阁，以及华阴北魏杨舒墓在墓道照壁的砖砌楼阁建筑模型，可见在门洞上塑或绘门楼（由北周可上溯到北魏再到十六国）在关中地区的发展轨迹。总之，相信今后在陕西考古学者的努力下，关中十六国时期墓葬考古会不断有新发现，或许会给我们带来新的惊喜，目前还仅是猜想的问题将会获得切实的答案。

四

陕西地区北周时期的壁画墓，从 20 世纪 50 年代不断有所发现。在咸阳底张湾的北周墓出土的部分考古标本，曾在北京举办的全国基本建设工程出土文物展览中展出过，并发表过北周建德元年墓残存的侍从立像①，遗憾的是，那批墓葬的发掘资料至今没有整理发表。到 80 年代末，比较集

---

① 北周建德元年墓北壁发现的残壁画，参见《文物参考资料》1954 年第 10 期，图版 98。

中的一组墓葬发现于咸阳国际机场工地等处①，虽然其中如叱罗协墓、王德衡墓、独孤藏墓等原均绘有壁画，但发掘时仅能辨识残迹，只建德四年（575 年）叱罗协墓每个天井的过洞外侧洞顶上彩绘楼阁，尚能看清，但发表时缺乏图片资料。此后发掘的北周墓，如李诞墓、康业墓、安伽墓等墓中，原都有壁画，但保存情况亦均不好，仅安伽墓第 3、4 天井两壁所绘按剑甲胄武士像大致能看清楚。尽管陕西地区北周墓室壁画的保存情况不够理想，但在宁夏固原地区发现的北周墓中，天和四年（569 年）柱国大将军原州刺史河西公李贤墓中的壁画保存尚好②。因此以李贤墓壁画为典型标本，将其与东边的东魏、北齐的墓室壁画进行对比研究，在 20 世纪 90 年代初，我们已经基本认清北周墓室壁画与东魏、北齐墓室壁画不同的时代特征和地域特征③。

令人感兴趣的是，陕西地区发现的北周墓中所葬死者身份等级最高的一座，即北周武帝孝陵，内葬武帝宇文邕与其后阿史那氏④。在孝陵的墓道至墓室中，并没有绘制壁画。这又与东边的北齐形成强烈的对比，被推定为北齐文宣帝高洋陵墓的河北磁县湾漳大墓中，自墓道至墓室满绘壁画，特别是墓道两侧壁画保存基本完好，各绘出 53 个几乎与真人等高的仪卫人像，构成色彩缤纷的盛大的帝王出行仪仗⑤。这就又出现了令人困惑的难题：北周武帝孝陵不施壁画，是武帝力求葬事节俭的结果，还是因为遵循汉魏旧制的表现？

从已知的考古勘察发掘资料分析，西汉帝陵也应不绘壁画。《史记·秦

---

① 负安志：《中国北周珍贵文物——北周墓葬发掘报告》，陕西人民美术出版社，1993 年。
② 宁夏回族自治区博物馆、宁夏固原博物馆：《宁夏固原北周李贤夫妇墓发掘简报》，《文物》1985 年第 11 期。
③ 杨泓：《南北朝墓的壁画和拼镶砖画》，《中国考古学论丛——中国社会科学院考古研究所建所40 年纪念》，科学出版社，1993 年，第 429～437 页。
④ 陕西省考古研究所、咸阳市考古研究所：《北周武帝孝陵发掘简报》，《考古与文物》1997 年第 2 期。
⑤ 中国社会科学院考古研究所、河北省文物研究所：《磁县湾漳北朝壁画墓》，科学出版社，2003 年。

始皇本纪》记秦始皇陵内"上具天文，下具地理"①。也有人将"上具天文"理解为天象壁画，但由文中尚有"以水银为百川江河大海"，可知"下具地理"中的江河百川应是做成可使水银流淌其中的沟槽形状。且经探测，秦始陵地下尚存大面积汞异常，可佐证陵中以水银为江河的记载。因此墓中天象也应与模拟现实的江河相对应，是否亦用雕刻镶嵌等手法，如说天象是绘画，无确证。

汉承秦制，秦陵缺乏有壁画的确证，西汉皇帝的陵墓应亦无壁画。由于西汉的皇帝陵墓的墓室均未经发掘，所以还不能确知是否绘有壁画。但是已经发掘的西汉诸侯王（后）的陵墓，已达 50 余座②。目前发现有壁画的唯一可以举例的，是河南永城芒砀山柿园汉墓主室顶部和南壁的壁画，发掘者据西汉时期梁王的世系推断，所葬死者可能是梁共正王刘买（前144 年至前 136 年在位）。室顶绘一巨龙，上有白雀，下有白虎，龙口吐长舌，舌尖卷一鱼尾怪兽。室南壁残存的壁画，绘有神山、豹、雀等图像③。到目前为止，在已发掘的汉代诸侯王的陵墓中，仍是一个特殊的个例。此外，广州南越王墓的前室石壁和石门上绘有朱墨两色云纹图案④，还只能视为壁面装饰，尚不足以称为壁画。除上述两例外，其余几十座诸侯王陵墓均不曾绘有壁画，表明当时身份、地位高的人，死后墓室中不绘壁画，换言之，也就是当时墓室壁画并不是身份地位的象征。依此可推测，汉帝陵中是不绘壁画的。此后，曹魏皇帝主张节葬，西晋司马氏亦沿袭节葬主张，中原地区墓室壁画一时绝迹。

北魏平城时期，墓室壁画再次复兴，已在山西大同地区发现有一些官员的墓中绘有壁画，但北魏帝后陵墓中仍依汉魏帝陵不绘壁画的旧制，已

---

① 《史记·秦始皇本纪》，第 256 页。

② 黄展岳：《汉代诸侯王墓论述》，《考古学报》1988 年第 1 期；刘瑞、刘涛：《西汉诸侯王陵墓制度研究》，中国社会科学出版社，2010 年。

③ 河南省商丘市文物管理委员会、河南省文物考古研究所、河南省永城市文物管理委员会：《芒砀山西汉梁王墓地》，文物出版社，2001 年。

④ 广州市文物管理委员会、中国社会科学院考古研究所、广东省博物馆：《西汉南越王墓》，文物出版社，1991 年。

发掘的方山文明皇太后冯氏的永固陵中，仅在墓门饰石雕童子、孔雀，而室内没有壁画①。其侧孝文帝原为自己修筑的寿藏"万年堂"中，砖壁亦无壁画，仅门侧原嵌力士石雕②。北魏迁都洛阳以后，皇帝陵墓依然循旧制，不绘壁画。宣武帝景陵已被考古发掘③，墓室砖壁黑色素面，没有壁画。迨至北魏末年，可能情况有新的变化。据徐婵菲文章说，永安三年（530 年）孝庄帝静陵"发掘工作中途停工，但已确知墓道、墓室中有壁画"④。如果此说可信，说明至少在北魏分裂为东魏、西魏前 4 年，皇帝陵墓中已开始绘有壁画，或许这就是后来北齐帝陵中绘壁画之先声。因此，北周武帝孝陵不绘壁画，极有可能仍沿袭汉魏至北魏旧制。

五

当隋文帝杨坚取代北周建立隋朝，继之南下灭陈，古代中国重归一统，揭开隋唐盛世的新篇章。盛唐时期，中国古代文学艺术空前繁荣，达到新的高峰，在造型艺术方面，特别是绘画和雕塑等都有突出的成就，显示出时代风采。孕育着这一高峰期到来的准备阶段，是由隋文帝统一全国到唐朝初年，具体说来是在隋文帝开皇年间到唐太宗贞观年间，约为公元 581 年至 649 年之间。在全国统一的格局下，不断接受北朝和南朝的文化传统，继承吸收，融会创新，逐渐呈现出与前不同的新面貌。

1998 年，我应《唐研究》之约，对隋唐造型艺术的渊源作了专题论述⑤。指出，当公元 577 年北周灭北齐以后仅 4 年，北周即为隋朝所取代。又过 9 年，隋灭陈，南北统一。但是统一的局面维持不及 30 年，隋王朝就

---

① 大同市博物馆、山西省文物管理委员会：《大同方山北魏永固陵》，《文物》1978 年第 7 期。
② 王银田、曹臣民：《北魏石雕三品》，《文物》2004 年第 6 期。
③ 中国社会科学院考古研究所洛阳汉魏城队、洛阳古墓博物馆：《北魏宣武帝景陵发掘报告》，《考古》1994 年第 9 期。
④ 徐婵菲：《洛阳北魏元怿墓壁画》，《文物》2002 年第 2 期。
⑤ 杨泓：《隋唐造型艺术渊源简论》，《唐研究》第四卷，北京大学出版社，1998 年，第 361～372 页。后收入《汉唐美术考古和佛教艺术》，科学出版社，2000 年，第 156～163 页。

在农民起义的浪潮中覆亡，代之而起的是李唐王朝。在上述不到40年的时期内，中国的政治地图不断变换颜色，但是文化艺术演化融会的步伐无法与政治变幻同步。虽然隋王朝可以将各地的艺术家集合于都城大兴城，但是并没有来得及将不同源流融成新的时代风貌。只是到唐王朝建立政权、稳定经济、恢复繁荣以后，艺术创作才能呈现出新的面貌。换言之，从隋到唐初，造型艺术作品的外部形貌和特征呈现出北朝晚期北齐风格、北周风格乃至南朝风格凑集的态势，也显现出它们之间颇觉生硬的结合，从中不难寻出有关隋唐造型艺术渊源的线索。并举当时能够征引的隋和唐初发现有墓室壁画和随葬俑群的纪年明确的墓例进行说明。

遗憾的是，那时陕西发掘的纪年隋墓中，随葬俑群资料保存多较完好，但壁画资料相对贫乏，开皇二年（582年）李和墓和开皇十二年（592年）吕武墓等虽然原有壁画，但都没能保留下来。所以在论述随葬俑群的特征时，依据隋朝都城大兴的考古标本，分析了源自北周和源自北齐两种造型风格混杂一起的现象，还来不及融会成新的时代风格，短命的隋王朝就覆亡了。而论述壁画时，缺乏都城大兴的考古标本，只能选取山东嘉祥英山徐敏行墓、宁夏固原小马庄史射勿墓的壁画来做考古标本对比分析，看出前者源于北齐，后者源于北周，只能说明当时原属北齐或北周统治的区域，造型艺术还沿袭传统的地域特色，连将两者混杂一起都没来得及办到。

可喜的是，通过陕西近年的考古新发现，这一缺憾得到弥补。2005年在陕西潼关高桥乡税村发现的大型隋墓中，墓道壁画保存颇为完好，仅揭取保存的即达72平方米。墓室内壁画以顶部的天象图较完好，惜四壁的壁画多已脱落①。这座墓中的壁画，显示出与以前分析都城大兴地区隋墓随葬俑群时同样的现象。过洞门上方绘出双层门楼（图七），明显沿袭北周墓室壁画的传统；墓道两壁的列戟和盛大的出行仪卫队列（图八），则与北周墓室壁画的正面形貌的持刀仪卫不同，应受北齐墓室壁画的影响。墓

---

① 《陕西潼关税村隋代壁画墓》，《2005中国重要考古发现》，文物出版社，2006年，第129～134页。该墓壁画图版，又见陕西省考古研究院《壁上丹青——陕西出土壁画集》（上），科学出版社，2009年，第175～197页。

室顶天象壁画，也应源自洛阳北魏墓至邺城北齐墓的传统。这就补足了原来仅从随葬俑群分析的不足，更全面地说明隋时造型艺术的渊源，显示出源自北周和源自北齐两种造型风格混杂的现象。同时也可看出，该墓壁画的技法，已脱出原北周墓室壁画粗疏的笔法和呆滞的造型，而改用北齐风格，用笔细致，人物描绘传神。这说明新的时代风格已是呼之欲出，只是隋短命，真正融会成新的时代风格，要等李唐王朝来完成了。

　　附记：本文刊出后，我收到国家文物局主编的《2010 中国重要考古发现》，其中刊登了刘呆运、李明、尚爱红《陕西咸阳底张十六国至唐代墓葬》，报道所掘 M298 号十六国时期墓中，甬道、墓室原有壁画，惜大部已脱落，仅"前室北壁西侧残留一幅，为一柱戟武士。西壁残留一幅侍女图"。但是未受编者和作者重视，没有让久盼见到十六国壁画真容的读者看到有关图片，颇为遗憾。但是已表明，关中地区十六国时期的绘画遗迹，

图七　陕西潼关税村隋墓墓道北壁墓门及门楼

图八　陕西潼关税村隋墓墓道东壁列戟壁画

总算露出冰山尖峰的一角。相信随着考古田野工作的新进展,这座冰山总会浮出水面,那时人们终于有望解决这一困惑中国绘画史研究多年的难题。

（本文原是为参加陕西省博物馆准备召开的古代壁画研讨会的发言稿,写于 2011 年春。发言稿已送研讨会组织者,但那次研讨会因故停开。所以会议组织者将收到的发言稿送交《文博》编辑部,集中刊登于《文博》2011 年第 3 期。修订后收入《束禾集——考古视角的艺术史》,中国社会科学出版社,2018 年）

青州北朝佛教石造像研究

　　20 世纪 50 年代以后，在中国各地的田野考古发掘中，不断发现古代佛教石造像，出土数量最多的是南北朝晚期的造像。在北朝疆域内集中出土的地区，除东魏、北齐都城邺（今河北省临漳县）和西魏、北周都城长安（今陕西省西安市）外，主要有当时的青州（今山东省青州市）和定州（今河北省定州市）两个地区。在南朝疆域内，佛教石造像主要集中出土于当时的益州（今四川省成都市）地区，而都城建康（今江苏省南京市）还没有出土过成批佛教石造像。

　　青州地区发现的北朝佛教石造像中，数量最多而且雕工精美的一批，系 1996 年 10 月出土于山东青州（建市前称益都县）龙兴寺遗址中轴线北部大殿后的窖藏坑中①，这次展出的正是这批出土品中的精品。龙兴寺窖藏坑中出土的佛教造像计 400 余件，在坑中排列有序，大致按上、中、下三层摆放，较完整的佛像躯体平置于坑的中部，各种残头像置于坑壁边缘，有些较小的坐姿造像则呈立式摆放，窖坑内造像的表面存有席纹，推测原来放置造像后先以苇席覆盖，然后以土掩埋。出土石造像少数有纪年铭记，其中最早的是北魏永安二年（529 年）韩小华造弥勒像（图一）。因为坑内还有一些唐宋时的造像，撒放的钱币中年代最迟的是北宋徽宗时的"崇宁通宝"，表明窖藏埋入的时间为北宋末年。通观窖藏出土造像的时代，上自北魏晚期，历经东魏、北齐、隋、唐，直至北宋年间，但以北朝时期的贴金彩绘石造像数量多且形体大，最吸引学者的注意②。

---

① 　山东青州市博物馆：《青州龙兴寺佛教造像窖藏清理简报》，《文物》1998 年第 2 期。
② 　参见杨泓《山东青州北朝石佛像综论》，《汉唐美术考古和佛教艺术》，科学出版社，2000 年，第 315～327 页。

图一　山东青州龙兴寺出土北魏韩小华石造像

　　为什么这处窖藏坑埋藏于北宋时期？这曾经引起人们的种种推测①。在与青州市邻近的临朐县明道寺舍利塔塔基佛教石造像窖藏坑的发掘中②，发现了一方"沂山明道寺新创舍利塔壁记"石碑（图二），碑文记述北宋时，在山东地区，流行僧人收集前代石刻残像、瘗埋做功德的善举。据明道寺舍利塔壁记，当时讲法华经僧觉融和听学僧守宗，"睹石镌坏像三百余尊"，故发愿收集建小塔瘗埋。景德元年（1004 年）闰九月五日舍利塔建成时，来参加落成仪式的僧人和地方官员中，就有青州龙兴寺志公院主僧义永、青州皇化寺讲唯识论僧怀达等人。由此推知，青州龙兴寺发现的佛教石造像窖藏瘗埋的原因，应与明道寺舍利塔地宫一样，为北宋时期龙

①　孙新生：《试论青州龙兴寺窖藏佛像被毁的时间和原因》，《中国历史博物馆馆刊》1991 年第 1 期。
②　临朐县博物馆：《山东临朐明道寺舍利塔地宫佛教造像清理简报》，《文物》2002 年第 9 期。

图二　山东临朐出土宋明道寺塔下石碑铭文（拓片）

兴寺僧人发愿做功德，收集前代石刻残像所瘗埋。

在龙兴寺窖藏石造像被发现前，青州市境内即曾多次发现过北朝石造像。最早的是传 1920 年前后在青州市西王孔庄古庙中发现的北魏正光六年（525 年）张宝珠等造像（图三），现存山东省博物馆①。

20 世纪 80 年代以来，青州市更不断有关于北朝造像的新发现，在原兴国寺废址、七级寺废址和龙兴寺废址都出土过贴金彩绘的北朝石造像②。也有一些贴金绘彩北朝石造像流失出青州市，台北震旦文教基金会、良盛堂等的藏品中，均不乏青州造像精品③。除青州市以外，在北朝时青州境内的今临朐、诸城、博兴、广饶、高青等县，20 世纪 50 年代以来也不断发现过北朝造像④。总括来看，山东以青州市为中心的区域出土的北朝晚期石造像已超过千件。其中最重要的是前述临朐明道寺的发现和在诸城出

① 山东省博物馆：《北魏正光六年张宝珠等造像》，《文物》1961 年第 12 期。
② 夏名采、庄明军：《山东青州兴国寺故址出土石造像》，《文物》1996 年第 5 期；青州市博物馆夏名采等：《山东青州出土两件北朝彩绘石造像》，《文物》1997 年第 2 期；青州市博物馆：《山东青州发现北魏彩绘造像》，《文物》1996 年第 5 期。
③ 台北故宫博物院编辑委员会编：《雕塑别藏——宗教编特展图录》，1997 年。
④ 参见杨泓《关于南北朝时青州考古的思考》，《文物》1998 年第 2 期。

图三　山东青州西王孔庄出土北魏正光六年张宝珠等石造像

土的一批石造像。临朐明道寺出土的北魏纪年造像有正光年间（缺具体年份，520～525年）宋□造像、孝昌三年（527年）比丘僧庆造像、永安二年（529年）□□道造像和建明二年（531年）造像。1988年至1990年诸城兴修体育中心时，曾发现一处古代佛寺废址，先后出土石造像残体超过300件，其中5件有纪年铭刻，一件仅存干支"甲辰"，另4件分别为东魏武定三年（545年）和四年（546年），北齐天保三年（552年）和六年（555年)[①]。通过对以青州市为中心的区域出土石造像的分析，能使我们初步了

[①]　诸城市博物馆：《山东诸城发现北朝造像》，《考古》1990年第8期；杜在忠、韩岗：《山东诸城佛教石造像》，《考古学报》1994年第2期。

解北朝晚期青州地区佛教石造像的概貌。

依据青州地区北朝晚期佛教石造像的形制和造像铭的纪年，可以将其分为北魏晚期、东魏和北齐三个时期。观察这三个时期造像的造型特征，前两个时期基本相同，东魏时仍沿袭北魏晚期的风格，到北齐时则出现了新变化。

综观有关青州地区北朝佛教石造像的考古发现，最早的纪年是正光六年（525年）张宝珠等造像。临朐明道寺所出石造像的最早纪年是正光年间宋□造像。青州龙兴寺遗址窖藏所出最早纪年为永安二年（529年）。表明青州地区石造像兴起的时间，约在北魏正光年间或稍早些，这与当时定州地区佛教石造像兴起的时间相差不多。曲阳修德寺废址窖藏所出石造像最早纪年为神龟三年（520年），继之是正光年间的造像，自正光元年（520年）起共8件①。可以看出，两个地区发现的造像最早纪年都在北魏孝明帝神龟、正光年间，即公元6世纪初，约当南朝梁武帝天监末至普通年间。至于这时佛教石造像的造型风格，从定州造像看，曲阳修德寺所出神龟三年（520年）邑义二十六人造弥勒像因头部残缺，无法知其面相。正光年间的造像中，正光四年（523年）郊扳延造弥勒像头部保存完好，面相额方颐圆，已显丰腴之态，眉长目细，直鼻小口，嘴角微翘略含笑意。在整理曲阳出土石造像时，就已注意到正光年间造像与洛阳龙门石窟宣武帝时的长颈削肩、秀骨清像不同，造型由过分修长变得高矮适度，面形由瘦削变为额方颐圆，呈现出新的特点。再看青州造像，正光六年（525年）张宝珠等造像的面相，正与曲阳正光四年郊扳延造像近似，额方颐圆，嘴含笑意。龙兴寺窖藏出土永安二年（529年）韩小华造弥勒像，面容丰腴，弯眉细目，嘴角微翘略含笑意，体态也由修长转为丰腴适度，衣纹较为舒简，呈现着与曲阳正光年间像同样的造型风格。由此看来，当时定州和青州几乎同时迎来了雕造佛教石造像的高潮，并且大致同时呈现

---

① 罗福颐：《河北曲阳县出土石像清理工作简报》，《考古通讯》1955年第3期；李锡经：《河北曲阳修德寺遗址发掘记》，《考古通讯》1955年第3期；杨伯达：《曲阳修德寺出土纪年造像的艺术风格与特征》，《故宫博物院院刊》总第2期。

出造型新风。这并非偶然，而是顺应了当时中国佛教造像艺术造型变化的共同时代潮流。

探寻北魏晚期青州和定州在公元 6 世纪初出现的佛教石造像造型新风的源头，应起于北魏后期的都城洛阳。1979 年以来，对北魏洛阳的永宁寺进行过多次发掘。永宁寺是由北魏孝明帝之母灵太后胡氏主持、熙平元年（516 年）开始修建的著名佛寺，坐落在北魏洛阳宫城以南御道西侧，经过发掘，已揭露出寺院的完整布局。全寺平面呈规整的长方形，周绕围墙，围墙四面设门，除北门已残毁无迹外，东门、西门和南门（正门）均已发掘。全寺以著名的九层木塔为中心，塔后有佛殿，形成由南门、木塔、佛殿至北门的中轴线，两侧东、西两门对称，全寺建筑群布局谨严，主次分明，为北朝晚期以塔为主的佛寺平面布局的典型代表，显示出时代特征。在对永宁寺塔基的发掘中，获得各种彩塑品残件多达 1560 余件，包括各类佛教造像和世俗人像、像座、龛饰及其他饰件的残件，塑制精美，敷彩犹存。其中的佛教造像和世俗人像，面相方圆，丰腴适度，长眉细目，小口薄唇，嘴角微翘略含笑意（图四、五），服饰宽博呈褒衣博带样式，衣纹舒展流畅，呈现出与以前流行的过分消瘦的秀骨清像不同的新的造型风格[1]。永宁寺塔塑像呈现的新造型特征，也表现出外来佛教造型进一步与中国民族艺术新风相结合，是北朝晚期佛教艺术中国化进程中的一个显著标志。

在北魏皇室的带动下，以洛阳永宁寺塔塑像为代表的艺术新风，自然向都城洛阳以外地区迅速扩展。永宁寺塔塑像大约塑造于神龟二年（519 年）至正光元年（520 年），而同样风格的造像很快就出现在定州和青州地区，掀起了北朝晚期佛教造像风格的第一次大变化，这一变化由北魏正光年间一直延续到东魏时期。

---

[1] 中国社会科学院考古研究所：《北魏洛阳永宁寺——1979～1994 年考古发掘报告》，中国大百科全书出版社，1996 年。

图四　北魏洛阳永宁寺塔
基出土佛教泥塑像

图五　北魏洛阳永宁寺塔
基出土佛教泥塑像

　　引起北魏洛阳永宁寺塑像艺术新风的源头，是南朝梁初兴起的绘画新风。公元 502 年，南朝政权更迭，萧衍取代南齐而建立梁朝，改元天监，时当北朝北魏宣武帝景明三年。也正在这前后，南朝的画风发生变化，从而导致全中国造型艺术发生新变化。由以东晋顾恺之和刘宋陆探微为代表的画风，转向以萧梁张僧繇为代表的画风。所谓"象人之妙，张得其肉，陆得其骨，顾得其神"①。所绘人物形貌从过分消瘦的"秀骨清像"转向丰腴得体，雕塑作品的艺术造型也随着绘画同步改变。南朝造型艺术风格的转变很快影响北方，并受到北魏皇室的重视，故在营建皇家大寺——永宁寺、塑造佛像时，采用南朝艺术新风，并迅速传遍北方各地，从而引致北朝晚期佛教造像风格的第一次大变化。

　　至于反映南朝画风由顾、陆向张转变的实物资料，因为缺乏在南朝都城建康遗址有关佛教石造像的考古发现，目前只能借助益州出土的南朝造像来进行观察。由成都地区出土的由南齐至梁的纪年佛教石造像可以看

----

① （唐）张彦远：《历代名画记》卷七，人民美术出版社，1963 年，第 150 页。

出，在梁初张僧繇所创"张家样"佛教造像盛行以前，至迟在南齐永明年间，佛像面相已由瘦削向丰腴转变，茂县出土永明元年（483年）造像（图六）已显示出这种转变①。成都市西安路窖藏出土永明八年（490年）比丘释法海造弥勒成佛石像，这种转变更加明显，面相已是宽额方颐之态（图七）。成都市西安路窖藏出土梁天监三年（504年）造像主尊的头虽残毁，但两侧胁侍菩萨的面相已是面短而艳②（图八），表明是张家样雕塑的成熟作品。这表明，益州造像接受来自长江中下游都城建康兴起的艺术新风的时间，远早于北方的青州和定州地区。

图六　四川茂县出土齐永明元年释玄嵩造石造像碑正面

北齐时期，青州、定州等地佛教石造像的艺术造型又发生第二次大变化，北魏晚期到东魏时流行的披着褒衣博带式袈裟的佛像逐渐消逝，一种有别于褒衣博带服饰的佛教造像逐渐流行，这一变化表现在青州龙兴寺窖藏出土佛教石造像中最为明显。新流行的造像面相圆润丰满，多立姿，而且肩胛宽厚，腰身分外细瘦。所着佛衣贴身，质薄透体，衣纹舒朗，多作双线，纹褶舒叠下垂（图九），有的甚至不刻衣纹，更显薄衣贴身，衣下肌肤隐现，确如画史所描述的"出水"之姿（图一〇）。

这种明显带有中印度秣菟罗艺术风格的造像，公元 5 世纪前期曾一度影响到河西走廊，到公元 5 世纪中叶出现于甘肃以东诸石窟和散存的铜、石造像中，但是北魏孝文帝中后期汉化加深后就逐步消失，为汉式褒衣博带服饰的造像所取代。在沉寂了近半个世纪以后，公元 6 世纪中叶，薄衣

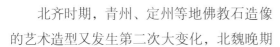

①　袁曙光：《四川茂汶南齐永明造像碑及有关问题》，《文物》1992 年第 2 期。
②　成都市文物考古工作队、成都市文物考古研究所：《成都市西安路南朝石刻造像清理简报》，《文物》1998 年第 11 期。

图七　四川成都出土齐永明八年石造像

图八　四川成都出土梁天监三年石造像

透体佛像却又以多种样式较普遍地再现于东方，特别是北齐政权控制的区域内最为流行。青州造像显露的北齐佛像这种新趋势，应非简单地恢复以前出现过的薄衣造像旧样式，而可能是与公元 6 世纪天竺佛像一再东传有关，也与北齐时最高统治集团倡导胡化，以及重视中亚诸胡伎艺有关①。在定州地区出土的北齐佛教石造像，同样出现佛像衣纹渐趋简化、不再作褒衣博带式样的变化。菩萨像中的思惟菩萨像服饰变化略大，北齐早期的思惟

图九　山东青州龙兴寺
出土北齐石佛像

图一〇　山东青州龙兴寺
出土北齐石佛像

---

① 宿白：《青州龙兴寺窖藏所出佛像的几个问题——青州城与龙兴寺之三》，《文物》1999 年第 10 期。

图一一　河北曲阳修德寺出土
北齐武平四年石思惟菩萨像

菩萨像上身着帔巾，到北齐晚期的思惟像则上身赤裸，长裙褶纹也极疏简（图一一）。北齐幼主高恒承光元年（577年），高罗候造双思惟像，除上身赤裸外，长裙无褶纹几乎光素，时已至北齐亡国前夕。但是在青州北齐时极为流行的那种衣薄贴体、简刻衣纹甚至不刻衣纹而似肌肤显露的造像，在定州造像中迄未流行。或许因为公元6世纪一再奉请天竺佛像，直接倡导者为南朝梁武帝，史籍所记供奉天竺佛像的地点多在南方的荆州、丹阳等地。青州地近海疆，从海路易与南方交往，故在佛像雕造方面无可置疑地受到萧梁影响。

不仅是佛教造像，在墓室壁画方面，青州地区也深受南朝影响，例如在青州以南的临朐发掘的北齐崔芬墓中的高士图屏风壁画（参看本书《南北朝墓的壁画和拼镶砖画》图一七）①，在河北、山西等地的北齐墓中不见同样题材的壁画，明显是受到南朝墓中流行的"竹林七贤"拼镶砖画题材的影响。而定州地处内陆，佛教根基深固，传统势力也较强，可能造成那一地区接受一些艺术新风的阻力较大，所以对北齐时佛教石造像艺术造型的二次变化的反映，与青州地区有所不同，这也表明定州造像艺术风格的某些滞后性。

（本文原为2012年出展台湾高雄的《千年重光——山东青州龙兴寺佛教造像展》所作，后收入《束禾集——考古视角的艺术史》，中国社会科学出版社，2018年）

---

① 临朐县博物馆：《北齐崔芬壁画墓》，文物出版社，2002年。

后记 山东青州佛教石造像埋藏坑于 1996 年被发现后，我很快就得到仔细观察出土标本的机会，后来还与张小舟、李力一起陪同宿季庚师去青州考察。因为工作关系，先是从广泛的视角发表了《关于南北朝时青州考古的思考》，后来又发表过《山东青州北朝石佛像综论》。当青州造像在北京中国历史博物馆和在香港展览，受邀参加有关的学术研讨会时，也发表过文章，因而不断对青州北朝佛教石造像进行过研讨。本文是我对青州造像进行研讨诸文稿中写作时间最迟的一篇，是应中国文物交流中心之约，为去台湾高雄的《千年佛光》展所写。

返璞归真　见山是山

——漫谈与中国美术考古学有关的问题

2013 年是香港城市大学中国文化中心成立 15 周年。今年距我开始学习考古学的 1953 年，正好是 60 周年。《论语·为政》："三十而立，四十而不惑，五十而知天命，六十而耳顺，七十而从心所欲，不逾矩。"从年龄讲，已达"从心所欲"的境界，但是学考古才达"耳顺"之年，也就应可以"闻其言，而知微旨也"。但是遗憾的是，个人从学属愚笨一类，至今仍然仅是一个初入门的考古学徒而已。只不过我从在北大学习到在考古研究所工作，经历了 60 年，总是比后来者多了一些见识，有了些许体会。

年前翻阅《五灯会元》，看见卷十七（第 1135 页）所记临济宗青原惟信禅师的话："老僧三十年前未参禅时，见山是山，见水是水。及至后来，亲见知识，有个入处，见山不是山，见水不是水。而今得个休歇处，依前见山只是山，见水只是水。大众，这三般见解，是同是别？有人缁素得出，许汝亲见老僧。"似有所悟。

1953～1957 年，我在母校从以夏作铭（夏鼐）先生为首的名家学习，特别是宿季庚（白）先生在 1956～1957 年对我大学三年级所写学年论文的悉心指导（就是发表在《文物参考资料》1958 年第 4 期的《高句丽壁画石墓》一文，那也是我生平首篇发表的论文），使我迈过考古学门槛，进入考古学的世界，徜徉于考古学的山水之间，见山是山，见水是水。

工作了一段时间，感到自己"亲见知识"，企望寻个"入处"，在学界有所"创见"，正如辛弃疾词意："少年不识愁滋味……为赋新词强说愁。"于是"见山不是山，见水不是水"，总想脱出学术传统之外，另辟蹊径，没有清楚山就是山，考古学科就是考古学科。特别是 20 世纪 80 年代以后，解除了思想禁锢，中国学者得以走出国门，重新开启与洋学者的交往，各种"理论""思想"扑面而来，不自觉地也想创造点新"理论"，甚至抛弃传统，衍生出新"学科"，就更是山不是山、水不是水了。就如我的师哥俞伟超，也拾起在美国已经过时的"新考古学"大讲起来，害得张光直忙在《中国文物报》（1994 年 5 月 8 日）上写了《从俞伟超、张忠培二先生论文谈考古学理论》一文（见其《考古人类学随笔》第 141 页，三联书店 2013 年版），告诉他们 20 世纪 60 年代美国学术界大改革风潮是怎么一回事，而后一些人如何将当年的考古新方法，重新安排了一下，变出来一套所谓新考古学，"新考古学在很多的意义上可以说是国王的新衣"。张光直劝他们说："新名词不一定有新内容，如有新想法，不要马上就发明一个新词，以表其新，新内容多半可以用很普通的语言表示得很清楚的。"幸而我一直是研究所内一个普通工作者，压在身上的具体任务很重，仍是传统学术，没有空闲能顾及玩弄点个人的东西，忙着忙着，岁月无情，人已退休，但任务依然没完没了。不知不觉已是步入"从心所欲"之年，自己能得个"休歇处"，终于悟得还应返璞归真，见山是山。

今日的青年学生或者洋人，总喜欢问我为什么选择中国美术考古学，我的回答总会让他们不解，因为自己当年没什么选择不选择，那本是我们研究所分配给我的一项任务。平心而论，到中国社会科学院考古研究所工作至今的 55 年中，我没有自己要求过做什么研究，更没像今日人们想尽办法去争热门的课题，只是不断地完成各类"任务"，同时长期兼任"为他人作嫁衣裳"的编辑。这倒也不错，在完成各类任务中，不断接触新的学科和学术课题，个人得以增长见识，开阔眼界，与其他学有专长的学者不同，成了考古所内"万金油"式的工作者，中国美术考古学的确也是中国考古学中我了解较多的一个分支学科。

谈到中国美术考古学，它的形成和发展是与 20 世纪 50 年代中国学术界处于被孤立的特殊历史环境相联系的，类似的分支学科在西方考古学中似乎并不存在。在《中国大百科全书·考古学》卷的《考古学》一文

（第17页）中，夏作铭先生将美术考古学列为"特殊考古学"之一，指出："美术考古学是从历史科学的立场出发，把各种美术品作为实物标本，研究的目标在于复原古代的社会文化。"至于美术考古学与考古学的其他分支学科的联系，《考古学》条中讲得很清楚："由于美术考古学的研究对象在年代上上起旧石器时代，下迄各历史时代，所以它既属于史前考古学的范围，也属于历史考古学的范围。又由于作为遗迹和遗物的各类美术品多是从田野调查发掘工作中发现的，所以美术考古学与田野考古学的关系也相当密切。"上面引述的这些简明扼要的叙述，对什么是美术考古学已经给出十分明确的答案。

与美术考古学关联最为密切的相邻学科，可以算是艺术史（或称为美术史）的研究，甚至有人乐意把这两个学科混同为一，也有人非常想要把它们主观地捏合成一体。虽然在《中国大百科全书·考古学》卷的《考古学》一文中，早已明确地说清了两者的区别："这（指美术考古学）与美术史学者从作为意识形态的审美观念出发以研究各种美术品相比，则有原则性的差别。"究其原因，恐怕与当前学术界弥漫的浮夸之风有关。

传统艺术史的探研，如中国传统绘画，需要观察众多卷轴画实物，这对国内艺术学院的师生来说是极难，甚至是无法办到的。当他们接触国外一些人，同样难于挤入传统艺术史的世袭领地，于是另辟蹊径，利用别人不熟悉的中国考古资料，进行另类的"艺术史"研究，包装在华美的新理论壳体之中，写成专著。而20世纪50年代以后在国内形成的传统美术史，则重实用而缺乏"理论"，所以年轻人对外貌华美的理论颇愿趋从。也有人愿意创立新学科，于是出现过"考古艺术学""艺术考古学"，等等。又多不认真考稽古籍，常常以现代人的想法去推衍古人，又流行个案研究，忽略考古标本的局限性。自然弄得山不是山、水不是水。故此，中国美术考古学研究，确有必要返璞归真。

对于目前弥漫国内学术界的浮夸不实等缺陷，许多有识之士提出尖锐的批评，这里必须介绍老友孙机在他近年出版的论文集《仰观集——古文物的欣赏与鉴别》（文物出版社2013年版）。孙机确有山东人的性格，为人耿直。学术研究中，他勇于纠偏扶正，更疾恶如仇，凡见文博界中丑类，为一己私利，在文物收藏鉴定上对民众的错误引导，必定据理批驳。例如，有人将现代人制的仿古玉镜台定为汉代文物，他就立即在《中国文物报》上发表关于古镜台的专论，解析中国古代镜台演变的考古实例，以正视听。在《仰观集》中收录的《在纪念沈从文先生诞辰 100 周年座谈会上的发言》中，他针砭时弊，批评当今绘画、影视作品中胡乱处理古人服饰之风，指出这些作品"将一些混乱的概念不负责任地抛给观众，这和卖文化假药又有什么区别？影视界受到'戏说'之风的冲击，更是一个重灾区"。一个民族如果不珍视自己的历史文化传统，"那就不仅是可叹而且是可悲了"。

对于当代学术界浮夸崇洋的不正之风，孙机在《仰观集》中，特撰长文《仙凡幽明之间——汉画像石与"大象其生"》，解析汉画像图像的本意，并结合有关文献，将有人不顾原画像榜题（如将有榜题"浪井"的汉祥瑞画像，却说成与印度有关的"莲花"和"佛塔"），不顾史实（如汉宗庙"不为人像"，却将一些汉画人像说成是"沛县原庙中高祖的肖像"的摹本），不辨汉人冠服（如不识冕、通天冠、进贤冠），只按个人的"思想"演绎出一套洋式的学术理论。文中对此做层层辩驳，如剥春笋，说明如果连基本材料都没弄明白，以其为基础构筑的新理论，虽看似华美新异，实为沙上构筑的楼阁，会误导青年学子，实属误人子弟。

中国古人对于坟墓，并没有今人尤其是洋人想得那么复杂，有多么深奥的"思想"，应该是很自然直白的，我辈探研时，务必返璞归真。正如孙机在文中指出："墓室是死者的归宿，是其地下的'万年堂'；生前之舒适的享受、显赫的排场、官历的荣耀，都希望在这里得到延续。阴宅不是死者的灵魂飞升前之走过场的地方，否则也不必如此殚精竭虑地鸠工雕造了。画像石除了起装饰作用的、包含吉祥寓意的图形之外，绝大部分内容都是为死者所做的长期安排，因而相当具体，相当写实。唯其写实，唯其'事死如事生'，才有可能满足墓主在冥间的需求，才符合'幽墓既美，鬼神既宁。降之以福，于之以平'的希望。虽然其中免不了有夸张过头之处，有含糊不清之处，有理想化、程式化之处，甚至在某些墓葬画像中，神怪占了上风；但从总体上说，终不失为'大象其生'。"他极为客气地指出："研究古代文物，如能从未开发的层面上揭示其渊奥，阐释其内涵，进而提出令人耳目一新的理论概括，当然是可贵的学术成就。但话又说回来，要做到这一步，必须以史实为依归，且断不能以牺牲常识为代价。"

（此为 2013 年"香港城市大学中国文化中心成立 15 周年纪念会"的发言稿，后收入《束禾集——考古视角的艺术史》，中国社会科学出版社，2018 年）

后记　香港城市大学中国文化中心自成立以后，一直由郑培凯教授主持。同时我的博士研究生黄佩贤也在中心教学。郑教授曾多次约我去作学术讲座，其中 2008 年的学术讲座讲稿《华烛帐前明——从文物看古人的生活和战争》，曾由香港城市大学出版社于 2009 年出版。因此 2013 年中国文化中心召开成立 15 周年纪念会时，邀我参加。本文是在那次纪念会上的发言稿。那次会议同时也是郑培凯教授退休的纪念会。郑教授退休后不久，城市大学改变校内机构，现在已经没有"中国文化中心"了。

漫话佛教艺术的中国化

——以佛塔为例

"宝塔凌苍苍，登攀览四荒。顶高元气合，标出海云长。""目随征路断，心逐去帆扬。"[①] 这是李白登扬州西灵塔时吟咏的诗句。"淮南富登临，兹塔信奇最。直上造云族，凭虚纳天籁。""远山黯吴门，乔木吞楚塞。城池雨窗下，物象归掌内。"[②] 这是高适登广陵栖灵寺塔时吟咏的诗句。唐人喜登临高耸的佛塔远眺，诗人更因此而兴发吟诗。而在都城长安，当慈恩寺中的雁塔重修成砖构的七层高塔之后，更是人们喜爱登临、俯瞰京师胜景的绝佳场所。

如果自空中鸟瞰盛唐时期的长安城，除了在城北中部和城外东北角的宫殿区，可以看到在大型夯土台基上建造的豪华宫殿外，就是被纵横的街道分隔成的平面呈横长方形的里坊，排列规整，如同围棋盘；条条大街，又如农民种菜那整齐的菜畦。诗人白居易登高台俯瞰城区所咏诗句"百千家似围棋局，十二街如种菜畦"[③]，生动地描绘了这一图景。坐落在"围棋局"中的官民住宅，多是单层的建筑，只有大型的佛寺，占地宽广，有的能地跨两坊，主殿也可比拟人间宫殿，具有高大的夯土台基，特别是著名大寺还建有高耸的佛塔，有传统的木构建筑，新兴的是砖石构筑。著名的砖构佛塔，就有城中东南晋昌坊内大慈恩寺的大雁塔（图一），以及城中

---

① 李白：《秋日登扬州西灵塔》，《全唐诗》，中华书局，1960 年，第 1835 页。本文为读者检索方便，所引唐诗均用《全唐诗》。

② 高适：《登广陵栖灵寺塔》，《全唐诗》，中华书局，1960 年，第 2204 页。

③ 白居易：《登临观音台望城》，《全唐诗》，中华书局，1960 年，第 5041 页。

轴线西侧安仁坊内荐福寺的小雁塔（图二）。两塔南北呼应，形成长安城内立体景观的制高点。当时人们登临雁塔顶层，顿生凌云出世之感。诗人岑参、高适共登大雁塔后，都留存诗作。岑参咏道："塔势如涌出，孤高耸天宫。登临出世界，磴道盘虚空。""四角碍白日，七层摩苍穹。下窥指飞鸟，俯听闻惊风。"[①] 高适咏道："登临骇孤高，披拂欣大壮。言是羽翼生，回出虚空上。"[②] 诗人的吟咏表明，大雁塔的确是唐长安城中最高的地标性建筑。不仅如此，雁塔还是当时科举文化的象征，进士考中以后，要到"雁塔题名"。王定保《唐摭言》记："进士题名，自神龙之后，过关宴后，率皆期集街慈恩塔下题名。"[③] 具体地点在塔院小屋四壁，诗人徐夤曾写诗吟咏："雁塔搀空映九衢，每看华宇每踟蹰。题名尽是台衡迹，满壁堪为宰辅图。"[④] "雁塔题名"，使得雁塔在礼佛、登高远眺以外，更具有浓郁的文化色彩。

图一　陕西西安唐慈恩寺大雁塔　　　　图二　陕西西安唐荐福寺的小雁塔

---

① 岑参：《与高适薛据登慈恩寺浮图》，《全唐诗》，中华书局，1960年，第2037页。
② 高适：《同诸公登慈恩寺浮图》，《全唐诗》，中华书局，1960年，第2204页。
③ （五代）王定保：《唐摭言》"慈恩寺题名游赏赋咏杂记"条，中华书局，1959年，第28页。
④ 徐夤：《塔院小屋四壁皆是卿相题名因成四韵》，《全唐诗》，中华书局，1960年，第8159页。

到了今天，宏伟华丽的大唐长安城早已消逝在历史岁月之中，尚存的遗迹均已埋于地下。唯有两座雁塔，仍旧傲然挺立在今陕西西安市的现代钢筋水泥的丛林之中。小雁塔损毁较重；大雁塔虽经明时修缮，但基本保留着唐代原貌。在今日人们的心目中，雁塔正是唐代文化的象征。同时，自西汉张骞凿空，古代丝路开通，到唐代更盛，丝路的起始之点正是都城长安。所以在今日国人心目中，这座方形宝塔也被视为古代丝路起始之点的象征。

将宝塔视为中国文化的象征和中国城市的标志物，更是近代西方人的普遍看法。

下面是美国作家亨德里克·威廉·房龙于1929年所写的书籍插图(图三)①，画出当时他心目中的中国圣人孔子的形貌。在那位洋人的想象中，这位中国"伟大的精神领袖"坐在山丘的树下，望着山下的一座中国城市，而中国城市的标志物，是几座耸立在城中的"玲珑宝塔"。他认为这是发生在公元前500年的事。当然在这里房龙犯了常识性的错误，因为在孔夫子生活的东周时期，"宝塔"这种高层建筑，在中国还远没有出现。引述这幅插图，并不是为了苛求近一个世纪前的美国作家不了解孔夫子生存的时期中国城市的真实面貌。只想说明在公元18～19世纪时，西方人(不论是美国还是欧洲各国的人)对中国城市景观的代表性高层建筑，无不将注意力集中到宝塔，认为它是中国文化的象征。

图三 ［美］房龙《人类的故事》插图（"伟大的精神领袖"中的"孔子"）

---

① ［美］亨德里克·威廉·房龙：《人类的故事》，刘缘子等译，生活·读书·新知三联书店，1988年，第264页。

俗称的"玲珑宝塔",实际是佛教建筑中的佛塔,它源于古印度,随着佛教东传,佛塔建筑也随之东传中土。令人感兴趣的是,从异国引进的宗教建筑,经过几千年的演变,它彻底改换了容颜,最后竟然又让外国人认为是中国文化的象征物。从佛塔的演变轨迹,我们正好观察到佛教艺术中国化的历史进程。

在西天梵境古印度,佛教初兴时并非"像教",那时没有塑造供信徒礼拜的偶像,而是以一些具有象征意义的事物作为向已涅槃的佛陀礼拜的对象,塔即为其中之一。塔,按梵语音译称"窣堵波",又译为"塔婆"①。在古印度,佛塔的基本造型是一个像大圆馒头一样的塔体,顶上中心树立有上带相轮的刹,又因塔体像是一个覆扣的圜底钵,所以又习惯称其为覆钵形塔。目前在印度保留的遗迹中,最著名的是在中央邦博帕尔城东的桑奇大塔(一号塔)②。该塔建于公元前 3 世纪,一个世纪后扩建,覆钵直径36.6 米,高 16.5 米,十分巨大(图四)。又过了一个世纪,公元前 1 世纪时才又增设围护塔身的石栏,建石门并饰雕饰。在现存的古印度佛教石窟的塔庙窟中,居中供奉的正是覆钵形塔。同时覆钵形塔的图像又经常出现在佛教石雕中(图五),一些盛奉舍利的容器也常被制成覆钵塔的形貌。

这种在古印度佛教流行的大圆馒头形貌的覆钵式塔,东汉末年佛教初传东土时是否也流传到中国内地?在文献中缺乏记述,更从不见有实物遗存。传说佛教初传汉土,在东汉都城雒阳最早建造的"白马寺"中,"于其壁画千乘万骑绕塔三匝"。因记述简略,故此壁画中的"塔"是什么模样,今日谁也不清楚。但据文献记载,汉时人们对佛的认知,只是将其视为外来的神仙,还没有形成真正的宗教信仰,或将佛(浮图)与黄老并

---

① 在汉译佛经中,关于梵语"塔"的汉语音译,除常见的窣堵波、塔婆、浮图外,还见有藪斗波、数斗波、兜婆、偷婆等,塔还可称"支提"或"制底"等。如按义译,又有庙、方坟、大冢、聚相等。

② 崔连仲:《桑奇大塔》,《中国大百科全书·考古学》,中国大百科全书出版社,1986 年,第431 页。

图四　印度桑奇大塔（一号塔）

祠，或杂厕于西王母等神人仙兽之间，汇集于中国传统的神仙信奉之中。目前从汉末三国时期遗存中获得的有关佛像的考古标本，基本都是佛衣（袈裟）掩盖着双膝的坐像，因佛衣掩盖看来与西王母、东王公等神仙像的坐姿（中国传统的跪坐）相同，完全看不到印度佛像的盘膝趺坐或垂足倚坐的标准坐姿。究其原因，可能是那些坐姿在汉代被认为不成体统之故。甚至让上有头光、下有覆莲座的佛像，也加上与西王母一样的龙虎座（图六、七）。因此，佛教的形象与神仙一样被称为"仙人"。凡此种种，都是为了让汉人能够接受这个外来的神仙。因此形貌奇怪的大馒头状的覆钵式塔，这种在中国传统建筑中从没出现过的建筑形式，在汉代自然很难被人们认同。所以当时传播佛教的主持者，只有想办法将其与中国的传统建筑相结合，中国化，才能让一般受众接受并认可。最早进行这种尝试的人是丹阳人笮融，时当东汉末年。大约在汉献帝初平四年（193年）陶谦任徐州牧时，使笮融督广陵、丹阳运漕。笮融信奉佛教，就在他管辖的区域内，"大起浮图祠，以铜为人，黄金涂身，衣以锦采。垂铜槃九重，下为重楼、阁道，可容三千余人，悉读佛经"①。这则记载表明，笮融所修"浮图祠"即佛寺，是将原古印度佛寺中心的馒头形的覆钵塔改为中国建筑的重楼，周围建阁道。在楼顶树"铜槃九重"，也就是将印度佛塔塔顶中心树立的带有多重相轮的塔刹改建在楼顶上。为什么选择重楼来取代馒头形的覆钵体，或许与汉人崇信"仙人好楼居"② 有关，佛是"仙人"，所以将供奉他的塔修成重楼形貌，自然是顺理成章的事。同时佛教初传来，从梵语转译尚不完备，且佛陀初传来时又多依附于神仙道家信仰，他们更不

图五　印度阿默拉沃蒂大塔石栏板浮雕覆钵塔（藏印度新德里国立博物馆）

---

① 《三国志 · 吴书 · 刘繇传》，第 1185 页。
② 《史记 · 孝武本纪》，第 478 页。此条引文承孙机见告。

图六　汉画像砖西王母像（拓片）

图七　湖北鄂州出土
吴佛兽铜镜上的佛像

明古印度佛塔窣堵波与支提的区分①。道家一些人以自己的个人认知去解释，如葛洪根本不明古印度的塔是什么样的，就在《字苑》中说："塔，佛堂也。"按这种说法，在楼内供奉佛像，自可视为"佛堂"。

在 20 世纪前半叶，对《三国志·吴书》关于笮融"浮图祠"记载，中国佛教史研究者只能从文字记述知道，它下有重楼、阁道，顶"垂铜槃九重"，其具体形貌则无从想象。到了 20 世纪 50 年代以后，随着新中国田野考古发掘的空前发展，不断在东汉末年乃至魏晋时的墓葬随葬遗物中，获得数量众多的陶制楼阁建筑模型，有的在高楼的周围还筑有阁道。从而可以对笮融"佛图祠"的具体形态进行推测。

进入 21 世纪，一项新的考古发现，对解析笮融"佛图祠"的具体形貌，提供了重要的实物例证。在湖北襄樊菜越发现的一座孙吴墓内，出土了一件施黄褐釉的陶楼（图八）②。那是一座二层楼，周绕围墙，前设楼院大门。陶楼平面方形，楼高两层，在一层和二层间挑出平座，最上覆以单檐四坡屋顶，屋脊起翘作叶形饰。在脊的居中处，设一馒头形覆钵状座，座体镂空雕饰母子熊斗虎图案，座的中央树立刹杆，上饰相轮七重，最顶端饰有一兽，形体呈弯月状。楼院大门设门楼，两扇门上各嵌饰铺首衔

---

① 关于古印度佛教"窣堵波"与"支提"等问题的详细解读，详见李崇峰《中印石窟寺比较研究——以塔庙窟为中心》，（台湾）觉风佛教艺术文化基金会，2002 年。

② 襄樊市文物考古研究所：《湖北襄樊城菜越三国墓发掘报告》，《考古学报》2013 年第 3 期。

环，铺首上又贴塑一裸身童子像，肩生双翼。大门右侧墙上另开一扇小门，门扉上亦贴塑一双翼童子像。这座陶明器明显模拟的是一座"浮图祠"。墓葬的时代被推定为三国初期，应与笮融建浮图祠的时代相差不远。只是陶浮图祠只有两层楼，又无阁道，规模较小，无法与笮融所建相比，但是却提供了在重楼顶上竖立塔刹的具体形象。我们再参照已出土的大型汉代陶楼模型，例如河北阜平出土的大型五重陶楼（图九），以及甘肃雷台魏晋墓出土的周建阁道的高层陶楼（图一〇），将它们结合在一起，就可以想象复原出可容三千人的笮融浮图祠的宏伟形貌，那就是将中国传统重楼与西来的佛塔塔刹相结合，所建成的最早的中国式佛塔。

襄樊菜越孙吴墓出土陶"浮图祠"大门上贴塑的双翼童子立像，自然也是初传中国时的佛教图像，可以说是最早的飞天形象。它的发现，使人回忆起早在20世纪70年代在河南汉魏故城发掘东汉的太学遗址时，在龙虎滩采集到的两件考古标本，是形貌相同的小铜人像，为立姿的裸身童子，肩生双翼（其中一件双翼已残缺），体高仅3.1厘米，背后有铭文，似为"仙（？）

图八　湖北襄樊菜越三国墓出土带刹陶楼　　图九　河北阜平出土汉陶楼

图一〇　甘肃武威雷台魏晋墓出土的周建阁道的陶楼

图一一　河南洛阳龙虎滩采集的有翼童子铜像

子"二字（图一一）①。其形貌与菜越陶楼门上的童子相同，表明应是早期佛教遗物。有翼童子铜像，又把我们从吴地引向北方东汉及三国曹魏的都城洛阳（原东汉雒阳）。据《魏书·释老志》追述，三国曹魏时期洛阳亦建有"周阁百间"的佛图。故事如下："魏明帝曾欲坏宫西佛图。外国沙门乃金盘盛水，置于殿前，以佛舍利投之于水，乃有五色光起，于是帝叹曰：'自非灵异，安符尔乎？'遂徙于道东，为作周阁百间。"《释老志》又追述："自洛中构白马寺，盛饰佛图，画迹甚妙，为四方式。凡宫塔制度，犹依天竺旧状而重构之，从一级至三、五、七、九。世人相承，谓之'浮图'，或云'佛图'。晋世，洛中佛图有四十二所矣。"② 这说明，自东汉末年经曹魏至西晋，洛阳城内所构佛塔（浮图、佛图）为四方式多级，级数为奇数，还可构有多间周阁，看来似与南方吴地周建阁道、顶树相轮刹的四方形楼阁状"浮图祠"形貌颇一致。虽因无遗迹可寻，难以确定，但从有关追忆看，也不见有照搬天竺原状的覆钵形体圆塔。对于这一疑问，在蜀汉地域的一项发现，或许给出了答案。四川什邡白果村采集到的一块东汉晚至蜀汉时的画像砖，上面有一座高三层的塔形建筑图像③。在建筑下为方台基，上建重楼，共三层，可以清楚看到各层的立柱和屋檐，最上层为攒尖顶，顶中心部位竖有刹杆，上面至少可以看清有三重相轮，顶端似为圆锥形饰（图一二）。在建筑物两侧，各立有一枝盛开的莲花。由顶上的刹和相轮以及旁立的莲花，可以看出，这是一座三层高的楼阁式佛塔。蜀地画像砖上的三级佛塔图像，是说明曹魏时洛阳三级佛塔形貌的有力佐证。表明在三国时期，在中国内地，不论南北还是西蜀，佛塔中国化的进程十分明显。

西晋覆亡，晋室南迁，古代中国形成南北分治的政治格局。在北方，许多原生活在东北或西北的古代少数民族，纷纷迁入中原，先后成为统治

---

① 中国社会科学院考古研究所：《汉魏洛阳故城南郊礼制建筑——1962～1992年考古发掘报告》，文物出版社，2010年，第272～273页。
② 《魏书·释老志》，第3029页。
③ 贺云翱等编：《佛教初传南方之路文物图录》，图版3，文物出版社，1993年。

民族，建立了至少十六个以上的割据政权，北方的政治地图不断变换颜色，史称"十六国时期"。由于社会大动乱，人们企望平静安定的生活，这就提供了宗教勃兴的土壤。佛教信仰得到空前发展。遗憾的是，中原地区这一时期的寺院建筑没有遗存下来，更不清楚所建佛塔的形貌。目前只能从西北边陲的少数遗迹和遗物中找到一些线索，其时代已是十六国末至南北朝初。在甘肃地区保留有北凉石窟寺中的塔庙窟，还曾在甘肃、新疆等地发现过一些小型的北凉时期雕造的石塔。

图一二　四川什邡皂角乡白果村采集的画像砖

现存天梯山石窟第 1 窟为塔庙窟（支提窟），但这里，塔庙窟已与原天竺佛教塔庙窟在窟内后部中心建覆钵式塔不同，是在窟室中心设塔柱，这种变化在新疆的早期石窟如拜城克孜尔石窟已出现，凉州石窟应受其影响。天梯山石窟第 1 号窟的塔柱，在方形基座上起三级塔身，各级塔身略有收分，方形塔身四面都开龛造像（图一三）①。凉州石窟即天梯山石窟，应为沮渠蒙逊开凿于 412 年至 429 年之间②，窟中塔柱应仿佛教寺院中当年流行的佛塔形貌，已不作天竺圆形覆钵式，应是东土多层方形木构楼阁

---

① 敦煌研究院、甘肃省博物馆：《武威天梯山石窟》，文物出版社，2000 年。
② 宿白：《凉州石窟遗迹和"凉州模式"》，《考古学报》1986 年第 4 期。

图一三　天梯山石窟第1窟中心柱背面　　　　图一四　北凉高善穆造石塔

式，故此塔庙窟中塔柱亦仿方形多层楼阁式。

已发现的北凉石塔中，保存较完好的是在甘肃酒泉发现的高善穆造石塔[①]，造于承玄元年（相当于宋文帝元嘉五年、魏太武帝始光五年，428年），塔高44.6厘米，基座底径15.2厘米（图一四）。在八边形基座上承圆形塔体，塔体分两层，下层为圆形，上层呈覆钵状，覆钵周围开八龛造像。塔顶树有粗厚的宝盖和相轮。这些上层为覆钵的两重塔体的小型石塔，应是模拟当年真实佛塔的形貌。至今新疆地区还保留有下层为佛殿、上层建覆钵的佛塔实例，如库车苏巴什佛塔遗址（图一五）和若羌磨朗佛寺遗址。这种样式的佛塔，自是源于古印度。在古印度的塔庙窟中，较早的覆钵式塔是没有造像的，佛徒礼佛是绕塔礼拜。后来佛像出现，则常将覆钵塔的基座增高，而在正面开龛造像。受其影响，新疆出现下为塔殿、上为覆钵的造型，在石窟寺壁画中也有这种佛塔的图像。河西走廊的佛寺

① 王毅：《北凉石塔》，《文物资料丛刊》（一），文物出版社，1977年。

和石窟寺又深受新疆早期石窟的影响，所以，北凉时期佛寺中亦应建有下为佛殿上为覆钵形式的佛塔。这一问题或许今后的考古新发现能解决。综上所述，北凉时佛塔有两种类型：第一种类型是受中原影响的中国楼阁式多层方塔，第二种类型是源于西域的下为塔殿、上为覆钵的造型。

图一五　新疆库车苏巴什佛寺遗址河东区佛塔

　　历史进入南北朝时期，佛教有了很大发展，不论在北朝或南朝的都城，在最高统治者支持下都曾大规模修建佛寺，构筑高耸的佛塔。北魏都平城时期，城中已建以佛塔为中心的佛寺。"兴光元年秋，敕有司于五级大寺内，为太祖已下五帝，铸释迦立像五"，又于献文帝天安二年"于时起永宁寺，构七级佛图，高三百余尺，基架博敞，为天下第一"①。在平城，也构筑有石塔。"皇兴中，又构三级石佛图。榱栋楣楹，上下重结，大小皆石，高十丈。镇固巧密，为京华壮观。"② 很可惜北魏平城时期建造的"为天下第一"的七级佛塔没能保存下来，幸好在云冈石窟的第 5 窟和第 6 窟中的浮雕中有五级佛塔的图像（图一六），在第 6 窟中心塔柱上层

①　《魏书·释老志》，第 3036 ~ 3037 页。
②　《魏书·释老志》，第 3038 页。

图一六　山西大同云冈石窟
第 6 窟浮雕五级塔

佛龛的龛柱也雕成佛塔形貌，且高达九级（图一七），在各级塔壁面均开龛造像（每面各开三龛）①。有的塔庙窟的中心柱亦雕成多级佛塔的形貌，例如第 39 窟是塔庙窟，窟中的中心塔柱雕成了五级方形佛塔②。从以上资料可以看出，北魏平城时期构筑的多级高塔是中国化的方形楼阁式佛塔，当是同时承袭了凉州佛塔的第一种类型和三国以降中原流行的佛塔的造型特征。除了多级方形楼阁式佛塔是北魏平城时期佛塔的主流以外，凉州石塔那类塔体呈方形、其中开龛造像、上置覆钵的第二种类型佛塔，也存在于石窟雕刻之中。例如云冈石窟第 6 窟中心塔柱上层龛柱的九级方塔，其第一级的角柱又雕成小塔，小塔的形貌就是方形塔体四面开龛造像，平顶四角饰山华，中央为高大的覆钵，上竖带相轮的塔刹（图一八）。

北魏迁都洛阳以后，佛教兴盛，继续在城中的重要位置修建皇家寺院——永宁寺，仍是以多级佛塔为中心的建筑格局。"灵太后亲率百僚，表基立刹"，所建佛塔比号称"为天下第一"的原平城永宁寺塔更加宏伟壮丽，从七级增为九级，"佛图九层，高四十余丈"③。洛阳永宁寺塔高，《水经注·穀水》中记为"浮图下基，方

---

① 山西云冈石窟文物研究所：《云冈》，文物出版社，2000 年，第 14 页。
② 云冈石窟研究院：《云冈石窟》，文物出版社，2008 年，第 117 页。
③ 《魏书·释老志》，第 3034 页。

图一七　山西大同云冈石窟第 6 窟中心柱上层立佛和塔柱

十四丈，自金露槃下至地四十九丈"。《洛阳伽蓝记》卷一："中有九层浮
图一所，架木为之，举高九十丈。上有金刹，复高十丈；合去地一千尺。"
各书记述不同，本文按《魏书·释老志》。对于这座九级木塔的豪华宏伟，
东魏杨衒之在《洛阳伽蓝记》中追述如下："刹上有金宝瓶，容二十五斛。

宝瓶下有承露金盘一十一重，周匝皆垂金铎。复有铁锁四道，引刹向浮图四角，上亦有金铎。铎大小如一石瓮子。浮图有九级，角角皆悬金铎，合上下有一百三十铎。浮图有四面，面有三户六窗，户皆朱漆。扉上各有五行金铃，合有五千四百枚。复有金环铺首。殚土木之功，穷造型之巧，佛事精妙，不可思议。绣柱金铺，骇人心目。至于高风永夜，宝铎和鸣，铿锵之声，闻及十余里。"由于佛塔高耸，登临塔上，"视宫中如掌内，临京师若家庭"。"衒之尝与河南尹胡孝世共登之，下临云雨，信哉不虚！"①

永宁寺塔高耸于洛阳城内（图一九），其身影在洛阳城外很远的地方都能看到。《洛阳伽蓝记》记述："去京师百里，已遥见之。"② 其描述虽有夸张，但也说明该塔当时是北魏都城中最高的建筑物，已被视为都城的象征性景观。同时，汉魏都城中占据全城制高点的高台建筑，如曹操邺都著名的铜雀、金虎、冰井三台，现在则让位于更加高耸的佛塔。在南北朝时期，南朝和北朝的皇室都竞相建造被视为天下第一的高塔，正如今日世界上各地的富豪，竞相争建世上最高的楼一样疯狂。北魏皇室在洛阳建造了号称去地千尺的永宁寺塔，南方的萧梁同样也在建高塔。梁武帝曾在同泰寺建九层木塔，该塔焚毁后，又开始修建更高的十二层塔，但是因遇侯景之乱，即将建成的佛塔工程才被迫终止③。南北朝时期建造的高层木构佛塔，是佛塔造型中国化的成熟典型，同时也促进了当时木构高层建筑技术的进步和建筑艺术的发展。

南北竞造高层木塔，争显其华丽巍峨冠于当世，但同时也暴露其脆弱的一面，即易遭火灾。梁同泰寺的九层木塔是毁于火灾，北魏的永宁寺九层木塔，同样遭火灾而毁灭。对于那次火灾，《洛阳伽蓝记》有详尽的记述："永熙三年（534 年）二月，浮图为火所烧。帝登凌云台望火，遣南阳王宝炬、录尚书［事］长孙稚将羽林一千救赴火所，莫不悲惜，垂泪而去。火初从第八级中平旦大发，当时雷雨晦冥，杂下霰雪，百姓道俗，咸

---

① （魏）杨衒之：《洛阳伽蓝记》，周祖谟校释本，中华书局，2010 年，第 3～5、11 页。
② （魏）杨衒之：《洛阳伽蓝记》，周祖谟校释本，中华书局，2010 年，第 3 页。
③ 许嵩：《建康实录》卷十七注引《舆地志》，上海古籍出版社，1987 年，第 478 页。

来观火。悲哀之声，振动京邑。……火经三月不灭。有火入地寻柱，周年犹有烟气。"① 为了防止这类灾难的发生，开始探索新的建塔技术，逐渐采用砖构，或砖体外檐木装修，以减免火灾的损失。还应注意的是，在中原和南方，中国化的方形楼阁式佛塔盛行之时，在西陲的河西走廊地区，仍然维持着东去和西来的双重影响，原凉州流行的两种佛塔类型，依然并存流行，在敦煌莫高窟北魏时期洞窟的壁画中，都留有它们的图像。第一种类型的方形楼阁式佛塔的图像，如第 254 窟萨埵王子本生故事画中的三级方塔（图二〇）。后来在北周时期的第 428 窟中，还出现有在楼阁式方塔的四角各立小塔的金刚宝座式五塔（图二一）。第二种类型即下有基座的单层方形塔室的覆钵形塔，亦较盛行，敦煌莫高窟的塔庙窟的中心塔柱，不再是如凉州石窟模拟多重方塔，而是下设基座的单层方塔，一般在正左右三面开龛造像。在壁画中绘的第二类型塔，如第 257 窟"沙弥守戒"故

图一八　云冈石窟第 6 窟中心柱上层
塔柱一层角小方形覆钵顶塔

图一九　北魏洛阳永宁寺塔
复原图（杨鸿勋绘）

① （魏）杨衒之：《洛阳伽蓝记》，周祖谟校释本，中华书局，2010 年，第 31～32 页。

图二〇　敦煌莫高窟北魏
第 254 窟南壁 "萨埵王子本生"
壁画中三级佛塔

图二一　敦煌莫高窟北周第 428 窟
壁画金刚宝座塔

事画中的塔，下层是方形塔室，塔室上有瓦檐，脊中央置覆钵树刹（图二二）。此类型的塔还有所发展，塔室扩展为佛殿，如第 257 窟南壁所绘，佛殿中供奉佛说法立像，殿两侧有阙，在殿顶脊正中设覆钵，其上树塔刹，自刹顶向左右各飘垂一长幡（图二三）①。也应注意到塔体为覆钵形的佛塔，在壁画中亦有出现，如第 301 窟北壁所绘（图二四），表明西陲地区西来的影响仍大于中原地区。

北魏都城洛阳，以永宁寺塔为代表，显示着中国式多层楼阁式木塔的兴盛，是与魏孝文帝改制，推动鲜卑等古代少数民族汉化后形成的政治氛围有关。也是在孝文帝时期，佛教艺术中国化的另一显著表现，是佛像面

---

① 敦煌莫高窟第 254、428、257 诸窟壁画所绘佛塔图像，参见《中国石窟·敦煌莫高窟》（一）的图版 36、165、43、40（按文中出现的顺序排列），文物出版社，1982 年。

图二二　敦煌莫高窟北魏第 257 窟南壁壁画佛塔

图二三　敦煌莫高窟北魏第 257 窟南壁壁画佛殿

图二四　敦煌莫高窟北周第301窟北壁壁画佛塔

相和佛装的变化，特别是佛像所披袈裟，改变为接近汉装褒衣博带袍服的形貌。但是北魏王朝分裂为东魏和西魏，东魏又为北齐取代以后，出现了一次反转，北齐的最高统治集团推动了一波重新胡化的回潮。影响所及，在佛教造型艺术方面表现突出的是在佛装样式上，从"褒衣博带"样式重新改为通肩薄衣贴体，是再次引进了西来的秣菟罗（马吐腊）风格。

而在佛塔的造型上，也再从西域引入下为塔室、上置覆钵的凉州第二类型样式的佛塔，而且也仿效西陲流行的下为佛殿、脊上中央建覆钵塔立刹的样式，并选取为北齐皇室修凿石窟的典型窟形，主要是在北响堂山石窟所修建的皇家大窟。

目前这种样式的窟型仅见于响堂山由北齐皇室修造的石窟，最典型的是北响堂山石窟北侧和中央的两个大窟，从正立面看，都是一三开间、有前廊的殿堂，廊前四根檐柱是狮子座的八角形束腰莲柱。上托屋檐瓦垄，惜现多已损毁。檐上崖面雕一巨大的覆钵，覆钵顶上雕刹，两侧似飘有幡。除覆钵外，刹、幡在 1957 年勘察时仅可约略看出一些残痕。只有南侧的唐邕刻经洞檐上的覆钵和刹尚存（图二五）。总观其外貌，与敦煌莫高窟 257 窟壁画下殿上塔图形近同，只是前加廊而无两侧的阙。现中窟的廊柱尚存，而北窟的廊柱已残损无存，仅可见前壁的门和明窗。这座大窟自北宋时已有传说它是高欢的瘗窟[①]。佛殿前壁（洞窟前壁）为三开间，中间为殿门，上方和两侧间开明窗。殿内（窟内）迎门是方形塔柱，正面开大龛，雕三尊佛像。左右两侧壁各雕 8 个单层塔形龛，龛柱亦为束莲柱，

图二五　北响堂山石窟刻经洞顶覆钵

柱头顶火焰宝珠。顶设覆钵，覆钵顶托覆莲座上竖塔刹，塔刹装饰华丽，左中右各以忍冬叶托覆莲座火焰宝珠。塔龛内原造像均遭盗失，或认为表现《法华经化城喻品》中十六佛的组合。前壁门内两侧原浮雕大型礼佛

---

① 司马光：《资治通鉴》卷一六○记：547 年（梁太清元年）正月"丙午，东魏渤海献武王欢卒"。八月"甲申，虚葬齐献武王于漳水之西；潜凿成安鼓山石窟佛寺之旁为穴，纳其柩而塞之，杀其群匠。及齐之亡也，一匠子知之，发石取金而逃"。中华书局，1956 年，第 4948、4957 页。但道宣《续高僧传·明芬传》记："仁寿下敕，令置塔于慈州之石窟寺。寺即齐文宣之所立也。大窟像背文宣陵，藏中诸雕刻骇动人鬼。"则又认为是文宣帝高洋陵。郭绍林校点本，中华书局，2014 年，第 1094 页。

图，惜仅存少量残痕。在中心柱右侧壁（南侧壁）顶西起第三龛向内开有长方形穴，穴门前封石上，雕有与其他顶龛内同样的佛背光。该穴内壁无任何雕饰，亦空无一物，故尚难证明其是否为瘗窟。高齐倡导胡化导致佛塔中国化的回潮十分短暂，只是在存世石窟中保留给后人以殿塔结合的独特遗迹。随后高齐即为北周所灭，经过北周武帝灭法的劫难后，在隋文帝杨坚建立全国一统的政权后，佛教又重新兴盛，同时继续着佛教中国化的进程。

隋文帝杨坚生于冯翊般若寺，"有尼来自河东……尼将高祖舍于别馆，躬自抚养"[①]。因此隋文帝虔信佛教，于仁寿元年（601）六月乙丑"颁舍利于诸州"[②]。据所颁《立舍利塔诏》，将舍利分送各州后，"限十月十五日午时同下石函"，然后立塔[③]。共送往三十州。据王劭《舍利感应记》，三十州主要是雍、岐、泾、秦、华、同、蒲、并、相、郑、嵩、亳、汝、泰、青、牟、隋、襄、杨、蒋、吴、苏、衡、桂、交、益、廓、瓜、虢等州[④]，从都城附近的扶风，西至敦煌、天水，东达青州，东南到丹阳、苏州，西南到蜀甚至远达交趾，几乎覆盖了隋王朝的全部版图。隋文帝这一措施，因其采取了中国化的舍利容器和建立中国化的佛塔，从而促进了佛教中国化的进程，表面是弘扬佛法，实际是显示了中央集权专治主义政权最高统治者的权威。隋文帝在全国各地所建的舍利塔，都没有能保存下来，现今只能发现有一些塔基遗址和舍利容器[⑤]，但可以推知应为木构佛塔，因为各州要在同日立刹起塔，所以木塔是单层还是多层亦未可知。

沿袭南北朝时期的传统，隋唐时期木构佛塔仍极盛行，仅据《两京新纪》所记，在长安延康坊的静法寺中西院有高一百五十尺的木浮图，永阳坊大庄严寺有隋建木浮图，"高三百卅尺，周匝百廿步"。该坊还有大总持

---

① 《隋书·高祖纪》，第 1 页。
② 《隋书·高祖纪》，第 47 页。
③ 隋高祖：《立舍利塔诏》，《广弘明集》，《四部丛刊缩本》，商务印书馆，1936 年，第 229 页。
④ 王劭：《舍利感应记》，《广弘明集》，《四部丛刊缩本》，商务印书馆，1936 年，第 239～243 页。
⑤ 关于隋代塔基遗址和舍利容器的发掘情况，本书《中国古代佛教舍利容器艺术造型演变》一文已有详述，此处从略。

图二六　敦煌莫高窟唐 148 窟北壁壁画涅槃变中佛舍利塔

寺，寺内也有与大庄严寺高下相同的木浮图①。但是隋唐时的木塔，并没有任何遗存至今，所以只能从一些壁画图像和佛塔模型进行了解。在敦煌莫高窟的隋唐时期的壁画中，常见单层的方形木塔的图像，塔下多有二至三层基台，塔顶出檐深远，塔刹装饰华美（图二六）。更令人感兴趣的是在陕西扶风唐塔地宫中出土的鎏金铜塔模型②，通高 53.5 厘米，下设三重设勾栏的塔基，塔身面阔、进深均三间，四面均在中心间设双扇板门，两梢间开直棂窗。塔顶为单檐攒尖顶，顶中心置覆莲、宝匣、相轮和刹顶宝珠，制工精致，可以反映出唐代流行的单层方形佛塔的风貌（图二七）。但是仍然缺乏有关多层木塔的图像或模型。这一缺憾目前只可借鉴东邻日

---

① 韦述、杜宝：《两京新记》，辛德勇辑校本，三秦出版社，2006 年，第 39、69、70 页。
② 陕西省考古研究院、法门寺博物馆、宝鸡市文物局、扶风县博物馆：《法门寺考古发掘报告》，彩版一七八，文物出版社，2007 年，第 205 页。

本尚保留的时代相当于中国隋唐时期的木塔，原来东北亚诸古代国家的佛教，并不是由古印度直接传入，而是经由古代中国传入的，换句话说，就是已经中国化的佛教，特别是佛教寺庙的建筑更是深受中国影响，佛塔造型已不是覆钵形状，而是汉式的方形楼阁式多级木塔。

目前日本保存时代最早的是奈良法起寺三重木塔，该塔始建于公元685年，建成于706年（相当唐神龙二年），塔通刹高24.27米，塔身高16.93米。平面方形，由木刹柱自底直贯刹顶，塔第一重和第二重每面三间，第三重每面两间，是全木构建筑。另一座是奈良法隆寺西院的五重木塔。法隆寺经火灾后，西院建筑群公元608年再建，约于710年完成。五重塔通刹高112.65米，塔身高78.52米（图二八）。平面方形，为全木构建筑，亦由一根刹柱贯通全塔，塔身的第一重至第四重每面三间，第五重缩为每面两间①。如按当时使用的曲尺计算，总高超过107曲尺，正是一座百尺高塔。这些事例说明，中国化的佛塔已成为古代中外文化交流的象征，中国化的佛塔已成为中国古代传统文化的象征。

前已述及木塔易毁，一遇火灾，高塔常会呈"烟筒"效应，难以救治，南北朝隋唐时著名的高层木塔，多毁于火灾。因此自北朝后期就开始出现了砖构的佛塔，现存于世的著名北魏砖塔，就是河南登封的嵩岳寺塔，它也是唯一的十二边平面的塔（图二九）。该塔内做成直通顶部的空筒，塔身分上、下两段，在四个正面有贯通上下两段的门，下段其余八面表面平素，上段则各砌出单层方塔形壁龛。塔身以上，用叠涩做成十五层密接的塔檐，塔檐之间仅留短墙，外轮廓形成和缓的曲线。塔刹石造，在覆莲座上以仰莲承受相轮。与内部可登临的佛塔的层高至少与人体等高不同，这座塔各层塔檐间只隔短垣，所以在同等高度间可增设多层塔檐，使塔的外观多增层数，开此后唐宋流行的密檐砖塔之先河。

---

① 关于日本奈良法隆寺五重塔和法起寺三重塔的资料及其与中国古代建筑的关系，转引自傅熹年《日本飞鸟、奈良时期建筑中所反映出的中国南北朝、隋唐建筑特点》，《文物》1992年第10期，第28~50页。该文后收入《傅熹年建筑史论文集》，文物出版社，1998年。

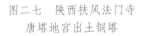

图二七　陕西扶风法门寺　　　　　　图二八　日本奈良法隆寺五重塔
　　　　唐塔地宫出土铜塔

　　隋唐时期的砖石结构佛塔，有两种类型，一种是沿袭北朝晚期出现的砖构密檐塔，另一种是按传统多重楼阁式木楼形制构建的砖塔。这两种类型的唐代砖塔都有标本留存至今。前一种密檐砖塔的实例，可举唐长安城荐福寺的小雁塔。该塔建于景云二年（711 年），平面方形，底层以上是密檐，采用叠涩挑出的做法，原有十五层密檐，现只存十三层。塔内部中空，在底层前后壁都开有券门，塔内壁有砖砌蹬道可供上下，用木楼板分层。在塔底层外壁遗留有梁头卯孔，表明原来曾建有周圈的木构"副屋"。类似荐福寺小雁塔的唐代密檐塔，目前尚存的还有河南登封永泰寺塔和法王寺塔，以及云南大理崇圣寺塔。

　　后一种楼阁式砖塔，如前已述及的唐长安慈恩寺大雁塔。当前保存在西安的大雁塔，原来修建时，玄奘法师并没有要修造中国式的楼阁式佛塔，而是要修一座如他西去取经见到的西域制度，是高一百八十尺的土心外包石的五级塔，建于永徽三年（652 年）。这是座不成功的仿制品，没过多久，塔就颓毁了。所以到长安中（702 年前后），只得拆除旧塔，仍依中国式样改建成多层楼阁式方形砖塔，塔高七层，就是本文前引被唐代诗人咏为"孤高耸天宫"的名塔。大雁塔虽经明代修过，但基本上保持着唐代原貌。现塔高 64 米，底层和第二层面阔九间，向上递减，第三层和第四层面阔七间，第五层以上诸层面阔五间。每层四面当心间设有券门，塔身外壁隐出倚柱、阑额。各层塔檐采用正反叠涩砌成。塔顶原来的刹相轮等已不存。塔内各层铺架木楼板。登临塔上，可从各层券门外视，至顶层可俯瞰、远眺周边景色。现存的另一座唐代砖构多层方塔是建于永隆二年（681 年）的香积寺塔，原有十三级，现存十层，残高 33 米余（图三〇）。

到了宋代，佛教中国化进程的特点是佛教日益世俗化。南北朝至隋唐，修建高塔多与皇室贵胄高官有关，隋仁寿年间各州建舍利塔，更是由文帝发敕，派僧人官员同一时间按规定的样式和礼仪去建造。但是到了宋代，随着佛教世俗化步伐的加快，在各地除官员外，一般信众也常参与到

图二九　河南北魏嵩岳寺塔　　　　图三〇　陕西西安唐香积寺善导塔

大家集资修寺建塔的佛教活动中。例如浙江宁波天封塔修建于南宋绍兴十四年（1144 年）[①]，塔砖上铭文表明当时民众捐资建造情况。如砖铭有"女弟子马氏庆四娘喜舍砖一百片"，"砖范栓并妻朱氏四七娘买砖添助建天封宝塔"等；地宫中石函瘞埋的"浑银地宫殿"，是由"明州鄞县武康乡都税务前界生姜桥西居住奉三宝弟子赵允妻李氏四娘"全家所捐赠。又如河南邓州福胜寺塔地宫出土瘞藏舍利的石椁，是顺阳县施主张君太全家捐赠，时间是天圣十年（1032 年）二月[②]。这些民间施舍的舍利容器铭与隋文帝的舍利铭形成鲜明对比，从瘞埋舍利建塔这种宗教行为的变化，正可以清楚地显示出中国佛教世俗化的进程。佛教中国化和世俗化的加深，也促使佛塔的设计和建造，并不追求所造塔"为天下第一"或宣扬皇威，从而打破统一格局的局限，更关注形体秀美，更具观赏性，有时还具有地方特色。

除宋朝外，北方的辽、西夏及后起的金这些由少数民族建立的政权，统治者和民众都信奉佛教，也有建造佛塔之风，所造佛塔在中国式楼阁式塔的基础上，也常具特色。因此，宋辽金时期佛塔的中国化日趋成熟，目前在祖国各地保留下来的这一时期的佛塔，呈现出色彩缤纷的繁荣图景。

总体来看，唐代以后全木构的佛塔已基本退出历史舞台，目前仅有极少的标本，最著名的是辽代修建的山西应县佛宫寺释迦塔（图三一）。木塔为楼阁式，平面八边形，高九层，因有四个暗层，故外观看只似五层，高 67.3 米，历史上经历多次地震，但未遭兵火破坏，至今保存。这一时期大量出现的是多层楼阁式砖石结构或塔体砖造、外围采用木结构，单层塔除墓塔外已不见修造。佛塔的平面，多已不再采用正方形，而是选用多边形，以八边形较多见。塔高层数早已突破木塔一般七至九级的层数，常达十一层或十三层。砖石结构的楼阁式塔，外观的屋檐、平座、柱额、斗栱

---

① 天封塔于元至顺元年（1330 年）重修时，保留了完好的南宋原建第一层和第二层，第三层以上为元代重修时续建，故保留了该塔南宋时所修地宫。参见林士民《浙江宁波天封塔地宫发掘报告》，《文物》1991 年第 6 期。

② 河南省古代建筑保护研究所、河南省文物研究所：《河南邓州市福胜寺塔地宫》，《文物》1991 年第 6 期。

图三一　山西应县辽佛宫寺木塔

等虽用砖石制作但仍仿照木塔，或是适当简化，也有的使用了琉璃面砖，不仅华美且色彩有所变化。如河南开封祐国寺塔所装饰的琉璃面砖呈深褐色，外观似铁，以至民众俗称之为"铁塔"（图三二）。也流行塔体砖造，外围采用木结构，从外观看与木塔无异，但因采用多边形平面和增加层数，所以造型更显秀美，故此这类塔后来常被民间誉为"玲珑宝塔"（图三三）。另一类砖石结构的塔是密檐塔，特别是在北方，辽代喜好建造密檐塔，保存至今的辽建密檐砖塔如山西灵丘觉山寺塔、北京天宁寺塔（图三四）等。

楼阁式塔迟至明清时期仍续有修建，长久不衰。只是在元代以降，因藏传佛教在内地传播，随之佛塔建筑出现了藏传佛教流行的覆钵式塔，但其覆钵不呈馒头状，而呈倒扣的鼓腹罐形状。北京的妙应寺塔（图三六）和北海琼岛上的白塔，是人们熟知的代表性文物。

由于佛塔高耸适于远眺，于是除了其宗教属性外，更被利用于社会生活中的实际用途。北宋建造定县开元寺塔，因处于当时北宋边界，人们就登塔以观察军情以防敌方来犯，起到军事瞭望的重要作用，被誉为"瞭敌

塔"（图三五）。在南境海港城市，如福建泉州的万寿塔（图三七）和六
胜塔（图三八），正在晋江出入海口航道的侧畔，两座塔南北遥遥相对，
宋元以来一直被往来泉州港商船视为航标①，也是亲人登临遥望出海者回
归的处所，故此万寿塔也被名为"姑嫂塔"。杭州的六和塔（图三九），也
有观海潮和镇潮的功能。

　　总之，宋代以后，随着佛教中国化和世俗化的进展，佛塔建筑样式也
日趋多样化、地方化和民间化，更加融入平民的社会生活，在人们的心目
中，其宗教属性日益淡化，而成为城市文化的重要组成部分。还出现了与
佛教无关的其他功能的高塔，如风水塔、文风塔等。已被列入全国重点文物

图三二　河南开封宋祐国寺"铁塔"

图三三　上海宋龙华寺塔

---

① 《泉州港古建筑》，国家文物局《全国重点文物保护单位Ⅴ》，文物出版社，2008 年，第 361～
　362 页。

保护单位的文风塔,有河南许昌的文风塔①和湖北钟祥文风塔②。前者是高十三层的楼阁式塔(图四〇),外观与佛塔无区别;后者则采用了奇特的外观,形似一枝冲天的巨笔。

由于宝塔已融入中国文化之中,所以元明时期戏曲小说在民间流行后,宝塔也常被纳入小说戏曲情节之中。例如小说《封神演义》中,以佛教护法中手托塔的毘沙门天王为原型创造的人物——托塔天王李靖,他御敌除邪乃至教训儿子的兵器,就是宝塔。更脍炙人口的是戏剧《白娘子传奇》,法海和尚为破坏白娘子与许仙的人妖美满婚姻,将白娘子镇压禁锢于西湖雷峰塔下。从此在一般人的心目中,忘记了那本是一座佛教舍利塔,只知道它是为镇压白娘子而存在的。善良的人们总是期望那座塔快点

图三四　北京辽天宁寺塔

图三五　河北定州北宋开元寺塔(瞭敌塔)

---

① 《许昌文风塔》,国家文物局《全国重点文物保护单位Ⅴ》,文物出版社,2008年,第699页。
② 《钟祥文风塔》,国家文物局《全国重点文物保护单位Ⅵ》,文物出版社,2008年,第41页。

图三六　北京妙应寺元白塔

图三七　福建泉州石狮万寿塔（姑嫂塔）

倒塌，好让白娘子重见天日。显示出戏曲这一传统文化的魅力。雷峰塔终于倒塌了，塔基经考古发掘，没有白娘子的遗迹，只有建塔时瘗藏的佛舍利容器，成为佛教中国化和世俗化的重要实物例证①。

---

① 浙江省文物考古研究所：《雷峰遗珍》，文物出版社，2002 年。

图三八　福建泉州石狮六胜塔

图三九　浙江杭州宋六和塔

更重要的是，佛塔一直被视为城市中的重要景观。不论是"西湖十景"中的"雷峰夕照"（图四一），还是"燕京八景"中的"琼岛春荫"，离开了雷峰塔和琼岛白塔的塔影，就难成胜景了，至今如此。这也是18世纪末西方人来到中国，在对中国城市景观的观察中，自然而然地对高耸秀丽的玲珑宝塔印象极深，会将它视为中国城市文化的名片。因此在早期来华西方人的画笔下（那时还未发明照相术，人们只能借助绘画来介绍其他国家的面貌），总少不了色彩鲜艳的宝塔。记得儿时看到家里藏有曾祖父任清朝驻美公使时携回的美国教育幼童认识世界的画册，在介绍中国时，翻开第一页，左侧全页是一座充满画面的大玲珑宝塔，右侧一页则画出了穿宽大长袍的一位梳辫子的男孩和另一位梳辫子的姑娘。那座玲珑宝塔，以它漂亮的身姿和华丽的色彩，会令美国儿童产生极深刻的印象。联想本文前面提到的美国人房龙关于孔子的画，或许他幼时在幼稚园也会接受过

图四〇　河南许昌明文风塔

图四一　明万历三十年（1602年）
"雷峰夕照"版画

图四二　1957 年宿白先生带领 53 级考古班学生勘测响堂山石窟

右 4 为宿白先生，右 1 孙国璋，右 2 刘慧达，左 1 刘勋，左 2 为杨泓，余为响堂山石窟文物管理处的工作人员

类似的图画书的教育，从小就深深认为高耸的宝塔就是中国古代城市文化的象征，于是在描绘中国先哲孔老夫子时，自然而然地画出了在孔子生活年代的千百年后才会出现的宝塔来。

　　本文简略地勾画了佛塔传入中国后，从形貌到建筑工艺不断中国化，直到融入中国文化，成为中国文化象征的历史演变的轨迹。也雄辩地表明，探研中国佛塔的历史变迁并非意在宣扬佛法，而是探研中国的文化传统。也为了回答人们常问的一个问题：你说你是无神论者，为什么还津津有味地探研佛教美术考古？看过这篇文章，相信这一问题自然迎刃而解。

　　我对中国境内梵迹探寻的关注，始于 20 世纪 50 年代初。当我在北京大学求学时，初识佛教美术考古，是听阎述祖（文儒）先生讲授"石窟寺艺术"课①。第一次对梵迹进行实地勘察，是 1957 年宿季庚（白）先生指导我和刘勋、孙国璋（同去的还有赵思训、刘慧达二位）全面勘测响堂山石窟（图四二）。此后因在中国科学院考古研究所（现中国社会科学院考古研究所）汉唐研究室工作，关注三国两晋南北朝考古，而这一历史阶段又正是中国石窟寺和佛教造像艺术繁荣发展的阶段，所以更加关注有关佛教美术考古的田野考古调查发掘。在《探掘梵迹》中，就想将中国学者自 20 世纪到今天对中国境内有关梵迹（包括佛教寺塔遗址、石窟寺、造像埋藏坑、瘗埋舍利的地宫与容器等）探查的成果，概要介绍给读者。祈望读者能够通过这本书，通过中国考古学人孜孜不倦地探索中国境内梵迹的历程，对中国佛教文化在中国传统文化中的位置和作用有更深的了解。

（本文是 2017 年为《探掘梵迹》一书写的"代前言"，后收入《束禾集——考古视角的艺术史》，中国社会科学出版社，2018 年）

后记 我是带着情感撰写这篇文稿的，也算是对儿时企望的回应。幼年时常从图画中看到外貌华美的高塔，背诵唐诗时又读到诗人登高塔而吟咏的名句。但是我生在旧时的北平，能看到的塔，例如北海的白塔、妙应寺白塔、西城的双塔，还有天宁寺辽塔，不是喇嘛塔就是密檐塔，都无法登临。直到在北大求学时，方于 1957 年考古实习时，首次登临佛塔，是在北响堂山长乐寺遗址，为了测量，攀登了长乐寺塔。1959 年受命去西北大学讲课，从而有机会去大雁塔，登临塔顶体会唐诗吟咏的意境。此后因工作出差，逢塔必登，几历本文中所提及的古代名塔。确感佛塔的演变，最能体现佛教艺术的中国化。故撰此短文。在撰著《探寻梵迹》一书时，将本文作为该书的"代前言"。并提前收入《束禾集》中。

---

① 后来述祖先生在授课讲义的基础上成书出版，见阎文儒《中国石窟寺艺术总论》，天津古籍出版社，1987 年。

中国石窟寺考古学的建立

　　"中国佛学对外来佛典的阐述不断有创造性的发挥，形成中国独有的理论体系。中国佛教艺术同样发展出符合自己民族精神特色的各种形象，需要我们进一步清理和深入探讨。"① 这是宿季庚（宿白）师1998年6月为他的学生李崇峰的题词。季庚师教导学生在研究佛教遗迹时，必须"符合自己民族精神的特色"，显示出他的学术研究中的浓烈的爱国主义情怀。遵从师训，我在撰写《中国美术考古学概论》时，也强调"作为一个中华人民共和国的公民，从事中国美术考古学的研究，与历史学和考古学研究一样，要以马克思列宁主义为指导，贯彻爱国主义，排除干扰，敢于宣扬自己民族的传统文明，具有一个真正的中国人的独立人格"②。

　　从20世纪50年代开始，宿季庚师怀着满腔的爱国热情，开始了建立中国考古学分支学科——中国佛教考古学的历程。在此以前，他已经进行了充分的文献学的准备，大致分为两个方面。一方面是佛学文献的梳理，这方面的成果反映在给学生讲授的专题课中，后收入《汉文佛籍目录》③一书；另一方面是古代文献中与石窟寺考古有关的内容，例如与云冈石窟有关的《大金西京武州山重修大石窟寺碑》录文，是从缪荃孙传抄的《永乐大典》天字韵《顺天府》条引《析津志》中录出的（图一）④。

---

①　引自李崇峰《佛教考古：从印度到中国》，上海古籍出版社，2014年，第5页。
②　杨泓、郑岩：《中国美术考古学概论》，中国社会科学出版社，2008年，第2页。
③　宿白：《汉文佛籍目录》，文物出版社，2009年。
④　宿白：《中国石窟寺研究》，文物出版社，1996年。本文引自生活·读书·新知三联书店2019年版，第51页。

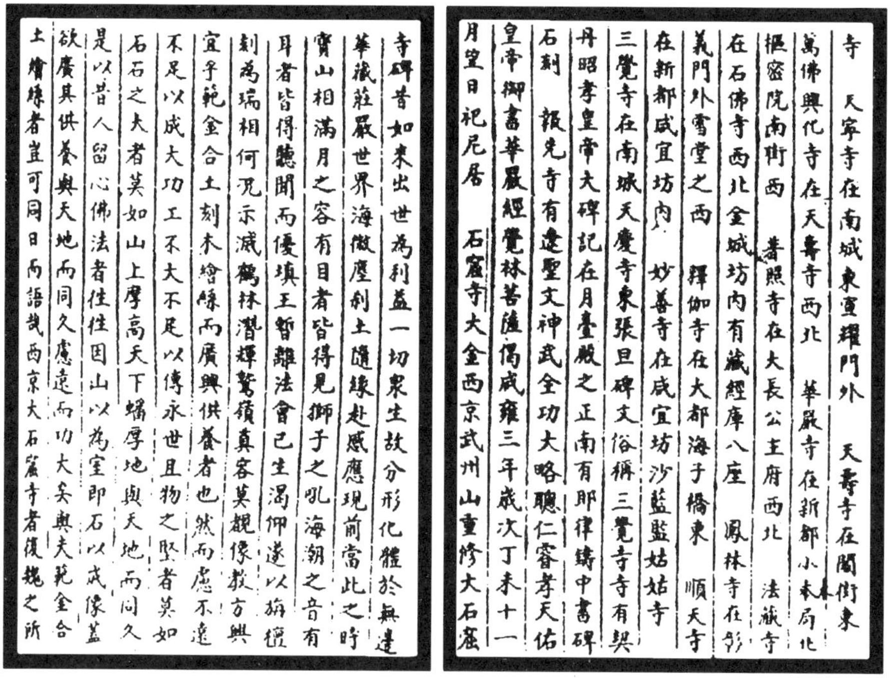

寺 天寧寺在南城東壹環門外 天壽寺在閣街東
萬佛興化寺在天壽寺西北 華嚴寺在新都小未局北
樞密院南街西 普照寺在大長公主府西北 法藏寺
在石佛寺西北金城坊内有藏經庫八座 瀑林寺在彩
義門外雪堂之西 釋伽寺在大都海于橋東 順天寺
三覽寺在南城天慶寺東張旦碑文俗稱三覽寺有與 妙善寺在咸宜坊沙藍鑑姑寺
昭孝皇帝夫碑記在月臺殿之正南有那律鑄中書碑
丹 報先寺有逸聖文神武全功大略聰仁睿孝天佑
石刻 皇帝御書華嚴經覺林菩薩偈咸雍三年歲次丁未十一
皇帝日記尼居
月空 石窟寺大金西京武州山重修大石窟

寺碑昔如來出世為利益一切眾生故分形化體於無邊
華藏莊嚴世界海微塵刹土隨緣赴感應前富此之時
寶山相滿月之容有目者皆得見獅子之乳海潮之音有
耳者皆得聽聞而優填王智離法會已生渴仰遂以游檀
石石之大者莫如山上摩高天下蟠厚地與天地而問久
不足以成大功工刻不大不足以傳永世供養者莫如
宜乎範金合土刻木繪而廣興供養者也然而處不遠
割為瑞相何見示滅鶴林潛輝鸞嶺真容莫覩像方興
是以昔人留心佛法者性性因山以為室即石以成大功
欲廣其供養與天地而同久慶遠而功大矣與夫苑金合
土繪練者宜可同日而語哉西京大石窟寺者復挽之所

图一　缪荃孙抄校《永乐大典》天字韵《顺天府》条内《金碑》书影

　　宿季庚师自己回忆道:"我和中国佛教考古学发生联系,主要由于工作关系。50年代初,当时各地较大规模的建设工程尚未展开,考古工作以调查地上文物的现况为主。文化部文物局组织的几次重要调查:1950年雁北地区勘查、东北辽西地区调查和1951年敦煌莫高窟的调查,我都参加了。这几次调查,佛教遗迹是主要对象,因此对这个工作发生了兴趣,同时也积累了一些第一手资料。1952年,北大文科研究所与文物局、中国科学院考古研究所合办考古工作人员训练班和北大历史系成立考古专业,为了开设中国考古学课程,我分工担任汉以后一段考古教学。宗教遗迹是这一段考古学不可缺少的部分,而佛教遗迹又是宗教遗迹中的重要内容,于是分配的工作和个人的兴趣就结合起来了。""佛教遗迹以建筑构造的不同,可分寺院遗迹和石窟寺遗迹;以地区和派系分,主要是汉地佛教遗迹和藏传佛教遗迹。'文化大革命'前我着重的是汉地的寺院遗迹;'文化大革命'后,逐渐扩展重点范围,既包括了石窟寺,又包括了藏传佛教遗迹,因而产生了应当考虑较全面、较有系统的中国佛教考古学的想法。""考古学是以调查、发掘为手段，强调实践的学科，中国佛教考古学也不例外。调查、发掘，强调实践，就是要以清理遗迹的演变的过程为基础，然后再结合文献，进一步分析遗迹的性质与历史。对寺院遗迹是这样要求，对石窟遗迹也是这样要求。"①

宿季庚师在中国佛教考古学范畴内，在中国古代佛寺布局②和藏传佛教寺院研究③方面都有重要贡献。但是他最突出的成就，仍是中国石窟寺考古学的建立。

1950 年，宿季庚师参加雁北文物勘察团，曾到大同云冈考察。其后在主持考古训练班和北京大学历史系考古专业实习时，他几乎每年都到云冈。1951 年 6 至 9 月，他参加敦煌石窟勘查团，详尽地考察了莫高窟。因此宿季庚师的中国石窟寺考古研究，是从云冈和莫高窟开始的。最早发表的两篇重要论文，都发表于 1956 年。关于云冈石窟的是《〈大金西京武州山重修大石窟寺碑〉校注——新发现的大同云冈石窟寺历史材料的初步整理》④，关于莫高窟的是《参观敦煌莫高窟第 285 窟札记》⑤。1957 年，他带领学生到响堂山石窟实习，进行考古调查和勘测。1961～1962 年间，他又带领学生到敦煌莫高窟实习，完全依照考古学方法，选择典型石窟进行实测、记录。

响堂山石窟和敦煌莫高窟的两次实习，实际上是中国石窟寺考古学方法两次成功的实验。特别是他在莫高窟为敦煌文物研究所讲授了《敦煌七讲》（图二），当时他是以敦煌莫高窟为例，对石窟寺考古学做比较全面的

---

① 宿白：《我和中国佛教考古学》，《魏晋南北朝唐宋考古文稿辑丛》，文物出版社，2011 年，第 379～383 页。

② 请查阅宿白《东汉魏晋南北朝佛寺布局初探》《隋代佛寺布局》《试论唐代长安佛教寺院的等级问题》《唐代长安以外佛教寺院的布局与等级初稿》《青州龙兴寺沿革》《独乐寺观音阁与玉田韩家》等文，均见《魏晋南北朝唐宋考古文稿辑丛》，文物出版社，2011 年。

③ 请查阅宿白《藏传佛教寺院考古》，文物出版社，1996 年；《记西藏拉萨札拉鲁蒲石窟寺》，《中国石窟寺研究》，生活·读书·新知三联书店，2019 年，第 404～406 页。

④ 宿白：《〈大金西京武州山重修大石窟寺碑〉校注——新发现的大同云冈石窟寺历史材料的初步整理》，原刊《北京大学学报》（人文科学版）1956 年第 1 期，后收入《中国石窟寺研究》，文物出版社，1996 年。本文引自生活·读书·新知三联书店 2019 年版，第 51～78 页。

⑤ 宿白：《参观敦煌莫高窟第 285 窟札记》，原刊《文物参考资料》1956 年第 2 期，后收入《中国石窟寺研究》，生活·读书·新知三联书店，2019 年，第 257～268 页。

论述。这七讲的题目和主要内容录文如下：

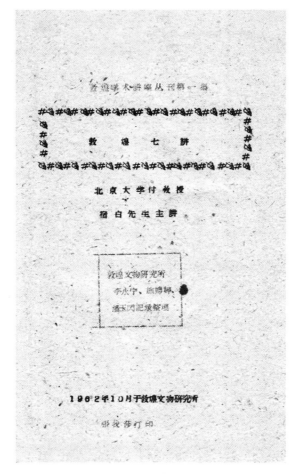

图二　《敦煌七讲》油印本书影

第一讲　敦煌两千年

汉代边防和敦煌设郡——魏晋时期敦煌的繁荣——东阳王一家（北魏阶段）——隋唐盛世和中西交通——张、曹割据二百年——喇嘛教的传来——敦煌石窟的明清遗迹

第二讲　石窟寺考古学简介

什么是考古学——石窟寺考古学是佛教考古学的一部分——石窟寺考古学如何进行

第三讲　石窟寺研究的业务基础知识

理论准备工作——业务基础知识的准备工作——佛教著述和敦煌遗书的知识

第四讲　有关敦煌石窟的几个问题

索靖题壁问题——从乐僔、法良所联想到的问题——试论敦煌魏、隋窟的性质——唐窟性质的逐渐变化——密宗遗迹及其他

第五讲　敦煌研究简介

敦煌石窟的发现和石窟藏书的分散——石窟藏书的研究——敦煌石窟的研究

第六讲　石窟记录与排年

石窟记录方法——如何作洞窟排年

第七讲　佛像的实测和造像量度经

佛像实测和佛像演变规律问题——实测的要求和如何寻找比例的问题——造像量度经简介

　　师兄徐苹芳曾强调:"今天,我评论宿白先生关于中国石窟寺考古学研究时,一定要提到他的《敦煌七讲》,这是他建立中国石窟寺考古学体系的开篇之讲。"他又据季庚师的敦煌七讲和后来出版的《中国石窟寺研究》,总结出季庚师阐述的中国石窟寺考古学的内容和方法,有四个研究程序:"考古学的清理和记录,洞窟、造像、壁画的类型组合与题材的研究,分期分区的研究,关于社会历史的、佛教史的和艺术史的综合研究"①。

　　就在中国石窟寺考古学创立方兴未艾之时,"文化大革命"开始,考古工作陷于停顿。

　　20 世纪 70 年代以后,考古学研究从恢复到发展,中国石窟寺考古也恢复了活力,特别是北京大学考古系成立以后,宿季庚师带领或指导考古系学生和研究生,不断赴中原北方、河西地区乃至新疆地区,对各地石窟

---

① 徐苹芳:《中国石窟寺考古学的创建历程——读宿白先生〈中国石窟寺研究〉》,《文物》1998年第 2 期。

寺进行中国石窟寺考古实习，足迹所到之处，包括龙门石窟、须弥山石窟、河西地区诸石窟，远达新疆拜城克孜尔石窟。由于刘慧达早逝，导致响堂山石窟报告初稿及全部测绘图纸遗失，又组织北大师生对响堂山石窟进行第二次考古勘查。通过历次实习，不断丰富和完善石窟寺考古工作方法，并引入新的科学方法。例如，对克孜尔石窟排年引入了放射性碳素测年，对解决过去某些缺少年代资料的石窟排年问题，又提供了一种可以参考使用的新方法。同时，他不断深入探研，陆续发表了一系列研究论文，构建和完善了中国石窟寺考古学。

对云冈石窟，继《〈大金西京武州山重修大石窟寺碑〉校注——新发现的大同云冈石窟寺历史材料的初步整理》后，他又撰写了《云冈石窟分期试论》《〈大金西京武州山重修大石窟寺碑〉的发现与研究——与日本长广敏雄教授讨论有关云冈石窟的某些问题》《平城实力的集聚和"云冈模式"的形成与发展》《恒安镇和恒安石窟——隋唐时期的大同和云冈》，以及《试释云冈石窟的分期——〈云冈石窟卷〉画册读后》等文。

对敦煌莫高窟，除了《参观敦煌莫高窟第 285 窟札记》，他还撰写了《莫高窟记跋》《敦煌莫高窟早期洞窟杂考》《两汉魏晋南北朝时期的敦煌》《东阳王与建平公二稿》《建平公于义续考》《〈武周圣历李君莫高窟佛龛碑〉合校》《莫高窟现存早期洞窟的年代问题》《敦煌莫高窟密教遗迹札记》。

对于克孜尔石窟，写有《新疆拜城克孜尔石窟部分洞窟的类型与年代》《有关新疆拜城克孜尔石窟调查工作记略》以及《西部大开发中维修和保护新疆石窟寺遗迹应注意事项》。

对于武威天梯山石窟，写有《凉州石窟遗迹和"凉州模式"》以及《武威天梯山早期石窟参观记》。

对于藏传佛教石窟寺和摩崖遗迹，写有《记西藏拉萨札拉鲁浦石窟寺》和《元代杭州的藏传密教及其有关遗迹》。

此外还有针对洛阳地区北朝石窟的《洛阳地区北朝石窟的初步考察》，

针对江南的南朝遗迹的《南朝窀像遗迹初探》①。

在编著《中国大百科全书·考古学》时，他撰写了《中国石窟寺考古》词条，这是关于中国石窟寺考古学的概论性文章。因此，宿季庚师于1989年编写《中国石窟寺研究》时，将其列于卷首。《中国石窟寺研究》一书的出版，标志着中国石窟寺考古学经历了初创、发展、成熟的过程，成为中国考古学不可或缺的重要的分支学科。

宿季庚师在中国石窟寺考古研究中，有两方面的研究应予特别注意。

首先是宿季庚师与日本长广敏雄关于云冈石窟研究的论战。关于这场论战的性质，师兄徐苹芳曾做过精辟的释读："由于中国近百年是处在半封建半殖民地的社会，在中国历史学和考古学的某些课题研究上，外国人利用特权，掠夺资料，垄断研究，譬如敦煌文书的研究，竟有敦煌在中国，敦煌研究在国外的说法。中国石窟寺的研究，也有类似的情况，云冈研究便是一例。当年与京都大学水野清一共同调查云冈的长广敏雄教授，在看到宿白先生《〈大金西京武州山重修大石窟寺碑〉校注》（1956年）和《云冈石窟分期试论》（1979年）之后，于1980年7月在日本《东方学》第六〇辑上发表《宿白氏の雲岡石窟分期論を駁す》，对中国学者关于云冈石窟的研究，作出了全面否定，极不客气地予以反驳。长广的这种心态，我们十分了解，日本学者对云冈石窟的研究经营了多年，而今轻易地便被中国学者重新论定，实在是难以接受的挑战。"②

长广否认《析津志》所载《金碑》的真实性，认为研究云冈石窟的年代与分期，不应重视《金碑》等历史文献，只需以石窟构造和造像的雕刻式样，即他所称的"式样论"为依据。徐苹芳认为，这"实际上涉及到中国历史考古学上的两个根本问题，一是中国历史考古学应如何对待历史文献；二是中国历史考古学应如何运用类型学（也就是长广所谓的'式样

---

① 以上列举的论文，均收入《中国石窟寺研究》和《魏晋南北朝唐宋考古文稿辑丛》二书，不另注。
② 徐苹芳：《中国石窟寺考古学的创建历程——读宿白先生〈中国石窟寺研究〉》，《文物》1998年第2期。本节论述均依徐文，凡加引号未加注的引文，均引自徐文。

论')"。关于第一个问题，徐苹芳指出："中国历史文献丰富是举世闻名的。中国考古学家应如何对待历史文献，是研究历史考古学的一个首要问题。凡属根据历史文献确定了的历史事实，是不可变更的。具体的史料则要鉴别其真伪价值，因此，研究中国历史考古的学者，应该具备史料学的知识和鉴别能力。虽然，考古学的研究对象和方法与历史学不同，但历史考古学断定具体年代和解释内容变化时，一定要利用历史文献资料，包括考古发现的碑刻铭记资料在内，这是历史考古学所必有的内容和手段。中国历史考古学在运用类型学时也显然与史前考古学有所不同，历史时期的社会文化是极其复杂的，类型学的排比有时并不反映它们的内在联系，我们必须把考古发现的遗迹遗物置于大的历史环境之内，按照不同对象，分别予以解释。以石窟寺考古为例，既要考虑整个历史的发展，又要从佛教史上予以特殊的分析。"

为了回复长广的驳难，宿季庚师在 1982 年发表《〈大金西京武州山重修大石窟寺碑〉的发现与研究——与日本长广敏雄教授讨论有关云冈石窟的某些问题》一文。他讲明《金碑》提供的资料是可信的，探讨了碑中所记十寺的历史和十寺的位置。关于"样式论"，文中指出："长广先生认为研究中国石窟的方法，第一，应从石窟构造与佛像及其他一切雕像、彩画的样式出发；第二，弄清造像铭记；第三，参考可靠的历史资料、文献；第四，参照研究史。长广文章明确地说：议论的根本是雕刻论，即高低、深浅的立体问题，那是基于视觉和触觉的艺术。我们认为作为历史考古学研究对象的云冈雕刻，无论'样式论''雕刻论'如何重要，但排比它们的年代和解释它们的变化，都有赖于第二、第三两项。第四项即前人研究成果……当然要吸取，但每当新资料发现后，必然要对以前的研究进行复查，这应是学术前进的共同的道路；其实，就是仅就原有资料，提出另外的看法，也是经常出现的事，长广自己曾屡次修正他们50年代的云冈分期论，就是一例。""考虑石窟问题，总是以第二、三两项来探索、解释第一项的。"关于石窟寺考古类型学和分期问题，宿季庚师指出："分期是手段，它的目的不仅是为了解决时间问题，更重要的是它反映的社会意义，因此，在《试论》中作了一些探索性的论述。这一点，大约是长广所不感兴趣的。可是，具有某些社会意义的类型与分期，不是更加强了所要解决的时间问题确切性吗？至少我们是这样认为的。""很清楚，长广是特别重视形象的艺术造型与技法的。这一项，我们并不怀疑它的重要性，因为它的差异，同样也是植根于社会原因，所以它的特点也是极为显著的。"但是造型与技法在几年与几十年的期间，由于社会新旧形式的转换要有一个过程，不能截然区分。因此，"研究云冈造像，我们应充分估计当时云冈特定的历史背景，而不宜以'样式论'或'雕刻论'的一般情况来作硬性的规范"①。

对于宿季庚师与长广敏雄的论战，徐苹芳总结说："长广敏雄教授研究云冈所处的时代是 20 世纪的 40 年代，最迟也不超过 50 年代中期。中国考古学自 50 年代开始，有了突飞猛进的发展。中国石窟寺考古学研究也已从 50 年代开始，做了一系列的工作，取得了突破性的进展。宿白先生领导主持了中国石窟寺考古学的创立。宿白先生和长广教授是代表了两个不同时期研究中国石窟寺的学者。学术的发展和进步，与历史的发展有惊人的相似之处，它是不以个人意志为转移的。'落花流水春去也'，长广教授所代表的中国石窟寺研究的时代已经结束了，以宿白先生为代表的中国历史考古学家所创立的中国石窟寺已经建立。这是中国考古学史上一个重要的学术成果。"②

其次是关于现存敦煌莫高窟早期洞窟的时代问题。他在 20 世纪 50 年代初，根据可以依据纪年铭记推知确切建造时间的第 285 窟，将莫高窟现存最早的洞窟定为北魏时期，并将莫高窟魏窟（从北魏至隋初）分为三期，第 285 窟为中期。指出："早于 285 号窟的如第 259 号、第 275 号、第 272 号、第 257 号等共六七个窟，属于早期。"③ 后来他在《敦煌七讲》

---

① 宿白：《〈大金西京武州山重修大石窟寺碑〉的发现与研究——与日本长广敏雄教授讨论有关云冈石窟的某些问题》，后收入《中国石窟寺研究》，生活·读书·新知三联书店，2019 年，第 96 ~ 129 页。

② 徐苹芳：《中国石窟寺考古学的创建历程——读宿白先生〈中国石窟寺研究〉》，《文物》1998 年第 2 期。

③ 宿白：《参观敦煌莫高窟第 285 号窟札记》第五节《从第 285 号窟说到敦煌魏洞的分期问题》，后收入《中国石窟寺研究》，生活·读书·新知三联书店，2019 年，第 263 ~ 264 页。

中，开卷第一讲就讲《敦煌两千年》，是从敦煌石窟历史入手，首先是关于敦煌开窟的年代，其次是确认现存洞窟的年代。他特别指明，这组早期洞窟建造时，"云冈模式"已基本形成，政治因素影响着文化，因此，目前敦煌所存早期洞窟是接受东来的当时北魏都城平城云冈石窟的影响，而不能单纯强调西方。他十分清楚，对敦煌魏窟的排年，是其敦煌研究的基础工作。在将莫高窟现存早期洞窟定为魏窟多年以后，传来炳灵寺石窟第269窟发现西秦纪年铭记的消息，一时人们猜测在河西其他石窟或许也会找到可以提早到十六国时期的纪年铭记，于是热衷于到莫高窟和麦积山石窟去寻找，找不到实证资料。又因有些地区和单位的主事者，不从尊重历史出发，总想把该地现存洞窟排年也提早到与炳灵寺同样的十六国时期，人们就只能再拾起"西来"和"样式学"，于是有人著文，以论述莫高窟"北朝洞窟"为标题，却在文末不顾与标题矛盾，将莫高窟的第268、272、275窟提早，定到北朝以前的东晋十六国时期的北凉①。再由当时敦煌文物研究所的负责人著文宣称："大家公认268、272、275一组是最早洞窟……经过调查研究和论证，初步确定这一组洞窟属于北凉时代，现已基本上得到国内外学者承认并引用，但不同意见仍然存在。"② 对于以上新说，宿季庚师明确予以批驳。针对所谓"国内外学者承认并引用"之说，他特别选择在香港中文大学《中国文化研究所学报》刊出《莫高窟现存早期洞窟的年代问题》，再次强调在20世纪70年代以后，"逐渐认识到莫高窟现存早期洞窟与自成体系的新疆石窟的关系，虽在绘画技法方面有某些相似处，但从石窟全部内涵上考察，则远不如与中原北方石窟关系密切；莫高窟尽管地接西域，但仍然属于中原北方石窟系统"。他指出莫高窟中缺乏现知可靠的北凉遗存具有时代特征的造型特点，另一些"与北凉石塔、炳灵寺壁画中有某些类似的形象造型，如U字形体态的飞天和男女供养人服饰等，并不能作为早于云冈的证据，因为这些类似的内容，是包括云冈在内

---

① 樊锦诗、马世长、关友惠：《敦煌莫高窟北朝洞窟的分期》，《敦煌研究文集》，甘肃人民出版社，1982年，第365~383页。

② 段文杰：《八十年代的敦煌石窟研究》，《中国文物报》1988年10月7日。

的 5 世纪末期以前中原北方窟龛所共有的因素"。再从窟室形制和造像题材详加论述，明确指出："我们拟定莫高窟现存这组最早洞窟年代的上下限是：从接近太和八年（484 年）和太和十一年（487 年）起，至太和十八年（494 年）迁洛阳以后不久。"他公开告诫主张将时代提早到北凉的马世长等学生："在目前没有发现更多的新资料的情况下，是值得商榷的。"①

（本文写于 2017 年，后收入生活·读书·新知三联书店《探掘梵迹》）

后记　宿季庚师所著《中国石窟寺研究》初版于 1996 年，再版于 2019 年。这部学术专著，标志着中国石窟寺考古学经历了初创、发展、成熟的过程，成为中国考古学不可或缺的重要的分支学科。关于《中国石窟寺研究》的学术评价，徐苹芳著有《中国石窟寺考古学的创建历程——读宿白先生〈中国石窟寺研究〉》。但是对初学者，一直缺乏一篇对宿季庚师创建中国石窟寺考古学历程的通俗叙述。因此我撰写本文，收入《探掘梵迹》书中，以飨读者。

---

① 宿白：《莫高窟现存早期洞窟的年代问题》，后收入《中国石窟寺研究》，生活·读书·新知三联书店，2019 年，第 343～355 页。